Yf 2324

LES
CLASSIQUES FRANÇOIS

PUBLIÉS

PAR M. LEFÈVRE.

VINGT-SIXIÈME VOLUME.

PARIS. — TYPOGRAPHIE DE FIRMIN DIDOT FRÈRES,
Imprimeurs de l'Institut de France.
RUE JACOB, 56.

ŒUVRES
DE
P. CORNEILLE
AVEC LES NOTES
DE TOUS LES COMMENTATEURS.

TOME DOUZIÈME.

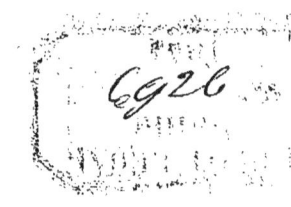

A PARIS,
CHEZ FIRMIN DIDOT FRÈRES, LIBRAIRES,
RUE JACOB, 56;
ET CHEZ L'ÉDITEUR, RUE HAUTEFEUILLE, 18.

M DCCC LV.

POÉSIES

DIVERSES.

POÉSIES
DIVERSES[1].

I.

A MONSIEUR D. L. T.

Enfin, échappé du danger
Où mon sort me voulut plonger,
L'expérience indubitable
Me fait tenir pour véritable
Que l'on commence d'être heureux
Quand on cesse d'être amoureux,
Lorsque notre ame s'est purgée
De cette sottise enragée
Dont le fantasque mouvement
Bricole notre entendement.
Crois-moi qu'un homme de ta sorte,

---

[1] Les seize premières pièces furent imprimées sous le titre de *Mélanges poétiques*, à la suite de *Clitandre*, édition de 1632, avec cette préface :

« *Au Lecteur*. Quelques unes de ces pièces te déplairont ; sache aussi que je ne les justifie pas toutes, et que je ne les donne qu'à l'importunité du libraire pour grossir son livre. Je ne crois pas cette tragi-comédie si mauvaise, que je me tienne obligé de te récompenser par trois ou quatre bons sonnets. »

Les autres pièces sont extraites de différents recueils que nous avons indiqués, et placées suivant l'ordre présumé chronologique. (Par.)

Libre des soucis qu'elle apporte,
Ne voit plus loger avec lui
Le soin, le chagrin ni l'ennui.
Pour moi, qui dans un long servage
A mes dépens me suis fait sage,
Je ne veux point d'autres motifs
Pour te servir de lénitifs,
Et ne sais point d'autre remède
A la douleur qui te possède,
Qu'écrivant la félicité
Qu'on goûte dans la liberté,
Te faire une si bonne envie
Des douceurs d'une telle vie,
Qu'enfin tu puisses à ton tour
Envoyer au diable l'amour.
Je meure, ami, c'est un grand charme
D'être insusceptible d'alarme,
De n'espérer ni craindre rien,
De se plaire en tout entretien,
D'être maître de ses pensées,
Sans les avoir toujours dressées
Vers une beauté qui souvent
Nous estime moins que du vent,
Et pense qu'il n'est point d'hommage
Que l'on ne doive à son visage.
Tu t'en peux bien fier à moi ;
J'ai passé par-là comme toi ;
J'ai fait autrefois de la bête.
J'avois des Phylis à la tête :
J'épiois les occasions ;
J'épiloguois mes passions ;
Je paraphrasois un visage ;
Je me mettois à tout usage,

Debout, tête nue, à genoux,
Triste, gaillard, rêveur, jaloux ;
Je courois, je faisois la grue
Tout un jour au bout d'une rue ;
Soleils, flambeaux, attraits, appas,
Pleurs, désespoirs, tourments, trépas,
Tout ce petit meuble de bouche
Dont un amoureux s'escarmouche,
Je savois bien m'en escrimer.
Par-là je m'appris à rimer,
Par-là je fis sans autre chose
Un sot en vers d'un sot en prose ;
Et Dieu sait alors si les feux,
Les flammes, les soupirs, les vœux,
Et tout ce menu badinage,
Servoient de rime et de remplage.
Mais à la fin hors de mes fers,
Après beaucoup de maux soufferts,
Ce qu'à présent je te conseille,
C'est de pratiquer la pareille,
Et de montrer à ce bel œil,
Qui n'a pour toi que de l'orgueil,
Qu'un cœur si généreux et brave
N'est pas né pour vivre en esclave.
Puis, quand nous nous verrons un jour,
Sans soin tous deux, et sans amour,
Nous ferons de notre martyre
A communs frais une satire ;
Nous incaguerons les beautés ;
Nous rirons de leurs cruautés ;
A couvert de leurs artifices,
Nous pasquinerons leurs malices ;
Impénétrables à leurs traits,

Nous ferons nargue à leurs attraits;
Et, toute tristesse bannie,
Sur une table bien garnie,
Entre les verres et les pots
Nous dirons le mot à propos;
On nous orra [1] conter merveilles
En préconisant les bouteilles;
Nous rimerons au cabaret
En faveur du blanc, et clairet;
Où, quand nous aurons fait ripaille,
Notre main contre la muraille,
Avec un morceau de charbon
Paranymphera le jambon.
Ami, c'est ainsi qu'il faut vivre,
C'est le chemin qu'il nous faut suivre,
Pour goûter de notre printemps
Les véritables passe-temps.
Prends donc, comme moi, pour devise,
Que l'amour n'est qu'une sottise.

II.

ODE

SUR UN PROMPT AMOUR.

O dieux! qu'elle sait bien surprendre!
Mon cœur, adore ta prison,

---

[1] *Orra*, du verbe *ouir*, pour *entendra :* il n'est plus d'usage. Corneille l'a employé dans *le Cid*, acte III, scène III :
   Son sang criera vengeance, et je ne l'*orrai* pas ! (P.)

Et n'écoute plus la raison
Qui fait mine de te défendre;
Accepte une si douce loi!
Voir Amynte et rester à soi
Sont deux choses incompatibles;
Devant une telle beauté,
C'est à faire à des insensibles
De conserver leur liberté.

Ses yeux, d'un pouvoir plus suprême
Que n'est l'autorité des rois,
Interdisent à notre choix
De disposer plus de nous-même :
Ravi que j'en fus à l'abord,
Je ne peux faire aucun effort
A me retenir en balance;
Et je sentis un changement
Par une douce violence,
Que j'eusse fait par jugement.

Regards brillants, clartés divines,
Qui m'avez tellement surpris;
OEillades qui sur les esprits
Exercez si bien vos rapines;
Tyrans secrets, auteurs puissants
D'un esclavage où je consens;
Chers ennemis de ma franchise,
Beaux yeux, mes aimables vainqueurs,
Dites-moi qui vous autorise
A dérober ainsi les cœurs!

Que ce larcin m'est favorable!
Que j'ai sujet d'appréhender,

La conjurant de le garder,
Qu'elle me soit inexorable!
Amour, si jamais ses dédains
La portent à ce que je crains,
Fais qu'elle se puisse méprendre;
Et qu'aveuglée, au lieu du mien
Qu'elle aura dessein de me rendre,
Amynte me donne le sien!

III.

A MONSEIGNEUR LE CARDINAL
DE RICHELIEU.

SONNET.

Puisqu'un d'Amboise et vous d'un succès admirable
Rendez également nos peuples réjouis,
Souffrez que je compare à vos faits inouïs
Ceux de ce grand prélat, sans vous incomparable.

Il porta comme vous la pourpre vénérable
De qui le saint éclat rend nos yeux éblouis;
Il veilla comme vous d'un soin infatigable;
Il fut ainsi que vous le cœur d'un roi Louis.

Il passa comme vous les monts à main armée;
Il sut ainsi que vous convertir en fumée
L'orgueil des ennemis, et rabattre leurs coups :

Un seul point de vous deux forme la différence;

C'est qu'il fut autrefois légat du pape en France,
Et la France en voudroit un envoyé de vous.

IV.

SONNET POUR M. D. V.,

ENVOYANT

UN GALAND[1] A MADAME L. C. D. L.

Au point où me réduit la distance des lieux,
Souffrez que ce galand vous porte mes hommages,
Comme si ses couleurs étoient autant d'images
De celle qu'en mon cœur je conserve le mieux.

Parez-en ce beau sein, ce chef-d'œuvre des cieux,
Cette honte des lis, cet aimant des courages;
Ce beau sein où nature a mis tant d'avantages
Qu'il dérobe le cœur en surprenant les yeux.

Il va mourir d'amour sur cette gorge nue;
Il en pâlit déja, sa vigueur diminue,
Et finit languissant en des traits effacés.

Hélas! que de mortels lui vont porter envie,
Et voudroient en langueur finir ainsi leur vie,
S'ils pouvoient en mourant être si bien placés!

---

[1] Nœud de rubans, qui, au dix-septième siècle, servait à la parure et à l'ajustement des femmes. (PAR.)

V.

MADRIGAL

POUR

UN MASQUE DONNANT UNE BOITE DE CERISES
CONFITES A UNE DEMOISELLE.

Allez voir ce jeune soleil,
Cerises, je vous en avoue;
Montrez-lui votre teint vermeil
Un peu moins que sa lèvre, un peu plus que sa joue;
Montrez-lui votre rouge teint,
Où la nature a peint,
Comme sur une vive image,
La cruauté de son courage.
Après, en ma faveur, dans le contentement
Que vous aurez si la belle vous touche,
Dites-lui secrètement,
Approchant de sa bouche :
Phylis, notre beauté
Ne porte les couleurs que de la cruauté,
Mais ce qui la conserve et la fait être aimée
Ce n'est que la douceur qu'elle tient enfermée;
Ainsi doncque soyez, vous,
Belle et douce comme nous.

VI.

ÉPITAPHE DE DIDON,

TRADUITE

DU LATIN D'AUSONE : *Infelix Dido*, etc.[1].

Misérable Didon, pauvre amante séduite,
Dedans tes deux maris je plains ton mauvais sort,
Puisque la mort de l'un est cause de ta fuite,
Et la fuite de l'autre est cause de ta mort.

AUTREMENT.

Quel malheur en maris, pauvre Didon, te suit!
Tu t'enfuis quand l'un meurt, tu meurs quand l'autre fuit.

---

[1] Infelix Dido, nulli bene nupta marito :
  Hoc pereunte fugis, hoc fugiente peris.
      Ausonii Epitaph. XXX.

Parmi les nombreuses traductions ou imitations de ce distique, on remarque les suivantes :

  Pauvre Didon, où t'a réduite
  De tes maris l'étrange sort?
  L'un, en mourant, cause ta fuite;
  L'autre, en fuyant, cause ta mort.

  Didon, tes deux époux ont fait tous tes malheurs :
  Le premier meurt, tu fuis; le second fuit, tu meurs. (Pak.)

VII.

MASCARADE

DES ENFANTS GATÉS.

L'OFFICIER.

Une ambition déréglée
Dont mon ame s'est aveuglée,
Plus forte que mon intérêt,
Pour donner un arrêt en cornes,
A tellement passé les bornes
Qu'elle n'a point trouvé d'arrêt.

Ce vain honneur, et cette pompe
De qui le faux éclat nous trompe,
M'a fait engager tout mon bien;
Et, pour être monsieur et maître,
Je crains fort à la fin de n'être
Ni maître, ni monsieur de rien.

Pressé de créanciers avides,
Mes coffres sont tellement vides
Qu'étant au bout de mon latin,
Ma robe a gagné la pelade,
Et ma bourse, encor plus malade,
Se voit bien proche de sa fin.

Ainsi, mes affaires gâtées,
Voyant mes terres décrétées,
Gages, profits, droits arrêtés,
Et ma finance au bas réduite,
Je mène ici sous ma conduite
La troupe des *enfants gâtés*.

LE GENTILHOMME.

Il faut qu'en dépit de mon sang
Je lui cède le premier rang.
En vain ma noblesse me flatte;
En ces lieux par où nous allons,
On respecte mal l'écarlate
Qui ne va point jusqu'aux talons;
Et celle qui souvent accompagne nos bottes,
    Tombant dans le mépris,
Près de celle qu'on traîne aux crottes,
    Perd son lustre et son prix.

Trop d'or sur mes habits en a vidé ma bourse;
    La meute de mes chiens
    N'a chassé que mes biens,
Qui dessus mes chevaux se sauvoient à la course;
    Et mes oiseaux, au bout d'un an ou deux,
    M'ont fait léger comme eux.
Voilà, sans rechercher tant de contes frivoles,
Tout ce qui m'a gâté déduit en trois paroles;
Et, pour un cavalier, c'est bien bourrer des vers
    A tort et à travers.

LE PLAIDEUR.

Les procès m'ont gâté, messieurs; je m'en repens :
C'est, dans mon déplaisir, tout ce que j'en puis dire;

Car je crains tellement de payer des dépens
Que, même au mardi-gras, je n'ose plus médire.

L'AMOUREUX.

J'ai fait ce qu'il a fallu faire ;
Mais le bal, les collations,
Les présents, les discrétions,
N'ont point avancé mon affaire.
J'ai corrompu trente valets
Afin de rendre mes poulets ;
J'ai donné mille sérénades :
On persiste à me dédaigner ;
Et deux misérables œillades
C'est tout ce que j'ai pu gagner.

Quoi que m'ait promis l'espérance,
A la fin il ne m'est resté
Que l'incommode vanité
D'une sotte persévérance ;
Ma profusion sans effet
N'a servi qu'à gâter mon fait
Et dissiper mon héritage :
Quel malheur me va poursuivant !
O Dieu ! j'ai mangé mon partage
Sans avoir vécu que de vent.

L'IVROGNE.

N'est-ce pas une chose étrange
Que, pour trotter dedans la fange,
Je fasse faux bond au clairet,
Et que cette troupe brouillonne
M'arrache de ce cabaret
Pour vous produire ma personne ?

Je violente mon humeur
D'abandonner ce lieu charmeur;
Toutefois je n'ose me plaindre,
Étant déja si fort gâté
Que je m'achèverois de peindre
Pour peu que j'en aurois tâté.

Outre que mes eaux sont si basses,
A force de vider les tasses,
Qu'il faut renoncer au métier,
Ne pouvant plus laisser en gage,
Au malheureux cabaretier,
Que les rubis de mon visage.

Mais encor suis-je plus heureux
Que tant de fous et d'amoureux
Qui se sont perdus par leurs grippes;
Car, bien que je sois bas d'aloi,
Mon argent, serré dans mes tripes,
N'est point sorti hors de chez moi.

LE JOUEUR.

Attaqué d'une forte et rude maladie,
    Depuis le jour des Rois,
Les os, par sa chaleur à mon dam trop hardie,
    M'en sont tombés des doigts.

Bien que, du seul revers de ce mal si funeste,
    Je fusse assez gâté,
Pour avoir fait encore à prime trop de reste
    Il ne m'est rien resté.

Dames, à cela près, faisons en assurance

La bête en quelque lieu,
Et je promets moi-même, à faute de finance,
De me mettre au milieu.

VIII.

RÉCIT

POUR

LE BALLET DU CHATEAU DE BISSÈTRE.

Toi, dont la course journalière
Nous ôte le passé, nous promet l'avenir,
Soleil, père des temps comme de la lumière,
Qui vois tout naître et tout finir,
Depuis que tu fais tout paroître
As-tu rien vu d'égal au château de Bissètre?

Toutes ces pompeuses machines
Qu'autrefois on flattoit de titres orgueilleux,
Pourroient-elles garder auprès de ces ruines
Le nom d'ouvrages merveilleux?
Et toi, qui les faisois paroître,
Qu'y voyois-tu d'égal au château de Bissètre?

Ces tours qui semblent désolées,
Et ces vieux monuments qu'on laisse à l'abandon,
C'est ce qui fait périr le nom des mausolées,
Et des palais d'Apollidon,
Puisque tu les fis tous paroître
Sans y voir rien d'égal au château de Bissètre?

Cache-toi donc plus tard sous l'onde,
Sur ce nouveau miracle arrête ton flambeau;
Et, sans aller sitôt apprendre à l'autre monde
　　Ce que le nôtre a de plus beau,
　　Sois long-temps à faire paroître
Que rien n'est comparable au château de Bissêtre.

IX.

POUR MONSIEUR L. C. D. F.,

REPRÉSENTANT

UN DIABLE AU MÊME BALLET.

ÉPIGRAMME.

Quand je vois, ma Phylis, ta beauté sans seconde,
Moi qui tente un chacun, je m'y laisse tenter;
Et mes desirs brûlants de perdre tout le monde
Se changent aussitôt à ceux de l'augmenter.

X.

STANCES

SUR

UNE ABSENCE EN TEMPS DE PLUIE.

Depuis qu'un malheureux adieu
Rendit vers vous ma flamme criminelle,

Tout l'univers, prenant votre querelle,
 Contre moi conspire en ce lieu.

Ayant osé me séparer
Du beau soleil qui luit seul à mon ame,
Pour le venger, l'autre, cachant sa flamme,
 Refuse de plus m'éclairer.

L'air, qui ne voit plus ce flambeau,
En témoignant ses regrets par ses larmes,
M'apprend assez qu'éloigné de vos charmes
 Mes yeux se doivent fondre en eau.

Je vous jure, mon cher souci,
Qu'étant réduit à voir l'air qui distille,
Si j'ai le cœur prisonnier à la ville,
 Mon corps ne l'est pas moins ici.

XI.

SONNET.

Après l'œil de MÉLITE [1] il n'est rien d'admirable;
Il n'est rien de solide après ma loyauté :
Mon feu, comme son teint, se rend incomparable,

---

[1] Ce sonnet était adressé à cette femme charmante que Corneille, dans sa première jeunesse, avait aimée avec passion, et chez laquelle il lui arriva l'aventure qui donna lieu à sa comédie de *Mélite*. Ce sont les seuls vers qui soient restés de tous ceux qu'il avait composés pour elle. (P.) *Voyez*, ci-après page 30, note 2.

Et je suis en amour ce qu'elle est en beauté.

Quoi que puisse à mes sens offrir la nouveauté,
Mon cœur à tous ses traits demeure invulnérable;
Et quoiqu'elle ait au sien la même cruauté,
Ma foi pour ses rigueurs n'en est pas moins durable.

C'est donc avec raison que mon extrême ardeur
Trouve chez cette belle une extrême froideur,
Et que, sans être aimé, je brûle pour Mélite.

Car de ce que les dieux, nous envoyant au jour,
Donnèrent pour nous deux d'amour et de mérite,
Elle a tout le mérite, et moi j'ai tout l'amour.

XII.

MADRIGAL.

Je suis blessé profondément;
   Amour, et ma maîtresse,
   Qui de vous deux me blesse?
Un aveugle n'a point l'adresse
De porter dans les cœurs ses coups si justement;
   Et Phylis n'a point de flèches
   Pour faire de telles brèches :
Mon mal n'est point l'effet ni de ses seuls regards,
   Ni des traits qu'un aveugle tire;
  Mais la mauvaise avecque lui conspire,
Et lui prête ses yeux pour adresser ses dards.

XIII.

ÉPIGRAMMES

TRADUITES

DU LATIN D'AUDOENUS (OWEN)[1].

I.

Jeanne, toute la journée,
Dit que le joug d'hyménée
Est le plus âpre de tous;
Mais la pauvre créature,
Tout le long de la nuit, jure
Qu'il n'en est point de si doux.

II.

Les huguenotes de Paris
Disent qu'il leur faut deux maris,

---

[1] I.

IN ALANAM.

Conjugis esse jugum non intolerantius ullum,
Nil aliud toto clamat Alana die;
Post tot clamores, et jurgia, nocte fatetur
Conjugio nullum suavius esse jugum.
    Lib. I, Epigr. xxx.

II.

IN PAULAM, ATHEAM.

Vir ducatne duas, an nubat virgo duobus.

DIVERSES.

Qu'autrement il n'est en nature
De moyen par où, sans pécher,
On puisse, suivant l'Écriture,
Se mettre deux en une chair.

III.

Depuis que l'hiver est venu,
Je plains le froid qu'Amour endure,
Sans songer que plus il est nu,
Et tant moins il craint la froidure.

IV.

Dans les divers succès de la fin de leur vie,
Le prodigue et l'avare ont de quoi m'étonner;
Car l'un ne donne rien qu'après qu'elle est ravie,
Et l'autre après sa mort n'a plus rien à donner.

Quæritur : hanc litem solvere Paula volens,
Una viris, inquit, magis apta duobus : in una
Consistent aliter quomodo carne duo ?
Lib. I, Epigr. cxlv.

III.

NUDUS AMOR.

Quæ villis natura feras, et gramine campos
Ornat, aves pluma, vellere vestit oves.
Denique frigidulo quodcumque sub aëre nasci
Contigit, innata veste vel arte tegit;
Vestivit nudum cur omnia præter Amorem?
Quo nudus magis est, hoc minus alget Amor.
Lib. I, Epigr. lxxxviii.

IV.

IN PRODIGUM ET PARCUM.

Hic nisi post mortem veteri nil donat amico;
Ille nihil, quod post funera donet, habet.
Lib. III, Epigr. lxv.

V.

Catin, ce gentil visage,
Épousant un huguenot,
Le soir de son mariage
Disoit à ce pauvre sot :
De peur que la différence
En fait de religion,
Rompant notre intelligence,
Nous mette en division;
Laisse-moi mon franc arbitre,
Et du reste de la foi
Je veux avoir le chapitre,
Si j'en dispute avec toi.

VI.

Lorsque nous sommes mal, la plus grande maison
Ne nous peut contenir, faute d'assez d'espace;
Mais, sitôt que Phylis revient à la raison,
Le lit le plus étroit a pour nous trop de place.

v.

IN LANGAM.

Lauga Lutherano nubens Papana marito
Ansam ut dissidii tolleret omnis, ait :
Jurgia ne pacem perturbent ulla futuram,
Tu mihi sis facilis, non ero dura tibi :
Arbitrii libertatem mihi credito, eritque
De reliqua tecum lis mihi nulla fide.

Lib. II, Epigr. xlvii.

VI.

CONJUGES.

Discordes nos tota domus non continet ambos,
Concordes lectus non tamen unus habet.

Lib. III, Epigr. cxxiv.

XIV.

DIALOGUE.

TYRCIS, CALISTE.

TYRCIS.
Caliste, mon plus cher souci,
Prends pitié de l'ardeur qui me dévore l'ame.
CALISTE.
Tyrcis, ne vois-tu pas aussi
Que mon cœur embrasé brûle de même flamme?
TYRCIS.
Je n'ose l'espérer.
CALISTE.
Tu t'en peux assurer.
TYRCIS.
Mais mon peu de mérite
Défend un si haut point à ma présomption.
CALISTE.
Mais cette récompense est plutôt trop petite
Pour tant d'affection.
TYRCIS.
Je croirai, puisque tu le veux,
Que maintenant mon mal aucunement te touche.
CALISTE.
La mort seule éteindra mes feux,
Et j'en ai plus au cœur mille fois qu'en la bouche.
TYRCIS.
Je n'ose l'espérer.

CALISTE.

Tu t'en peux assurer.

TYRCIS.

Hélas! que ton courage
M'apprête de rigueurs à souffrir sous ta loi!

CALISTE.

Ce que j'ai de rigueurs j'en réserve l'usage
Pour tout autre que toi.

TYRCIS.

Si quelqu'un plus riche ou plus beau,
Et mieux fourni d'appas, à te servir se range?

CALISTE.

J'élirois plutôt le tombeau,
Que ma volage humeur se dispensât au change.

TYRCIS.

Je n'ose l'espérer.

CALISTE.

Tu t'en peux assurer.

TYRCIS.

Mais pourrois-tu, ma belle,
Dédaigner un amant qui vaudroit mieux que moi?

CALISTE.

Pourrois-je préférer à ton amour fidèle
Une incertaine foi?

TYRCIS.

Si la rigueur de tes parents
A quelque autre parti plus sortable t'engage?

CALISTE.

Les saints devoirs que je leur rends
Jamais dessus ma foi n'auront cet avantage.

TYRCIS.

Je n'ose l'espérer.

CALISTE.
Tu t'en peux assurer.
TYRCIS.
Quoi! parents, ni richesses,
Ni grandeurs, ne pourront ébranler tes esprits?
CALISTE.
Tout cela, mis auprès de tes chastes caresses,
Perd son lustre et son prix.

XV.

CHANSON.

Toi qui près d'un beau visage
Ne veux que feindre l'amour,
Tu pourrois bien quelque jour
Éprouver à ton dommage
Que souvent la fiction
Se change en affection.

Tu dupes son innocence,
Mais enfin ta liberté
Se doit à cette beauté
Pour réparer ton offense;
Car souvent la fiction
Se change en affection.

Bien que ton cœur désavoue
Ce que ta langue lui dit,
C'est en vain qu'il la dédit,
L'amour ainsi ne se joue;

Et souvent la fiction
Se change en affection.

Sache enfin que cette flamme
Que tu veux feindre au-dehors,
Par des inconnus ressorts
Entrera bien dans ton ame ;
Car souvent la fiction
Se change en affection.

Tyrcis auprès d'Hippolyte
Pensoit bien garder son cœur ;
Mais ce bel objet vainqueur
Le fit rendre à son mérite,
Changeant en affection,
Malgré lui, sa fiction.

XVI.

CHANSON.

Si je perds bien des maîtresses,
J'en fais encor plus souvent,
Et mes vœux et mes promesses
Ne sont que feintes caresses,
Et mes vœux et mes promesses
Ne sont jamais que du vent.

Quand je vois un beau visage,
Soudain je me fais de feu ;
Mais long-temps lui faire hommage,

Ce n'est pas bien mon usage ;
Mais long-temps lui faire hommage,
Ce n'est pas bien là mon jeu.

J'entre bien en complaisance
Tant que dure une heure ou deux ;
Mais en perdant sa présence
Adieu toute souvenance ;
Mais en perdant sa présence
Adieu soudain tous mes feux.

Plus inconstant que la lune.
Je ne veux jamais d'arrêt ;
La blonde comme la brune
En moins de rien m'importune ;
La blonde comme la brune
En moins de rien me déplaît.

Si je feins un peu de braise,
Alors que l'humeur m'en prend,
Qu'on me chasse, ou qu'on me baise,
Qu'on soit facile ou mauvaise,
Qu'on me chasse, ou qu'on me baise,
Tout m'est fort indifférent.

Mon usage est si commode,
On le trouve si charmant,
Que qui ne suit ma méthode
N'est pas bien homme à la mode,
Que qui ne suit ma méthode
Passe pour un Allemand.

XVII.

EXCUSE A ARISTE[1].

Ce n'est donc pas assez; et de la part des muses,
Ariste, c'est en vers qu'il vous faut des excuses;
Et la mienne pour vous n'en plaint pas la façon :
Cent vers lui coûtent moins que deux mots de chanson;
Son feu ne peut agir quand il faut qu'il s'explique
Sur les fantasques airs d'un rêveur de musique,
Et que, pour donner lieu de paroître à sa voix,
De sa bizarre quinte il se fasse des lois;
Qu'il ait sur chaque ton ses rimes ajustées,
Sur chaque tremblement ses syllabes comptées,
Et qu'une froide pointe à la fin d'un couplet
En dépit de Phébus donne à l'art un soufflet :
Enfin cette prison déplaît à son génie;
Il ne peut rendre hommage à cette tyrannie;
Il ne se leurre point d'animer de beaux chants,
Et veut pour se produire avoir la clef des champs.
C'est lors qu'il court d'haleine, et qu'en pleine carrière,
Quittant souvent la terre en quittant la barrière,

[1] Voici cette épître de Corneille qu'on prétend qui lui attira tant d'ennemis; mais il est très vraisemblable que le succès du *Cid* lui en fit bien davantage. Elle paraît écrite entièrement dans le goût et dans le style de Regnier, sans graces, sans finesse, sans élégance, sans imagination; mais on y voit de la facilité et de la naïveté. (V.) — Le style de Regnier était encore très convenable dans un ouvrage de ce genre. Ce qui nous paraît singulier, c'est qu'en y reconnaissant de la facilité et de la naïveté, Voltaire semble oublier que ces deux qualités sont des graces. (P.)

Puis, d'un vol élevé se cachant dans les cieux,
Il rit du désespoir de tous ses envieux.
Ce trait est un peu vain, Ariste, je l'avoue ;
Mais faut-il s'étonner d'un poëte [1] qui se loue ?
Le Parnasse, autrefois dans la France adoré,
Faisoit pour ses mignons un autre âge doré :
Notre fortune enfloit du prix de nos caprices,
Et c'étoit une banque à de bons bénéfices :
Mais elle est épuisée, et les vers à présent
Aux meilleurs du métier n'apportent que du vent ;
Chacun s'en donne à l'aise, et souvent se dispense
A prendre par ses mains toute sa récompense.
Nous nous aimons un peu, c'est notre foible à tous ;
Le prix que nous valons, qui le sait mieux que nous ?
Et puis la mode en est, et la cour l'autorise.
Nous parlons de nous-même avec toute franchise ;
La fausse humilité ne met plus en crédit.
Je sais ce que je vaux, et crois ce qu'on m'en dit.
Pour me faire admirer je ne fais point de ligue ;
J'ai peu de voix pour moi, mais je les ai sans brigue ;
Et mon ambition, pour faire plus de bruit,
Ne les va point quêter de réduit en réduit [2] ;
Mon travail sans appui monte sur le théâtre ;
Chacun en liberté l'y blâme ou l'idolâtre :
Là, sans que mes amis prêchent leurs sentiments,

---

[1] Les mots *poëte*, *oüate*, étaient alors de deux syllabes en vers : Boileau, qui a beaucoup servi à fixer la langue, a mis trois syllabes à tous les mots de cette espèce :

Si son astre en naissant ne l'a formé poëte....
Où sur l'oüate molle éclate le tabis. (V.)

[2] Ce vers désigne tous ses rivaux, qui cherchaient à se faire des protecteurs et des partisans ; et cet endroit les souleva tous. (V.)

POÉSIES

J'arrache quelquefois leurs applaudissements ;
Là, content du succès que le mérite donne,
Par d'illustres avis je n'éblouis personne ;
Je satisfais ensemble et peuple et courtisans,
Et mes vers en tous lieux sont mes seuls partisans :
Par leur seule beauté ma plume est estimée :
Je ne dois qu'à moi seul toute ma renommée [1] ;
Et pense toutefois n'avoir point de rival
A qui je fasse tort en le traitant d'égal.
Mais insensiblement je baille ici le change,
Et mon esprit s'égare en sa propre louange ;
Sa douceur me séduit, je m'en laisse abuser,
Et me vante moi-même, au lieu de m'excuser.
Revenons aux chansons que l'amitié demande :
J'ai brûlé fort long-temps d'une amour assez grande [2],

[1] Ce vers et le précédent étaient d'autant plus révoltants, qu'il n'avait fait encore aucun de ces ouvrages qui ont rendu son nom immortel : il n'était connu que par ses premières comédies, et par sa tragédie de *Médée*, pièces qui seraient ignorées aujourd'hui, si elles n'avaient été soutenues depuis par ses belles tragédies. Il n'est pas permis d'ailleurs de parler ainsi de soi-même. On pardonnera toujours à un homme célèbre de se moquer de ses ennemis, et de les rendre ridicules ; mais ses propres amis ne lui pardonneront jamais de se louer. (V.)
— Ces deux vers furent l'objet de très vives critiques. Voltaire dit que Corneille n'était alors connu que par ses premières comédies, et par sa tragédie de *Médée* : il fallait ajouter *et par le Cid*, puisque l'*Excuse à Ariste* n'est qu'une réponse aux détracteurs de cette pièce. Et pourquoi, au milieu des persécutions dont un chef-d'œuvre venait de le rendre l'objet, Corneille n'aurait-il pas eu le droit d'exprimer cette pensée si vraie, qu'il ne devait rien ni à la cabale, ni aux coteries ; qu'il ne devait rien qu'à lui-même ? (A.-M.)

[2] Il avait aimé très passionnément une dame de Rouen, qui épousa M. Dupont, maître des comptes de la même ville. Elle était parfaitement belle ; Corneille l'avait connue toute petite

Et que jusqu'au tombeau je dois bien estimer,
Puisque ce fut par-là que j'appris à rimer.
Mon bonheur commença quand mon ame fut prise.
Je gagnai de la gloire en perdant ma franchise.
Charmé de deux beaux yeux, mon vers charma la cour;
Et ce que j'ai de nom je le dois à l'amour.
J'adorai donc Phylis; et la secrète estime
Que ce divin esprit faisoit de notre rime
Me fit devenir poëte aussitôt qu'amoureux :
Elle eut mes premiers vers, elle eut mes premiers feux;
Et bien que maintenant cette belle inhumaine
Traite mon souvenir avec un peu de haine,
Je me trouve toujours en état de l'aimer ;
Je me sens tout ému quand je l'entends nommer,
Et par le doux effet d'une prompte tendresse
Mon cœur sans mon aveu reconnoît sa maîtresse.
Après beaucoup de vœux et de soumissions
Un malheur rompt le cours de nos affections;
Mais, toute mon amour en elle consommée,
Je ne vois rien d'aimable après l'avoir aimée :
Aussi n'aimé-je plus, et nul objet vainqueur
N'a possédé depuis ma veine ni mon cœur.
Vous le dirai-je, ami? tant qu'ont duré nos flammes,
Ma muse également chatouilloit nos deux ames :

fille pendant qu'il étudiait à Rouen, au collége des Jésuites, et il lui adressa plusieurs petites pièces de galanterie qu'il n'a jamais voulu rendre publiques, quelques instances que lui aient faites ses amis : il les brûla lui-même environ deux ans avant sa mort. Il lui communiquait la plupart de ses pièces avant de les mettre au jour; et, comme elle avait beaucoup d'esprit, elle les critiquait fort judicieusement; en sorte que M. Corneille a dit plusieurs fois qu'il lui était redevable de plusieurs endroits de ses premières pièces. (*OEuvres diverses de Pierre Corneille;* Paris, 1738, p. 144.)

Elle avoit sur la mienne un absolu pouvoir ;
J'aimois à le décrire, elle à le recevoir.
Une voix ravissante, ainsi que son visage,
La faisoit appeler le phénix de notre âge ;
Et souvent de sa part je me suis vu presser
Pour avoir de ma main de quoi mieux l'exercer.
Jugez vous-même, Ariste, à cette douce amorce,
Si mon génie étoit pour épargner sa force :
Cependant mon amour, le père de mes vers,
Le fils du plus bel œil qui fût en l'univers,
A qui désobéir c'étoit pour moi des crimes,
Jamais en sa faveur n'en put tirer deux rimes :
Tant mon esprit alors, contre moi révolté,
En haine des chansons sembloit m'avoir quitté ;
Tant ma veine se trouve aux airs mal assortie,
Tant avec la musique elle a d'antipathie ;
Tant alors de bon cœur elle renonce au jour !
Et l'amitié voudroit ce que n'a pu l'amour !
N'y pensez plus, Ariste ; une telle injustice
Exposeroit ma muse à son plus grand supplice.
Laissez-la toujours libre, agir suivant son choix,
Céder à son caprice, et s'en faire des lois.

XVIII.

RONDEAU[1].

Qu'il fasse mieux, ce jeune jouvencel,
A qui *le Cid* donne tant de martel,

[1] Ce rondeau fut fait par Corneille en 1637, dans le temps du

Que d'entasser injure sur injure,
Rimer de rage une lourde imposture,
Et se cacher ainsi qu'un criminel [1].
Chacun connoît son jaloux naturel,
Le montre au doigt comme un fou solennel
Et ne croit pas, en sa bonne écriture,
    Qu'il fasse mieux.

Paris entier, ayant vu son cartel,
L'envoie au diable, et sa muse au b..... [2].
Moi, j'ai pitié des peines qu'il endure;
Et comme ami je le prie et conjure,
S'il veut ternir un ouvrage immortel,
    Qu'il fasse mieux.

Omnibus invideas, livide, nemo tibi.

différend qu'il eut avec Mairet au sujet du *Cid*. (Voyez l'*Avertissement au Besançonnais Mairet*, p. 3.) (A.-M.)

[1] Scudéry n'avait pas d'abord mis son nom à ses *Observations sur le Cid*, parcequ'il était ami de Corneille; il en fut fait deux éditions sans qu'on sût de quelle part elles venaient. Cela se decouvrit, et les brouilla ensemble. (*Œuvres div.*, 1738.)

[2] Ce terme grossier n'est pas tolérable; mais Regnier et beaucoup d'autres l'avaient employé sans scrupule. Boileau même, dans le siècle des bienséances, en 1674, souilla son chef-d'œuvre de l'*Art poétique* par ces deux vers, dans lesquels il caractérisait Regnier :

    Heureux, si, moins hardi dans ses vers pleins de sel,
    Il n'avoit point traîné les muses au b......!

Ce fut le judicieux Arnauld qui l'obligea de réformer ces deux vers, où l'auteur tombait dans le défaut qu'il reprochait à Regnier. Boileau substitua ces deux vers excellents :

    Heureux, si ses discours, craints du chaste lecteur,
    Ne se sentoient des lieux que fréquentoit l'auteur!

Il eût été à souhaiter que Corneille eût trouvé un Arnauld; il

XIX.

SONNET.

A MONSEIGNEUR DE GUISE[1].

Croissez, jeune héros; notre douleur profonde
N'a que ce doux espoir qui la puisse affoiblir;
Croissez, et hâtez-vous de faire voir au monde
Que le plus noble sang peut encor s'ennoblir.

Croissez pour voir sous vous trembler la terre et l'onde :
Un grand prince vous laisse un grand nom à remplir;
Et ce que se promit sa valeur sans seconde,
C'est par vous que le ciel réserve à l'accomplir.

Vos aïeux vous diront par d'illustres exemples
Comme il faut mériter des sceptres et des temples;
Vous ne verrez que gloire et que vertus en tous.

Sur des pas si fameux suivez l'ordre céleste;
Et de tant de héros qui revivent en vous,
Égalez le dernier, vous passerez le reste.

lui eût fait supprimer son rondeau tout entier, qui est trop indigne de l'auteur du *Cid*. (V.)

[1] Henri de Lorraine, deuxième du nom, duc de Guise, fils de Charles de Lorraine, duc de Guise, mort en 1640. (PAR.)

XX.

LE PRESBYTÈRE D'HÉNOUVILLE[1].

A TYRCIS.

Enfin j'ai vu Timandre, et mon ame étonnée
Repasse avec plaisir l'agréable journée
Où mille beaux objets, l'un de l'autre suivis,
Rendirent tous mes sens également ravis;
J'ai vu ce lieu fameux, dont l'art et la nature
Disputent à l'envi l'excellente structure;
J'ai vu les raretés de ce charmant séjour
Pour qui même les rois concevroient de l'amour;
Et cependant, Tyrcis, je trouve mes pensées
Pour t'en faire un portrait si fort embarrassées.
Qu'encor que ce tableau fût déja médité,
J'ai peine à contenter ta curiosité;
Entre tant de beautés où mon esprit s'amuse,
Je travaille à donner un bon ordre à la muse,
Et, de tant de sujets qui s'offrent à la fois,
La plume comme l'œil fait à peine le choix.

Sur le bord d'un vallon flanqué de deux collines,

---

[1] Cette description en vers, que l'on ne trouve pas dans les éditions des œuvres de P. Corneille antérieures à celle-ci, fut publiée, en 1642, à Rouen, chez J. Leboullenger; c'est une brochure de 12 pages. Elle fait partie d'un volume de la bibliothèque publique de Rouen, intitulé *Poésies diverses*, portant le n° 744. — Hénouville est à quelques lieues de Rouen, sur la rive droite de la Seine, route du Havre. (Lef....)

Dont la beauté fait honte aux montagnes voisines,
La maison de Timandre en situation
A de quoi lui donner un peu d'ambition :
Il est vrai qu'à mon goût il en est peu d'égales,
Et peu que la nature ait faites ses rivales.
Ce n'est pas qu'elle soit superbe en bâtiments :
L'or n'est point profané dans ses assortiments ;
Le cinabre et le jaspe, et l'ambre, et le porphyre,
Ne font point les beautés que j'y trouve à décrire.
Tout ce vain apparat d'un faste ambitieux
Dégoûte plus souvent qu'il n'est délicieux :
Si dans la symétrie et dans l'architecture
L'œil ne rencontre rien qui lui fasse d'injure,
Il est aisé de voir qu'en sa perfection
Timandre s'est réglé sur sa condition.

Dès le premier abord l'entrée est magnifique ;
La porte en sa façon n'a rien qui soit rustique ;
L'ouverture de front présente un colombier
Dont la fécondité prodigue son gibier.
A main droite, la salle en diverses peintures
Fait voir en même temps diverses aventures,
Et la croisée ouverte apporte du jardin
Les parfums excellents du myrte et du jasmin.
De suite la cuisine et les autres offices
Vous offrent à l'envi leurs différents services :
De ce même côté s'avance un escalier,
Dont le contournement, qui n'a rien de grossier,
Vous oblige de voir des chambres de campagne,
Où, sans profusion, ce qui les accompagne,
Dans les proportions de leur ameublement,
Donne aux plus délicats du divertissement.
La noix de l'escalier, qui renferme un horloge,
Tire des curieux, en passant, son éloge.

Mais pendant que vos yeux remarquent la maison,
Trente petits voleurs, retenus en prison,
De mille accents divers vous frappent les oreilles;
Et, comme disputant à qui fera merveilles,
Dégoisant leurs ennuis, ces charmants prisonniers
A donner du plaisir ne sont pas les derniers;
Mais leurs tons si mignards (loin d'obtenir leur grace)
Les font mieux resserrer en ce petit espace,
Et ces musiciens si pleins d'activité
Semblent former complot contre leur liberté.
　Après cette douceur, et sortant de la salle
Pour voir les raretés que le jardin étale,
L'on diroit que les fleurs empruntent du soleil
Le gracieux émail de cet arc sans pareil,
Ou qu'elles ont dessein d'en être les figures,
Et de portraire au vif toutes ses bigarrures,
Tant la vivacité du divers coloris
Forme naïvement les beautés de l'iris.
Là, l'on voit s'accorder Flore avecque Pomone,
La poire pendre à l'arbre auprès de l'anémone;
Mais l'on a de la peine à n'être pas surpris
De ce nombre infini de tulipes de prix,
Dont le parterre entier fait au premier rencontre
A l'œil du curieux une superbe montre.
La rose cependant dispute avec l'œillet,
Le lis passe en blancheur et la neige et le lait :
L'iris, le martagon, avec la giroflée
Que la trop grande ardeur n'a point encor brûlée,
Le thym, la marjolaine et l'odeur du muguet,
Tout cela vous fournit de quoi faire un bouquet;
Et (pour mêler encor l'utile au délectable)
L'on y trouve de quoi s'occuper à la table.
L'on ne voit point ailleurs d'asperge ou d'artichaud,

Où la comparaison ne montre du défaut.

 En sortant du jardin, l'on entre, dès la porte,
Dans l'admiration de l'innombrable sorte
Des curiosités qu'enferme un grand fruitier.
Entrant, à la main droite on découvre un vivier,
Dont l'eau, sans avoir pris d'un lieu plus haut sa course,
Dedans son propre fonds sort d'une vive source :
La carpe et le mulet, l'anguille et le barbeau,
Coulant innocemment leur vie au fond de l'eau,
Sont prêts à la donner au jour d'une visite,
Quand Timandre est surpris par des gens de mérite.
D'abord qu'on va paroître, aussitôt le plongeon
S'enfonce dedans l'eau, touché du moindre son ;
Mais si vous surprenez la tremblante sercelle,
Elle gagne soudain sa niche à tire d'aile ;
Et la tortue encor, dont l'œil est vigilant,
Prend la fuite aussitôt à pas tardif et lent.

 C'est un plaisir de voir les soins de la nature
Fournir dans cet étang diverse nourriture
A tous ces animaux d'espèce si divers,
Dont les noms que j'ignore échapperont mes vers.

 De là s'offre à vos yeux une barrière verte,
De qui, la balustrade aux gens d'honneur ouverte,
Timandre en son fruitier leur partage à loisir
Les divertissements auxquels il prend plaisir.
Là, la pomme et la poire, et la guigne et la prune,
D'une bonté de goût en ce lieu seul commune,
Font peine à bien juger quel est de meilleure eau,
Ou bien le fruit à pierre[1], ou le fruit au couteau.
Mais, ainsi qu'au jardin, en ce fruitier encore
L'on remarque d'accord Pomone avecque Flore,
Et l'on voit naître ici de toutes les couleurs,

---

[1] Les fruits à pierre sont les fruits à noyaux. Cette expression est encore d'usage dans quelques départements. (A.-M.)

Dans le nouveau printemps, un million de fleurs,
Dont la confusion toute rare et diverse
Joint à celles d'ici les tulipes de Perse ;
Et ces riches bouquets sont si bien compassés
Qu'entre quatre pieds d'arbre ils se trouvent placés.
　Ici l'ordre est gardé de la mathématique :
Tant d'arbres en leur plant n'ont point de ligne oblique ;
Leurs pieds bien cultivés et leur bois clair et frais
Prouvent les soins du maître, et qu'il y fait des frais.
　De ces arbres si beaux l'épaisse chevelure
Conserve la fraîcheur d'une molle verdure
Où divers animaux, que je ne connois pas,
Trouvent à se cacher, ou prendre leur repas.
Ici le paon de mer, deçà la macquerole,
Et la poule barbare en cet autre lieu vole ;
L'on voit en cet endroit courir le chevalier,
De cet autre s'enfuir le timide pluvier ;
En ce lieu la perdrix dessous l'herbe cachée
Se dérobe à votre œil, se sentant approchée :
Bref, de ces raretés le plus grand partisan
Satisfait son génie, y trouvant le faisan.
Ainsi de tous côtés cette petite place
Fourniroit au besoin les plaisirs de la chasse.
Mais surtout l'excellence et le coup de l'ami,
C'est de trouver un lièvre en son gîte endormi :
A peine y sauroit-on faire une promenade,
Qu'on n'en pousse quelqu'un devers la palissade,
Où, par divers endroits pratiqués à dessein,
Aisément du chasseur il échappe la main.
C'est où Flore et Pomone entretiennent Diane,
Qui se vient délasser dedans cette garanne [1].

---

[1] GARANNE, *garenne, s. f* **On dit** *garenne,* **et non pas** *garanne.* — GARANNIER, GARENNIER. On dit l'un et l'autre. (RICH., 1680.)

Enfin ce lieu charmant, si fertile en beautés,
A de quoi contenter ces trois divinités.
　Pas à pas on se rend près d'une autre barrière
En façon, en couleur semblable à la première,
Où de chaque côté la verdure au niveau
Fait d'excellents tapis de charme et de fouteau.
Mais cette salle verte est bien plus accomplie
Par les charmes puissants d'une muse polie
Qui, dessus une porte, a fait graver au net
(Ou peut-être Apollon lui-même) ce sonnet :

　　Vois à loisir ce lieu champêtre ;
　　Les jours y coulent sans ennuis :
　　Tâche, si tu peux, de connoître
　　Tant d'herbes, de fleurs, et de fruits.

　　Ces animaux que tu poursuis,
　　Ces oiseaux que tu vois paroître,
　　Dans ce bel enclos sont réduits
　　Par les soins et l'art de son maître.

　　Jette après la vue au-dehors,
　　Et, voyant avec quels efforts
　　La nature à l'envi le pare,

　　Demande à tes yeux enchantés
　　S'il pouvoit, en un lieu plus rare,
　　Assembler tant de raretés.

　Cette porte en effet, et deux grandes croisées,
Cachent des nouveautés à peindre mal aisées.
Avant que les ouvrir, Timandre prend le soin
De faire retourner ses hôtes de plus loin :

Lors, ouvrant les châssis, l'on voit deux perspectives,
D'où les prés, les forêts, les montagnes, les rives,
Les bocages touffus, les pentes, les vallons,
Les collines par onde en forme de sillons,
Les tours et les retours de l'agréable Seine
Qui coule en serpentant dans cette large plaine,
Les vaisseaux qu'elle porte en son vaste canal,
Son onde qui paroît un liquide cristal :
Toutes ces raretés presque inimaginables,
Et dont la vérité passe toutes les fables,
Sont les riches couleurs qui sur le naturel
Font en terre un crayon du séjour immortel.

En sortant de ce parc, cette vue éloignée
Devient à petits pas si doucement bornée,
Que la croupe du mont n'étale rien d'affreux,
Ni rien qui fasse peine à reposer les yeux.

Pour de là vous conduire à trois coups d'arquebuse,
Timandre sait user d'une obligeante ruse;
Et le prétexte adroit de la fraicheur du bois
Doit bientôt enchanter votre œil une autre fois.

Par une verte allée où l'épais du feuillage
Attire mille oiseaux à dire leur ramage,
Presque insensiblement sur un tertre élevé,
Dont le pied quelquefois par la Seine est lavé,
L'œil vous fait un présent de la plus riche vue
Dont puisse être jamais une place pourvue.
Tout ce que l'on a vu jusqu'ici de charmant,
Cet agréable lieu le montre éminemment :
Par des charmes plus forts que ceux de la Méduse
En un moment le sens si doucement s'abuse,
Que, les autres privés de toutes fonctions,
L'œil peut admirer seul tant de perfections;
Et d'autant que la vue est bien moins égarée,

L'estime qu'on en fait est bien plus assurée.
La Seine en divers lieux bat le pied des rochers;
L'œil en se promenant découvre huit clochers,
Dont les noms par hasard terminés tous en *ville*
Semblent servir de rime à celui d'Hénouville.
Il me semble, Tyrcis, d'un second Hélicon
Où l'on va recueillir les faveurs d'Apollon,
Puisqu'au pied de ce mont ceux qu'échauffe sa veine,
Pour éteindre leur soif, rencontrent la fontaine
Qui leur va prodiguant ses salutaires eaux
Pour exciter leur verve à dire mots nouveaux.

Mais quand l'heure avertit de faire la retraite,
Ce qui rend de nouveau l'ame plus satisfaite
Est que la même porte offre à lire, au retour,
Cet autre beau sonnet, digne à jamais du jour :

    L'art n'a point fait ce que tu vois,
    Et la nature toute nue
    Étale ici tout à la fois
    Ses plus doux charmes à ta vue.

    Vois la campagne, en deux endroits,
    S'ouvrir à la Seine épandue;
    Vois les montagnes et les bois
    En borner la vaste étendue.

    Et puis, faisant comparaison
    Des raretés de la maison,
    Où ton ame s'est divertie,

    Dis tout haut qu'un lieu si charmant
    Méritoit bien à sa sortie
    Ce merveilleux assortiment.

C'est ainsi, cher Tyrcis, que vit le grand Timandre,
Dont tu vois le renom en tous lieux se répandre :
Loin du bruit de la cour, vivant sous d'autres lois,
Sans perdre la faveur qu'il a près de nos rois,
Il quitte pour un temps l'intrigue des affaires,
Pour goûter le bonheur des pâtres solitaires.
C'est ce qui me fera partout dans l'univers
Publier hautement son mérite en mes vers.

XXI.

A M. DE SCUDÉRY,

SUR SA COMÉDIE DU *TROMPEUR PUNI*[1].

Ton Cléonte, par son trépas,
   Jette un puissant appas
   A la supercherie.
   Vu l'éclat infini
Qu'il reçoit de ta plume après sa tromperie,
Chacun voudra tromper pour être ainsi puni ;
   Et quoiqu'il en perde la vie,
   On portera toujours envie
   A l'heur qui suit son mauvais sort,
Puisqu'il ne vivroit plus s'il n'étoit ainsi mort.

---

[1] Cette pièce n'a jamais été recueillie dans les œuvres de Corneille. On la trouve parmi des pièces du même genre placées, suivant l'usage du temps, à la tête de la comédie de Scudéry. (A.-M.)

XXII.

SONNET.

SUR LA MORT DE LOUIS XIII[1].

Sous ce marbre repose un monarque françois
Que ne sauroit l'envie accuser d'aucun vice;
Il fut et le plus juste et le meilleur des rois :
Son règne fut pourtant celui de l'injustice.

L'ambition, l'orgueil, l'intérêt, l'avarice,
Revêtus de son nom, nous donnèrent des lois :
Sage en tout, il ne fit jamais qu'un mauvais choix,
Dont longtemps nous et lui portâmes le supplice.

---

[1] *OEuvres diverses de P. Corneille;* Paris, 1738. Voici la leçon que Voltaire a donnée de ce sonnet dans sa *Préface* sur *Horace :*

> Sous ce marbre repose un monarque sans vice,
> Dont la seule bonté déplut aux bons François.
> Ses erreurs, ses écarts vinrent d'un mauvais choix,
> Dont il fut trop longtemps innocemment complice.
>
> L'ambition, l'orgueil, la haine, l'avarice,
> Armés de son pouvoir, nous donnèrent des lois;
> Et, bien qu'il fût en soi le plus juste des rois,
> Son règne fut toujours celui de l'injustice.
>
> Fier vainqueur au dehors, vil esclave en sa cour,
> Son tyran et le nôtre à peine perd le jour,
> Que jusque sous sa tombe il le force à le suivre ;
>
> Et, par cet ascendant ses projets confondus,
> Après trente-trois ans sur le trône perdus,
> Commençant à régner, il a cessé de vivre. (LEF....)

Vainqueur de toutes parts, esclave dans sa cour,
Son tyran et le nôtre à peine sort du jour,
Que jusque dans la tombe il le force à le suivre.

Jamais pareils malheurs furent-ils entendus?
Après trente-trois ans sur le trône perdus,
Commençant à régner, il a cessé de vivre.

XXIII.

VERS

SUR LE CARDINAL DE RICHELIEU.

Qu'on parle mal ou bien du fameux cardinal,
Ma prose ni mes vers n'en diront jamais rien :
Il m'a fait trop de bien pour en dire du mal;
Il m'a fait trop de mal pour en dire du bien.

XXIV.

REMERCIEMENT

A M. LE CARDINAL MAZARIN[1].

Non, tu n'es point ingrate, ô maîtresse du monde,

---

[1] Ce remerciement, placé à la suite de la dédicace de *la Mort de Pompée* (Paris, 1644), a été réimprimé depuis avec une tra-

Qui de ce grand pouvoir sur la terre et sur l'onde [1],
Malgré l'effort des temps, retiens sur nos autels
Le souverain empire et des droits immortels.
Si de tes vieux héros j'anime la mémoire,
Tu relèves mon nom sur l'aile de leur gloire [2];
Et ton noble génie, en mes vers mal tracé,

duction en vers latins, et l'avertissement suivant, qui est de Corneille :

« *Au Lecteur*. Ayant dédié ce poëme à M. le cardinal Mazarin, j'ai trouvé à propos de joindre à l'épître le remerciement que je présentai, il y a trois mois, à Son Éminence, pour une libéralité dont elle me surprit. Cette pièce, quoique faite à la hâte, a eu le bonheur de plaire assez à un homme savant [*] pour ne dédaigner pas de perdre une heure à donner une meilleure forme à mes pensées, et les faire passer dans cette langue illustre qui sert de truchement à tous les savants de l'Europe. Je te donne ici l'un et l'autre, afin que tu voies et ma gloire et ma honte. Il m'est extrêmement glorieux qu'un esprit de cette trempe ait assez considéré mon ouvrage pour le vouloir traduire; mais il m'est presque aussi honteux de voir ses expressions tellement au-dessus des miennes, qu'il semble que ce soit un maître qui ait voulu mettre en lumière les petits efforts de son écolier. C'est une honte toutefois qui m'est très avantageuse; et si j'en rougis, c'est de me voir infiniment son redevable. L'obligation que je lui en ai est d'autant plus grande qu'il m'a fait cet honneur sans que j'aie celui de le connoître, ni d'être connu de lui. Un de ses amis m'a dit son nom; mais, comme il ne l'a pas voulu mettre au-dessous de ses vers quand il les a fait imprimer, je te l'indiquerai seulement par les deux premières lettres, de peur de fâcher sa modestie, à laquelle je ne veux ni déplaire, ni consentir tout-à-fait. » (Par.)

[1] *Sur la terre et sur l'onde* est devenu, comme on l'a déja remarqué, un lieu commun qu'il n'est plus permis d'employer. (V.)

[2] *Sur l'aile de leur gloire*. On dirait bien *sur l'aile de la gloire*, parceque la gloire est personnifiée; mais *leur gloire* ne peut l'être. (V.)

[*] Adrien Blondin, poëte latin de ce temps-là. (*OEuvres diverses*. 1738.)

Par ton nouveau héros m'en a récompensé.
C'est toi, grand cardinal, homme au-dessus de l'homme [1],
Rare don qu'à la France ont fait le ciel et Rome ;
C'est toi, dis-je, ô héros, ô cœur vraiment romain,
Dont Rome en ma faveur vient d'emprunter la main.
Mon honneur n'a point eu de douteuse apparence ;
Tes dons ont devancé même mon espérance ;
Et ton cœur généreux m'a surpris d'un bienfait
Qui ne m'a pas coûté seulement un souhait.
La grace s'affoiblit quand il faut qu'on l'attende :
Tel pense l'acheter alors qu'il la demande ;
Et c'est je ne sais quoi d'abaissement secret [2]
Où quiconque a du cœur ne consent qu'à regret.
C'est un terme honteux que celui de prière ;
Tu me l'as épargné, tu m'as fait grace entière.
Ainsi l'honneur se mêle au bien que je reçois.
Qui donne comme toi donne plus d'une fois.
Son don marque une estime et plus pure et plus pleine ;
Il attache les cœurs d'une plus forte chaîne ;
En prenant nouveau prix de la main qui le fait,
Sa façon de bien faire est un second bienfait.
Ainsi le grand Auguste [3] autrefois dans ta ville
Aimoit à prévenir l'attente de Virgile :
Lui que j'ai fait revivre, et qui revit en toi,
En usoit envers lui comme tu fais vers moi.

Certes, dans la chaleur que le ciel nous inspire,
Nos vers disent souvent plus qu'ils ne pensent dire ;
Et ce feu qui sans nous pousse les plus heureux

---

[1] *Homme au-dessus de l'homme* est bien fort pour le cardinal Mazarin. Que diroit-on de plus des Antonins ? (V.)

[2] *C'est je ne sais quoi d'abaissement* n'est pas français. (V.)

[3] *Ainsi le grand Auguste.* Il est triste que Corneille ait comparé Mazarin et Montauron à Auguste. (V.)

Ne nous explique pas tout ce qu'il fait pour eux.
Quand j'ai peint un Horace, un Auguste, un Pompée,
Assez heureusement ma muse s'est trompée,
Puisque, sans le savoir, avecque leur portrait
Elle tiroit du tien un admirable trait [1].
Leurs plus hautes vertus qu'étale mon ouvrage
N'y font que prendre un rang pour former ton image.
Quand j'aurai peint encor tous ces vieux conquérants,
Les Scipions vainqueurs, et les Catons mourants [2],
Les Pauls, les Fabiens; alors de tous ensemble
On en verra sortir un tout qui te ressemble;
Et l'on rassemblera de leurs pompeux débris
Ton ame et ton courage, épars dans mes écrits.
Souffre donc que pour guide au travail qui me reste
J'ajoute ton exemple à cette ardeur céleste,
Et que de tes vertus le portrait sans égal

---

[1] *Elle tirait du tien un admirable trait.* Il est encore plus triste qu'il tire un admirable trait du portrait du cardinal Mazarin, en peignant Horace, César, et Pompée. (V.)

[2] *Les Scipions* achèvent cette étonnante flatterie. Boileau avait en vue ces fausses louanges prodiguées à un ministre, quand il dit à M. de Seignelay (*épître* IX) :

> Si, pour faire sa cour à ton illustre père,
> Seignelay, quelque auteur, d'un faux zèle emporté,
> Au lieu de peindre en lui la noble activité,
> La solide vertu, la vaste intelligence,
> Le zèle pour son roi, l'ardeur, la vigilance,
> La constante équité, l'amour pour les beaux-arts,
> Lui donnoit des vertus d'Alexandre ou de Mars,
> Et, pouvant justement l'égaler à Mécène,
> Le comparoit au fils de Pélée ou d'Alcmène ;
> Ses yeux, d'un tel discours foiblement éblouis,
> Bientôt dans ce tableau reconnoîtroient Louis.

Horace avait dit la même chose dans sa seizième épître du premier livre :

> Si quis bella tibi terra pugnata marique, etc. (V.)

S'achève de ma main sur son original ;
Que j'étudie en toi ces sentiments illustres
Qu'a conservés ton sang à travers tant de lustres,
Et que le ciel propice, et les destins amis
De tes fameux Romains en ton ame ont transmis.
Alors, de tes couleurs peignant leurs aventures,
J'en porterai si haut les brillantes peintures,
Que ta Rome elle-même, admirant mes travaux,
N'en reconnoîtra plus les vieux originaux,
Et se plaindra de moi de voir sur eux gravées
Les vertus qu'à toi seul elle avoit réservées ;
Cependant qu'à l'éclat de tes propres clartés
Tu te reconnoîtras sous des noms empruntés.
 Mais ne te lasse point d'illuminer mon ame,
Ni de prêter ta vie à conduire ma flamme [1] ;
Et, de ces grands soucis que tu prends pour mon roi,
Daigne encor quelquefois descendre jusqu'à moi.
Délasse en mes écrits ta noble inquiétude [2] ;
Et tandis que, sur elle appliquant mon étude,
J'emploierai, pour te plaire, et pour te divertir,
Les talents que le ciel m'a voulu départir,
Reçois, avec les vœux de mon obéissance,
Ces vers précipités par ma reconnoissance.
L'impatient transport de mon ressentiment

---

[1] *Ni de prêter ta vie à conduire ma flamme.* On ne prête point une vie à conduire une flamme. Il veut dire *ne cesse d'échauffer mon génie par tes illustres actions.* (V.)

[2] *Délasse en mes écrits ta noble inquiétude.* On se délasse de ses travaux par des écrits agréables ; on ne délasse point une inquiétude [*].

Ajoutons à ces remarques qu'on peut trop flatter un cardinal, et faire des tragédies pleines de sublime. (V.)

[*] Cette expression nous paraît très permise en poésie. (P.)

N'a pu pour les polir m'accorder un moment.
S'ils ont moins de douceur, ils en ont plus de zèle;
Leur rudesse est le sceau d'une ardeur plus fidèle :
Et ta bonté verra dans leur témérité,
Avec moins d'ornement, plus de sincérité.

XXV.

A MAITRE ADAM BILLAUT,

MENUISIER DE NEVERS,

SUR SES CHEVILLES.

SONNET[1].

Le dieu de Pythagore et sa métempsycose
Jetant l'ame d'Orphée en un poëte françois,
Par quel crime, dit-elle, ai-je offensé vos lois,
Digne du triste sort que leur rigueur m'impose?

Les vers font bruit en France; on les loue, on en cause;
Les miens en un moment auront toutes les voix;
Mais j'y verrai mon homme à toute heure aux abois,
Si pour gagner du pain il ne sait autre chose.

Nous savons, dirent-ils, le pourvoir d'un métier :
Il sera fameux poëte et fameux menuisier,
Afin qu'un peu de bien suive beaucoup d'estime.

[1] Ce sonnet fut imprimé au-devant des *Chevilles du Menuisier de Nevers*; Paris, 1644, in-4°.

A ce nouveau parti l'ame les prit au mot,
Et, s'assurant bien plus au rabot qu'à la rime,
Elle entra dans le corps de maître Adam Billaut.

XXVI.

INSCRIPTIONS[1].

I.

LA REDDITION DE CAEN.

Le château révolté donne à Caen mille alarmes ;
Mais sitôt que Louis y fait briller ses armes,

---

[1] Ces vers, que Corneille fit par ordre de la cour, pour être mis au bas de quelques figures de Valdor*, qui représentent les plus célèbres exploits de Louis XIII, furent composés dans une circonstance trop glorieuse à la poésie en général, et à Corneille en particulier, pour ne pas la rappeler ici. Louis XIV, encore mineur, l'honora, à cette occasion, de la lettre suivante :

« Monsieur de Corneille, comme je n'ai point de vie plus illus-
« tre à imiter que celle du feu roi, mon très honoré seigneur et
« père, je n'ai point aussi un plus grand desir que de voir en un
« abrégé ses glorieuses actions dignement représentées, ni un
« plus grand soin que d'y faire travailler promptement ; et comme
« j'ai cru que, pour rendre cet ouvrage parfait, je devois vous
« en laisser l'expression, et à Valdor les desseins **, et que j'ai

---

* Célèbre artiste du temps, qui fit les dessins des estampes recueillies en un volume *in-folio*, sous le titre des *Triomphes de Louis-le-Juste, treizième du nom, roi de France et de Navarre;* Paris, 1649, in-fol. (P.) — C'est dans ce livre que se trouve rapportée la lettre de Louis XIV à Corneille. (A.-M.)

** On ne distinguoit pas alors *dessein*, projet, conseil, de *dessin*, terme de peinture. (Pᴀʀ.)

4.

Sa présence reprend le cœur de ses guerriers ;
Et leur révolte ainsi ne semble être conçue
Que par l'ambition de jouir de sa vue,
Et de le couronner de ses premiers lauriers.

II.

LA DÉROUTE DU PONT-DE-CÉ.

Que sert de disputer le passage de Loire ?
Le sang sur la discorde emporte la victoire ;
Notre mauvais destin cède à son doux effort ;
Et les canons, quittant leurs usages farouches,
Ne servent plus ici que d'éclatantes bouches
Pour rendre grace au ciel de cet heureux accord.

« vu, par ce qu'il a fait, que son invention avoit répondu à mon
« attente, je juge, par ce que vous avez accoutumé de faire, que
« vous réussirez en cette entreprise, et que, pour éterniser la
« mémoire de votre roi, vous prendrez plaisir d'éterniser le zèle
« que vous avez pour sa gloire. C'est ce qui m'a obligé de vous
« faire cette lettre par l'avis de la reine régente, madame ma
« mère, et de vous assurer que vous ne sauriez me donner des
« preuves de votre affection plus agréables que celle que j'en
« attends sur ce sujet. Cependant je prie Dieu qu'il vous ait,
« monsieur de Corneille, en sa sainte garde.

« Écrit à Fontainebleau, ce 14 octobre 1645.

« *Signé* LOUIS ; *et plus bas,* DE GUÉNÉGAUD. »

Il faut avouer que, malgré une invitation si flatteuse, le génie de Corneille ne s'exerça point heureusement sur ce sujet. J'attribue ce mauvais succès à la gêne où le mit le graveur de renfermer en six vers l'explication de chaque figure. (Préface des *OEuvres diverses de Corneille*; Paris, 1738.)

III.

LA RÉDUCTION DU BÉARN.

Sa valeur en ce lieu n'a point cherché sa gloire :
Il prend l'honneur du ciel pour but de sa victoire ;
Et la religion combat l'impiété.
Il tient dessous ses pieds l'hérésie étouffée :
Les temples sont ses forts ; et son plus beau trophée
Est un présent qu'il fait à la Divinité.

IV.

LA REDDITION DE SAUMUR.

En vain contre le roi vous opposez vos armes ;
Sa majesté brillante avec de si doux charmes
Peut mettre en un moment vos desseins à l'envers.
Ne vous enquérez pas si ses troupes sont fortes ;
Encore que vos cœurs ne lui soient pas ouverts,
D'un seul trait de ses yeux il ouvrira vos portes.

V.

LA PRISE DE SAINT-JEAN-D'ANGELY.

Soubise, ouvre les yeux : ce foudre que tu crains
  N'est plus entre ses mains ;
Sa clémence l'arrache à sa juste colère ;
Et, de quoi que ton crime ose l'entretenir,
Tes soupirs ont trouvé le secret de lui plaire ;
Et quand il voit tes pleurs, il oublie à punir.

VI.

L'ENTRÉE DANS LES VILLES REBELLES DE GUIENNE.

Tel entrant ce grand roi dans ses villes rebelles
De ces cœurs révoltés fait des sujets fidèles ;
Un profond repentir désarme ses rigueurs ;
Et quoique le soldat soupire après la proie,
Il l'apaise, il l'arrête, et se montre avec joie
Et père des vaincus, et maître des vainqueurs.

VII.

LA PUNITION DES VILLES REBELLES.

Enfin aux châtiments il se laisse forcer.
Qui pardonne aisément invite à l'offenser,
Et le trop de bonté jette une amorce au crime.
Une juste rigueur doit régner à son tour ;
Et qui veut affermir un trône légitime
Doit semer la terreur aussi bien que l'amour.

VIII.

DÉFAITE DANS L'ÎLE DE RÉ.

Va, fier tyran des mers, mon prince te l'ordonne ;
Prends toi-même le soin de conduire Bellone
Au secours du parti qu'elle veut épouser ;
Calme les flots mutins, dissipe les tempêtes ;
Obéis ; et par-là fais voir que tu t'apprêtes
Au joug que dans un an il te doit imposer.

IX.

LA DIGUE DE LA ROCHELLE.

Vois Éole et Neptune à l'envi faire hommage
    A ce prodigieux ouvrage,
Rochelle, et crains enfin le plus puissant des rois.
    Ta fureur est bien sans seconde,
De t'obstiner encore à rejeter des lois
    Que reçoivent le vent et l'onde.

X.

LA GRACE FAITE A LA ROCHELLE.

Ici l'audace impie en son trône parut,
Ici fut l'arrogance à soi-même funeste :
Un excès de valeur brisa ce qu'elle fut ;
Un excès de clémence en sauva ce qui reste.

XI.

LE PAS DE SUZE FORCÉ.

L'orgueil de tant de forts sous mon roi s'humilie :
Suze ouvre enfin la porte au bonheur d'Italie
Dont elle voit qu'il tient les intérêts si chers ;
Et pleine de l'exemple affreux de La Rochelle,
Ouvrons à ce grand prince, ouvrons-lui tôt, dit elle,
Qui dompte l'Océan ne craint pas nos rochers.

XII.

PAIX DE CAZAL.

Lorsque Mars se prépare à tout couvrir de morts,

Un illustre Romain étouffe ces discords
En dépit des fureurs en deux camps allumées.
En ce moment à craindre il remplit nos souhaits;
Et, se montrant tout seul plus fort que deux armées,
Dans le champ de bataille il fait naître la paix.

XIII.

LA PROTECTION DE MANTOUE.

Lorsqu'aux pieds de mon roi tu mets ton jeune prince,
Manto, tu ne vois point soupirer ta province
Dans l'attente d'un bien qu'on espère et qui fuit;
Et de sa main à peine a-t-il tari les larmes,
Que sa France en la tienne aussitôt met ses armes,
Que la gloire couronne, et la victoire suit.

XIV.

LA PAIX D'ALET.

Que ce fut un spectacle, Alet, doux à tes yeux,
Quand tu vis à ses pieds ces peuples factieux
Trouver plus de bonté qu'ils n'avoient eu d'audace!
Apprenez de mon prince, ô monarque vainqueur,
Que c'est peu fait à vous de reprendre une place,
Si vous ne trouvez l'art de regagner les cœurs.

XV.

PAIX ACCORDÉE AUX CHEFS DES REBELLES.

La paix voit ce pardon d'un œil indifférent;

Et ne veut rien devoir au parti qui se rend,
Déja par la victoire assez bien établie;
Et la noble fierté qui l'oblige à punir
Ne dissimule ici le crime qu'on oublie
Que pour ne perdre pas la gloire d'obéir.

XVI.

LA PRISE DE NANCY.

Troie auprès de ses murs l'espace de dix ans
Vit contre elle les dieux et les Grecs combattants,
Et s'arma sans trembler contre la destinée.
Grand roi, l'on avouera que l'éclat de tes yeux
T'a fait plus remporter d'honneur, cette journée,
Que la fable en dix ans n'en fit avoir aux dieux.

XVII.

LA REPRISE DE CORBIE.

Prends Corbie, Espagnol, prends-la; que nous importe?
Tu la rends à mon roi plus puissante et plus forte
Avant qu'il en ait pu concevoir quelque ennui.
Ton bonheur sert au sien, et ta gloire à sa gloire;
Et s'il t'a, par pitié, permis une victoire,
Ta victoire elle-même a travaillé pour lui.

XVIII.

LA PRISE DE HESDIN.

A peine de Hesdin les murs sont renversés,

Que sur l'affreux débris des bastions forcés
Tu reçois le bâton de la main de ton maître,
Généreux maréchal [1]; c'est de quoi nous ravir,
De le voir aussi prompt à te bien reconnoître
Que ta haute valeur fut prompte à le servir.

XIX.

LA PROTECTION DU PORTUGAL ET DE LA CATALOGNE.

Que le ciel vous fut doux lorsque dans votre effroi
Il vous sollicita de courir à mon roi
Pour voir entre vos murs la liberté renaître!
Le succès à l'instant suivit votre desir.
Peuples, qui recherchez ou protecteur ou maître,
Par cet heureux exemple apprenez à choisir.

XX.

LA PRISE DE PERPIGNAN.

Illustre boulevard des frontières d'Espagne,
Perpignan, sa plus belle et dernière campagne,
Tout mourant, contre toi nous le voyons s'armer [2];
Tout mourant, il te force, et fait dire à l'Envie
Qu'un si grand conquérant n'eût jamais pu fermer
Par un plus digne exploit une si belle vie.

---

[1] Le maréchal de La Meilleraye.
[2] Louis XIII, qui mourut dans ce temps-là.

XXVII.

SONNET.

A M. DE CAMPION[1], 1647.

Invincible ennemi des erreurs de la Parque,
Qui fais, quand tu le veux, revivre les héros,
Et de qui les écrits sont d'illustres dépôts
Où luit de leurs vertus la plus-brillante marque;

Notre France, aux chrétiens donne en toi leur Plutarque,
Et les nobles emplois de ton savant repos
Traçant leurs grands portraits, offrent à tous propos
De fidèles miroirs aux soins d'un vrai monarque.

J'ai quelque art d'arracher les grands noms du tombeau,
De leur rendre un destin plus durable et plus beau,
De faire qu'après moi l'avenir s'en souvienne;

Mon nom semble avoir droit à l'immortalité;
Mais ma gloire est autant au-dessous de la tienne,
Que la fable en effet cède à la vérité.

[1] M. de Campion, gentilhomme bas-normand, auteur de la *Vie de plusieurs hommes illustres*. Ce sonnet ne se trouve dans aucune édition des OEuvres de P. Corneille antérieure à celle-ci. Il a été imprimé dans le livre de M. de Campion, et reproduit par *l'Impartial* de Rouen, du 22 juin 1845. (Lef.....)

XXVIII.

A M. DE BOISROBERT,

ABBÉ DE CHATILLON,

SUR SES ÉPITRES [1].

Que tes entretiens sont charmants!
Que leur douceur est infinie!
Que la facilité de ton heureux génie
Fait de honte à l'éclat des plus beaux ornements!
Leur grace naturelle aura plus d'idolâtres
Que n'en a jamais eu le fast [2] de nos théâtres :
Le temps respectera tant de naïveté;
Et pour un seul endroit où tu me donnes place,
Tu m'assures bien mieux de l'immortalité
Que Cinna, Rodogune, et le Cid, et l'Horace.

[1] Ces vers sont placés au-devant des *Épîtres* de l'abbé de Boisrobert, première partie, imprimée en 1647, in-4°.
[2] On écrit aujourd'hui *faste*.

XXIX.

LA TULIPE[1],

MADRIGAL.

AU SOLEIL.

Bel astre à qui je dois mon être et ma beauté,
    Ajoute l'immortalité
A l'éclat nompareil dont je suis embellie;
Empêche que le temps n'efface mes couleurs :
Pour trône donne-moi le beau front de Julie;
Et, si cet heureux sort à ma gloire s'allie,
    Je serai la reine des fleurs.

XXX.

LA FLEUR D'ORANGE,

MADRIGAL.

Du palais d'émeraude où la riche nature

---

[1] Cette petite pièce et les deux suivantes font partie de cette célèbre *Guirlande* imaginée par le duc de Montausier en l'honneur de Julie d'Angennes, qu'il recherchoit alors en mariage, et qu'il épousa. Tous les beaux-esprits qui fréquentoient l'hôtel de Rambouillet concoururent à former cette *Guirlande*. (P.)

[2] Voyez le *Recueil de Poésies diverses*, publié par Sercy; Paris, 1653, sec. part., p. 242.

M'a fait naître et régner avecque majesté,
Je viens pour adorer la divine beauté
Dont le soleil n'est rien qu'une foible peinture.
Si je n'ai point l'éclat ni les vives couleurs
    Qui font l'orgueil des autres fleurs,
  Par mes odeurs je suis plus accomplie,
Et par ma pureté plus digne de Julie.
Je ne suis point sujette au fragile destin
    De ces belles infortunées
    Qui meurent dès qu'elles sont nées,
Et de qui les appas ne durent qu'un matin ;
Mon sort est plus heureux, et le ciel favorable
Conserve ma fraîcheur, et la rend plus durable.
Ainsi, charmant objet, rare présent des cieux,
Pour mériter l'honneur de plaire à vos beaux yeux,
    J'ai la pompe de ma naissance ;
Je suis en bonne odeur en tout temps, en tous lieux ;
    Mes beautés ont de la constance,
Et ma pure blancheur marque mon innocence.
J'ose donc me vanter, en vous offrant mes vœux,
De vous faire moi seule une riche couronne,
    Bien plus digne de vos cheveux
Que les plus belles fleurs que Zéphire vous donne :
Mais, si vous m'accusez de trop d'ambition,
Et d'aspirer plus haut que je ne devrois faire,
    Condamnez ma présomption,
    Et me traitez en téméraire ;
Punissez, j'y consens, mon superbe dessein
    Par une sévère défense
De m'élever plus haut que jusqu'à votre sein ;
Et ma punition sera ma récompense.

XXXI.

L'IMMORTELLE BLANCHE,

MADRIGAL.

Donnez-moi vos couleurs, tulipes, anémones;
OEillets, roses, jasmins, donnez-moi vos odeurs;
Des contraires saisons le froid ni les ardeurs
    Ne respectent que les couronnes
    Que l'on compose de mes fleurs :
Ne vous vantez donc point d'être aimables ni belles;
On ne peut nommer beau ce qu'efface le temps :
  Pour couronner les beautés éternelles,
    Et pour rendre leurs yeux contents,
    Il ne faut point être mortelles.
  Si vous voulez affranchir du trépas
    Vos brillants mais frêles appas,
    Souffrez que j'en sois embellie;
Et, si je leur fais part de mon éternité,
Je les rendrai pareils aux appas de Julie,
Et dignes de parer sa divine beauté [1].

---

[1] Un éditeur des *Œuvres de Corneille* a pensé qu'il fallait attribuer à Corneille trois autres madrigaux de la *Guirlande de Julie*, signés *C*. Cet éditeur se trompe. Dans les *Poésies choisies* publiées chez Sercy, on a donné en 1657 toutes les fleurs qui composent la *Guirlande*. Pierre Corneille a signé *la Tulipe, la Fleur d'orange* et *l'Immortelle blanche*. S'il avait fait les autres, il les aurait également signées. Corneille signait en toutes lettres. (A.-M.)

XXXII.

ÉPITAPHE

SUR LA MORT

DE DAMOISELLE ÉLISABETH RANQUET,

FEMME DE M. DU CHEVREUL, ÉCUYER, SEIGNEUR D'ESTURNVILLE [1].

SONNET.

Ne verse point de pleurs sur cette sépulture,
Passant : ce lit funèbre est un lit précieux,
Où gît d'un corps tout pur la cendre toute pure ;
Mais le zèle du cœur vit encore en ces lieux.

Avant que de payer le droit à la nature,
Son ame, s'élevant au-delà de ses yeux,
Avoit au Créateur uni la créature ;
Et marchant sur la terre elle étoit dans les cieux.

Les pauvres bien mieux qu'elle ont senti sa richesse :
L'humilité, la peine, étoient son allégresse ;
Et son dernier soupir fut un soupir d'amour.

Passant, qu'à son exemple un beau feu te transporte ;
Et, loin de la pleurer d'avoir perdu le jour,
Crois qu'on ne meurt jamais quand on meurt de la sorte.

[1] On trouve cette épitaphe dans la *Vie* de cette béate, imprimée à Paris pour la première fois en 1655, et pour la seconde fois en 1660, chez Charles Savreux. (*Œuvres diverses*, 1738.)

XXXIII.

LA POÉSIE A LA PEINTURE[1],

EN FAVEUR

DE L'ACADÉMIE DES PEINTRES ILLUSTRES.

Enfin tu m'as suivie, et ces vastes montagnes
Qui du Rhône et du Pô séparent les campagnes
N'ont eu remparts si forts ni si-haut élevés
Que ton vol, chère sœur, après moi n'ait bravés ;
Enfin ce vieux témoin de toutes nos merveilles,
Toujours pour toi tout d'yeux, et pour moi tout d'oreilles,
Le Tibre voit la Seine, autrefois son appui,
Partager tes trésors et les miens avec lui :
Tu me rejoins enfin, et courant sur mes traces,
En cet heureux séjour du mérite et des graces,
Tu viens, à mon exemple, enrichir ces beaux lieux
De tout ce que ton art a de plus précieux.
Oh, qu'ils te fourniront de brillantes matières !
Que d'illustres objets à toutes tes lumières !
Prépare des pinceaux, prépare des efforts
Pour toutes les beautés de l'esprit et du corps,
Pour tous les dons du ciel, pour tous les avantages
Que la nature et lui sèment sur les visages ;
Prépare-s-en enfin pour toutes les vertus,
Sous qui nous puissions voir les vices abattus.
Sans te gêner l'idée après leur caractère,

---

[1] *Recueil de Sercy*; Paris, 1660, prem. part., p. 214.

Pour les bien exprimer tu n'auras qu'à portraire ;
La France en est féconde, et tes nobles travaux
En trouveront chez elle assez d'originaux :
Mais n'en prépare point pour la plus signalée,
Qu'on a depuis longtemps de la cour exilée,
Pour celle qui départ le solide renom :
Hélas! j'en ai moi-même oublié jusqu'au nom,
Tant je vois rarement mes plus fameux ouvrages
Pouvoir s'enorgueillir de ses moindres suffrages.
Ronsard, qu'elle flattoit à son commencement,
La crut avec son roi couchée au monument ;
Il en perdit haleine, et sa muse malade
En laissa de ses mains tomber la Franciade.
Maynard l'a chaque jour criée à haute voix :
Il n'est porte où pour elle il n'ait frappé cent fois ;
Mais sans en voir l'image en aucun lieu gravée,
Il est mort la cherchant, et ne l'a point trouvée.
J'en fais souvent reproche à ce climat heureux :
Je me plains aux plus grands comme aux plus généreux :
Pour trop m'en plaindre en vain je deviens ridicule,
Et l'on ne m'entend pas, ou l'on le dissimule.
Qu'aujourd'hui la valeur sait mal se secourir !
Que je vois de grands noms en danger de mourir !
Que de gloire à l'oubli malgré le ciel se livre,
Quand il m'a tant donné de quoi la faire vivre !
Le siècle a des héros, il en a même assez
Pour en faire rougir tous les siècles passés ;
Il a plus d'un César, il a plus d'un Achille :
Mais il n'a qu'un Mécène, et n'aura qu'un Virgile :
Rare exemple, et trop grand pour ne pas éclater,
Rare exemple, et si grand qu'on ne l'ose imiter.
Cette haute vertu va toutefois renaître :
A quelques traits déja je crois la reconnoître.

Chère et divine sœur, prépare tes crayons :
J'en vois de temps en temps briller quelques rayons ;
Les Sophocles nouveaux dont s'honore la France
En ont déja senti quelque douce influence ;
Mais ce ne sont enfin que rayons inconstants,
Qui vont de l'un à l'autre, et qui n'ont que leur temps :
Et ces heureux hasards des fruits de mon étude
Laissent tout l'avenir dedans l'incertitude.
Fixe avec ton pouvoir leur éclat vagabond ;
Fais-les servir d'ébauche à ton savoir profond ;
Et, mêlant à ces traits l'effort de ton génie,
Fais revoir en portrait cette illustre bannie ;
Peins bien toute sa pompe et toutes ses beautés,
Son empire absolu dessus les volontés ;
Fais-lui donner du lustre aux plus brillantes marques
Dont se pare le chef des plus dignes monarques ;
Fais partir de nos mains à ses commandements
Tout ce que nous avons d'éternels monuments ;
Fais-lui distribuer la plus durable gloire ;
Mets l'histoire à ses pieds, et toute la mémoire :
Mets en ses yeux l'éclat d'une divinité ;
Mets en ses mains le sceau de l'immortalité,
Et rappelle si bien un juste amour pour elle,
Qu'à son tour en ces lieux cet amour la rappelle,
Et que les cœurs, plongés dans le ravissement,
N'en puissent plus souffrir ce long bannissement.
Mais que dis-je ? tu vas rappeler cette reine
Avec bien plus de gloire, et beaucoup moins de peine.
Ce que je n'ai pu faire avec toutes mes voix,
Quoique j'aie eu pour moi jusqu'à celle des rois,
Quoique toute leur cour, de mes douceurs charmée,
Ait par-delà mes vœux enflé ma renommée ;
Un coup d'œil le va faire, et ton art plus charmant

Pour un si grand effet ne veut qu'un seul moment.
Je vois, je vois déja dans ton académie,
Par de royales mains en ces lieux affermie,
Tes Zeuxis renaissants, tes Apelles nouveaux,
Étaler à l'envi des chefs-d'œuvres si beaux,
Qu'un violent amour pour des choses si rares
Transforme en généreux les cœurs les plus avares;
Et, les précipitant à d'inouïs efforts,
Fait dérouiller les clefs des plus secrets trésors.
Je les vois effacer ces chefs-d'œuvres antiques,
Dont jadis les seuls rois, les seules républiques,
Les seuls peuples entiers pouvoient faire le prix,
Et pour qui l'on traitoit les talents de mépris :
Je vois le Potosi te venir rendre hommage,
Je vois se déborder le Pactole et le Tage,
Je les vois à grands flots se répandre sur toi.
N'accusons plus le siècle; enfin je la revoi,
Je la revois enfin cette belle inconnue,
Et par toi rappelée, et pour toi revenue.
Oui, désormais le siècle a tout son ornement,
Puisqu'enfin tu lui rends en cet heureux moment
Cette haute vertu, cette illustre bannie,
Cette source de gloire en torrents infinie,
Cette reine des cœurs, cette divinité :
J'ai retrouvé son nom, la Libéralité.

XXXIV.

SONNET[1]

SUR LA

CONTESTATION ENTRE LE SONNET D'URANIE ET CELUI DE JOB[2].

Demeurez en repos, Frondeurs et Mazarins,
Vous ne méritez pas de partager la France;
Laissez-en tout l'honneur aux partis d'importance
Qui mettent sur les rangs de plus nobles mutins.

Nos Uranins ligués contre nos Jobelins
Portent bien au combat une autre véhémence;
Et s'il doit achever de même qu'il commence,
Ce sont Guelfes nouveaux, et nouveaux Gibelins.

Vaine démangeaison de la guerre civile,
Qui partagiez naguère et la cour et la ville,
Et dont la paix éteint les cuisantes ardeurs,

Que vous avez de peine à demeurer oisive,
Puisqu'au même moment qu'on voit bas les Frondeurs,
Pour deux méchants sonnets on demande, Qui vive?

---

[1] *Recueil de Sercy*; Paris, 1660, t. 1, p. 438.

[2] Voyez l'histoire de cette contestation dans les *Mémoires de Littérature*, imprimés à La Haye, t. 1, p. 120. Le sonnet d'Uranie était de Voiture, et celui de Job, de Benserade. Une pareille contestation donnerait aujourd'hui matière à quelques épigrammes, mais ne formerait pas un sujet d'histoire. (P.)

XXXV.

SONNET[1].

Deux sonnets partagent la ville,
Deux sonnets partagent la cour,
Et semblent vouloir à leur tour
Rallumer la guerre civile.

Le plus sot et le plus habile
En mettent leur avis au jour,
Et ce qu'on a pour eux d'amour
A plus d'un échauffe la bile.

Chacun en parle hautement,
Suivant son petit jugement;
Et, s'il y faut mêler le nôtre,

L'un est sans doute mieux rêvé,
Mieux conduit, et mieux achevé;
Mais je voudrois avoir fait l'autre.

XXXVI.

ÉPIGRAMME[2].

Ami, veux-tu savoir, touchant ces deux sonnets

[1] *Recueil de Sercy*, t. 1, p. 440.
[2] *Ibid.*, p. 441.

Qui partagent nos cabinets,
Ce qu'on peut dire avec justice?
L'un nous fait voir plus d'art, et l'autre plus de vif;
L'un est le plus peigné, l'autre est le plus naïf :
L'un sent un long effort, et l'autre un prompt caprice :
Enfin l'un est mieux fait, et l'autre plus joli :
Et, pour te dire tout en somme,
L'un part d'un auteur plus poli,
Et l'autre d'un plus galant homme.

XXXVII.

JALOUSIE[1].

N'aimez plus tant, Phylis, à vous voir adorée :
Le plus ardent amour n'a pas grande durée;
Les nœuds les plus serrés sont le plus tôt rompus;
A force d'aimer trop, souvent on n'aime plus,
Et ces liens si forts ont des lois si sévères
Que toutes leurs douceurs en deviennent amères.
Je sais qu'il vous est doux d'asservir tous nos soins :
Mais qui se donne entier n'en exige pas moins;
Sans réserve il se rend, sans réserve il se livre,
Hors de votre présence il doute s'il peut vivre :
Mais il veut la pareille, et son attachement
Prend compte de chaque heure et de chaque moment.
C'est un esclave fier qui veùt régler son maître,
Un censeur complaisant qui cherche à trop connoître,
Un tyran déguisé qui s'attache à vos pas;

[1] *Ibid.*, cinq. part., p. 73.

Un dangereux Argus qui voit ce qui n'est pas ;
Sans cesse il importune, et sans cesse il assiége,
Importun par devoir, fâcheux par privilége,
Ardent à vous servir jusqu'à vous en lasser,
Mais au reste un peu tendre et facile à blesser.
Le plus léger chagrin d'une humeur inégale,
Le moindre égarement d'un mauvais intervalle,
Un souris par mégarde à ses yeux dérobé,
Un coup d'œil par hasard sur un autre tombé,
Le plus foible dehors de cette complaisance
Que se permet pour tous la même indifférence ;
Tout cela fait pour lui de grands crimes d'état ;
Et plus l'amour est fort, plus il est délicat.
Vous avez vu, Phylis, comme il brise sa chaîne
Sitôt qu'auprès de vous quelque chose le gêne ;
Et comme vos bontés ne sont qu'un foible appui
Contre un murmure sourd qui s'épand jusqu'à lui.
Que ce soit vérité, que ce soit calomnie,
Pour vous voir en coupable il suffit qu'on le die ;
Et lorsqu'une imposture a quelque fondement
Sur un peu d'imprudence, ou sur trop d'enjouement,
Tout ce qu'il sait de vous et de votre innocence
N'ose le révolter contre cette apparence,
Et souffre qu'elle expose à cent fausses clartés
Votre humeur sociable et vos civilités.
Sa raison au-dedans vous fait en vain justice,
Sa raison au-dehors respecte son caprice ;
La peur de sembler dupe aux yeux de quelques fous
Étouffe cette voix qui parle trop pour vous.
La part qu'il prend sur lui de votre renommée
Forme un sombre dépit de vous avoir aimée ;
Et, comme il n'est plus temps d'en faire un désaveu,
Il fait gloire partout d'éteindre un si beau feu :

Du moins s'il ne l'éteint, il l'empêche de luire,
Et brave le pouvoir qu'il ne sauroit détruire.
Voilà ce que produit le don de trop charmer.
Pour garder vos amants, faites-vous moins aimer;
Un amour médiocre est souvent plus traitable :
Mais pourriez-vous, Phylis, vous rendre moins aimable?
Pensez-y, je vous prie, et n'oubliez jamais,
Quand on vous aimera, que L'AMOUR EST DOUX; MAIS....

XXXVIII.

BAGATELLE[1].

Quoi! sitôt que j'en veux rabattre,
Vous vous faites tenir à quatre,
Et, quand j'en devrois enrager,
Votre ordre ne se peut changer :
Il faut vous en faire cinquante.
Ma foi, le nombre m'épouvante;
Un vieux garçon de cinquante ans
N'en fait guère en beaucoup de temps,
Et ne va pas tout d'une haleine
A la benoîte cinquantaine.
Encor, pour être votre fait,
Il faut qu'ils soient doux comme lait,
Qu'ils aillent droit comme une quille,
Qu'ils n'ayent point de fausse cheville,
Que tout y soit bien ajusté,
Que rien n'y penche d'un côté,

---

[1] *Ibid.*, p. 75.

Rien n'y soit de mauvaise mise,
Rien n'y sente la barbe grise.
Voilà bien des conditions
Pour mes pauvres inventions :
Le temps les a presque épuisées,
Les vieux travaux les ont usées ;
Comment pourront-elles trouver
Le secret de bien achever ?
  Devenez un peu complaisante,
Et daignez vous passer à trente ;
Vous serez servie à souhait,
Et je vous dirai haut et net
Que je craindrai fort peu la honte
De vous fournir mal votre compte.
Mais je vaux moins qu'un quinola,
Si je n'en fais vingt par-delà :
Tenir à demi sa parole,
C'est une méchante bricole ;
On doit s'efforcer jusqu'au bout,
Et ne rien faire, ou faire tout
Il faut donc que je m'évertue,
Que je me débatte, et remue,
Que je pousse de tout mon mieux.
Dussé-je en crever à vos yeux :
Aux grands coups on voit les grands hommes.
  Voyons, de grace, où nous en sommes :
Si je compte bien par mes doigts,
Je passe les quarante et trois ;
Encor six, vous n'auriez que dire.
Et vous commencez à sourire
De voir mon reste de vertu,
Sans vous avoir rien rabattu,
Ni tourné la tête en arrière.

DIVERSES. 75

Toucher au bout de la carrière.
En faut-il encor? je le veux,
Voilà jusqu'à cinquante-deux :
Plaignez-vous, en cette aventure,
De n'avoir pas bonne mesure.

XXXIX.

STANCES[1].

J'ai vu la peste en raccourci :
Et, s'il faut en parler sans feindre,
Puisque la peste est faite ainsi,
Peste, que la peste est à craindre !

De cœurs qui n'en sauroient guérir
Elle est partout accompagnée,
Et, dût-on cent fois en mourir,
Mille voudroient l'avoir gagnée.

L'ardeur dont ils sont emportés,
En ce péril leur persuade
Qu'avoir la peste à ses côtés,
Ce n'est point être trop malade.

Aussi faut-il leur accorder
Qu'on auroit du bonheur de reste,
Pour peu qu'on se pût hasarder
Au beau milieu de cette peste.

[1] *Ibid.*, p. 77.

La mort seroit douce à ce prix;
Mais c'est un malheur à se pendre,
Qu'on ne meurt pas d'en être pris,
Mais faute de la pouvoir prendre.

L'ardeur qu'elle fait naître au sein
N'y fait même un mal incurable
Que parcequ'elle prend soudain,
Et qu'elle est toujours imprenable.

Aussi chacun y perd son temps;
L'un en gémit, l'autre en déteste;
Et ce que font les plus contents,
C'est de pester contre la peste.

XL.

SONNET [1].

Vous aimez que je me range
Auprès de vous chaque jour,
Et m'ordonnez que je change
En amitié mon amour.

Cette méchante bricole
Vous fait beaucoup hasarder,
Et je vous trouve bien folle
Si vous me pensez garder.

Une passion si belle

---

[1] *Ibid.*, p. 78.

N'est pas une bagatelle
Dont on se joue à son gré.

Et l'amour qui vous rebute
Ne sauroit choir d'un degré,
Qu'il ne meure de sa chute.

XLI.

SUR LE DÉPART

DE MADAME LA MARQUISE DE B. A. T[1].

Allez, belle marquise, allez en d'autres lieux
Semer les doux périls qui naissent de vos yeux.
Vous trouverez partout les ames toutes prêtes
A recevoir vos lois et grossir vos conquêtes,
Et les cœurs à l'envi se jetant dans vos fers
Ne feront point de vœux qui ne vous soient offerts ;
Mais ne pensez pas tant aux glorieuses peines
De ces nouveaux captifs qui vont prendre vos chaînes,
Que vous teniez vos soins tout-à-fait dispensés
De faire un peu de grace à ceux que vous laissez.
Apprenez à leur noble et chère servitude
L'art de vivre sans vous et sans inquiétude ;
Et, si sans faire un crime on peut vous en prier,
Marquise, apprenez-moi l'art de vous oublier.

En vain de tout mon cœur la triste prévoyance
A voulu faire essai des maux de votre absence ;
Quand j'ai cru le soustraire à des yeux si charmants,

[1] *Ibid.*, p. 79.

Je l'ai livré moi-même à de nouveaux tourments,
Il a fait quelques jours le mutin et le brave,
Mais il revient à vous, et revient plus esclave,
Et reporte à vos pieds le tyrannique effet
De ce tourment nouveau que lui-même il s'est fait.
  Vengez-vous du rebelle, et faites-vous justice ;
Vous devez un mépris du moins à son caprice ;
Avoir un si long temps des sentiments si vains,
C'est assez mériter l'honneur de vos dédains.
Quelle bonté superbe, ou quelle indifférence
A sa rébellion ôte le nom d'offense ?
Quoi ! vous me revoyez sans vous plaindre de rien ?
Je trouve même accueil avec même entretien ?
Hélas ! et j'espérois que votre humeur altière
M'ouvriroit les chemins à la révolte entière ;
Ce cœur, que la raison ne peut plus secourir,
Cherchoit dans votre orgueil une aide à se guérir :
Mais vous lui refusez un moment de colère ;
Vous m'enviez le bien d'avoir pu vous déplaire ;
Vous dédaignez de voir quels sont mes attentats,
Et m'en punissez mieux ne m'en punissant pas.
Une heure de grimace ou froide ou sérieuse,
Un ton de voix trop rude ou trop impérieuse,
Un sourcil trop sévère, une ombre de fierté,
M'eût peut-être à vos yeux rendu la liberté.
J'aime, mais en aimant je n'ai point la bassesse
D'aimer jusqu'au mépris de l'objet qui me blesse ;
Ma flamme se dissipe à la moindre rigueur.
Non qu'enfin mon amour prétende cœur pour cœur :
Je vois mes cheveux gris : je sais que les années
Laissent peu de mérite aux ames les mieux nées ;
Que les plus beaux talents des plus rares esprits,
Quand les corps sont usés, perdent bien de leur prix ;

Que, si dans mes beaux jours je parus supportable,
J'ai trop longtemps aimé pour être encore aimable,
Et que d'un front ridé les replis jaunissants
Mêlent un triste charme au prix de mon encens.
Je connois mes défauts; mais, après tout, je pense
Être pour vous encore un captif d'importance :
Car vous aimez la gloire, et vous savez qu'un roi
Ne vous en peut jamais assurer tant que moi.
Il est plus en ma main qu'en celle d'un monarque
De vous faire égaler l'amante de Pétrarque,
Et mieux que tous les rois je puis faire douter
De sa Laure ou de vous qui le doit emporter.

Aussi, je le vois trop, vous aimez à me plaire,
Vous vous rendez pour moi facile à satisfaire;
Votre ame de mes feux tire un plaisir secret,
Et vous me perdriez sans honte avec regret.

Marquise, dites donc ce qu'il faut que je fasse :
Vous rattachez mes fers quand la saison vous chasse;
Je vous avois quittée, et vous me rappelez
Dans le cruel instant que vous vous en allez.
Rigoureuse faveur, qui force à disparoître
Ce calme étudié que je faisois renaître,
Et qui ne rétablit votre absolu pouvoir
Que pour me condamner à languir sans vous voir!
Payez, payez mes feux d'une plus foible estime,
Traitez-les d'inconstants; nommez ma fuite un crime;
Prêtez-moi, par pitié, quelque injuste courroux;
Renvoyez mes soupirs qui volent après vous;
Faites-moi présumer qu'il en est quelques autres
A qui jusqu'en ces lieux vous renvoyez des vôtres,
Qu'en faveur d'un rival vous allez me trahir :
J'en ai, vous le savez, que je ne puis haïr;
Négligez-moi pour eux, mais dites en vous-même,

« Moins il me veut aimer, plus il fait voir qu'il m'aime,
« Et m'aime d'autant plus que son cœur enflammé
« N'ose même aspirer au bonheur d'être aimé ;
« Je fais tous ses plaisirs, j'ai toutes ses pensées,
« Sans que le moindre espoir les ait intéressées. »
Puissé-je malgré vous y penser un peu moins,
M'échapper quelques jours vers quelques autres soins,
Trouver quelques plaisirs ailleurs qu'en votre idée,
Et voir toute mon ame un peu moins obsédée ;
Et vous, de qui je n'ose attendre jamais rien,
Ne ressentir jamais un mal pareil au mien !
  Ainsi parla Cléandre, et ses maux se passèrent,
Son feu s'évanouit, ses déplaisirs cessèrent :
Il vécut sans la dame, et vécut sans ennui,
Comme la dame ailleurs se divertit sans lui.
Heureux en son amour, si l'ardeur qui l'anime
N'en conçoit les tourments que pour s'en plaindre en rime,
Et si d'un feu si beau la céleste vigueur
Peut enflammer ses vers sans échauffer son cœur !

XLII.

POUR UNE DAME

QUI REPRÉSENTOIT LA NUIT

EN LA COMÉDIE D'ENDYMION.

MADRIGAL[1].

Si la lune et la nuit sont bien représentées,
  Endymion n'étoit qu'un sot :

[1] *Ibid.*, p. 82.

Il devoit dès le premier mot
Renvoyer à leur ciel les cornes argentées.
Ténébreuse déesse, un œil bien éclairé
Dans tes obscurités eût cherché sa fortune;
Et je n'en connois point qui n'eût tôt préféré
Les ombres de la nuit aux clartés de la lune.

XLIII.

ÉLÉGIE[1].

Iris, je vais parler; c'est trop de violence.
Il est temps que mon feu se dérobe au silence,
Et qu'il fasse échapper au respect qui me nuit
L'aveu du triste état où vous m'avez réduit.
Depuis le jour fatal que pour vous je soupire,
Mes yeux se sont cent fois chargés de vous le dire,
Et cent fois, si mon mal vous pouvoit émouvoir,
Leur mourante langueur vous l'auroit fait savoir :
Mais les vôtres partout, certains de leur victoire,
D'une obscure conquête estiment peu la gloire,
Et veulent, pour daigner en faire part au cœur,
Que l'éclat du triomphe en apporte au vainqueur
C'est par-là que, jaloux de l'orgueil qui l'inspire,
Ce cœur n'a point sur moi reconnu son empire;
Que, mettant ma défaite au-dessous de ses soins,
Il en a récusé mes soupirs pour témoins,
Et craint de s'exposer, s'il avouoit mes peines,
A rougir d'un captif indigne de vos chaînes.

[1] *Ibid.*, p. 83.

Je le confesse, Iris, il n'est point parmi nous
De mérite assez haut pour aller jusqu'à vous.
A voir ce que je suis tout mon espoir chancelle ;
Mais le peu que je vaux ne vous rend pas moins belle :
J'ai des yeux comme un autre à me laisser charmer,
J'ai comme un autre un cœur ardent à s'enflammer;
Et, dans les doux appas dont vous êtes pourvue,
J'ai dû brûler pour vous, puisque je vous ai vue.
Oui, de votre beauté l'éclat impérieux
Touche aussitôt le cœur qu'il vient frapper les yeux :
Ce n'est point un brillant dont la fausse lumière
Ne fasse qu'éblouir au moment qu'elle éclaire ;
Ce n'est point un effort de charmes impuissants
Qui prennent pour appui la surprise des sens :
Quoi qu'en vous leur rapport vante d'un prix extrême,
La raison convaincue y souscrit elle-même,
Et, sans appréhender de le voir démenti,
Par son propre suffrage affermit leur parti.
Alors, que ne peut point sur les plus belles ames
Ce vif amas d'attraits, cette source de flammes,
Ces beaux yeux qui, portant le jour de toutes parts,
Font autant de captifs qu'ils lancent de regards !
Alors, que ne peut point ce pompeux assemblage
Des traits les plus perçants dont brille un beau visage,
Et qui dessus le vôtre étalent hautement
Ce qu'ailleurs cent beautés font voir de plus charmant !
Aussi, que leur adresse aux dons de la nature
Ajoute encor de l'art la plus douce imposture,
Que de lis empruntés leur visage soit peint,
On les verra pâlir auprès de votre teint,
Ce teint dont la blancheur, sans être mendiée,
Passe en vivacité la plus étudiée,
Et pare avec orgueil le plus brillant séjour

Où les graces jamais ayent attiré l'amour.
C'est là, c'est en vous seule, Iris, que l'on doit croire
Qu'aimant à triompher, il triomphe avec gloire,
Et qu'il trouve aussitôt de quoi s'assujettir
Quiconque de ses traits s'étoit pu garantir.
Pour moi, je l'avouerai, comme aucune surprise
N'avoit jusques ici fait trembler ma franchise,
Permettant à mes yeux l'heur de vous regarder,
Mon cœur trop imprudent ne crut rien hasarder.
Ainsi de vos beautés qu'on vantoit sans pareilles
Je voulus à loisir contempler les merveilles;
Ainsi j'examinai tous ces riches trésors
Que prodigua le ciel à former votre corps.
Ce port noblement fier, cette taille divine
Qui par sa majesté marque son origine,
Seule égale à soi-même, et tellement à vous
Que, la formant unique, il s'en montra jaloux
De tant d'appas divers mon ame possédée
Se plut d'en conserver la précieuse idée :
Je l'admirai sans cesse, et de mon souvenir,
Ne croyant qu'admirer, j'eus peur de la bannir :
Mais de ce sentiment la flatteuse imposture
N'empêcha pas le mal pour cacher la blessure;
Et ce soin d'admirer, qui dure plus d'un jour,
S'il n'est amour déja, devient bientôt amour.
Un je ne sais quel trouble où je me vis réduire
De cette vérité sut assez tôt m'instruire;
Par d'inquiets transports me sentant émouvoir,
J'en connus le sujet quand j'osai vous revoir.
A prendre ce dessein mon ame tout émue
Eut peine à soutenir l'éclat de votre vue;
Mon cœur en fut surpris d'un doux saisissement
Qui me fit découvrir que j'allois être amant :

Un désordre confus m'expliqua son martyre ;
Je voulus vous parler, et ne sus que vous dire ;
Je rougis, je pâlis ; et d'un tacite aveu,
Si je n'aime point, dis-je, hélas ! qu'il s'en faut peu !
Soudain, le pourrez-vous apprendre sans colère ?
Je jugeai la révolte un parti nécessaire,
Et je n'épargnai rien, dans cette extrémité,
Pour soulever mon cœur contre votre beauté.
L'ardeur de dégager ma franchise asservie
Me fit prendre les yeux de la plus noire envie ;
Je ne m'attachai plus qu'à chercher des défauts
Qui, détruisant ma flamme, adoucissent mes maux :
Mais las ! cette recherche un peu trop téméraire
Produisit à sa cause un effet bien contraire ;
Et vos attraits, par elle à mes sens mieux offerts,
Au lieu de les briser redoublèrent mes fers.
Plus je vous contemplai, plus je connus de charmes
Contre qui ma raison me refusa des armes ;
Et sans cesse l'amour, par de vives clartés,
Me découvrit en vous de nouvelles beautés.
Tout ce que vous faisiez étoit inséparable
De ce je ne sais quoi sans qui rien n'est aimable ;
Tout ce que vous disiez avoit cet air charmant
Qui des plus nobles cœurs triomphe en un moment.
J'en connus le pouvoir, j'en ressentis l'atteinte :
Contraint de vous aimer, j'aimai cette contrainte ;
Et je n'aspirai plus, par mille vœux offerts,
Qu'à vous faire avouer la gloire de mes fers.
Y consentirez-vous, belle Iris ? et pourrai-je
Promettre à mes desirs ce charmant privilége ?
Je ne demande point que, sensible à mon feu,
L'assurance du vôtre en couronne l'aveu ;
Je ne demande point qu'à mes vœux favorable

Vous vous montriez amante en vous montrant aimable,
Et que, par un transport qui n'examine rien,
Le don de votre cœur suive l'offre du mien :
Quoi qu'on ait fait pour vous et de grand et d'insigne,
C'est un prix glorieux dont on n'est jamais digne,
Et que ma passion me faisant desirer,
L'excès de mes défauts me défend d'espérer.
Permettez seulement, pour flatter mon martyre,
Que vous osant aimer j'ose aussi vous le dire;
Qu'à vos pieds mon respect apporte chaque jour
Les serments redoublés d'un immuable amour ;
Que là, par son ardeur, je vous fasse connoître
Qu'étant pur et sincère il doit toujours s'accroître ;
Que ce n'est point l'effet d'un aveugle appétit
Que le desir fit naître et que l'espoir nourrit ;
Et qu'aimant par raison d'un amour véritable
Ce que jamais le ciel forma de plus aimable,
Le temps dessus mon cœur n'aura rien d'assez fort
Pour en bannir les traits que par ceux de la mort.

XLIV.

SONNET[1].

Je vous estime, Iris, et crois pouvoir sans crime
Permettre à mon respect un aveu si charmant :
  Il est vrai qu'à chaque moment
  Je songe que je vous estime.

[1] *Ibid.*, p. 87.

Cette agréable idée, où ma raison s'abîme,
Tyrannise mes sens jusqu'à l'accablement ;
    Mais pour vouloir fuir ce tourment
    La cause en est trop légitime.

Aussi, quelque désordre où mon cœur soit plongé,
Bien loin de faire effort à l'en voir dégagé,
Entretenir sa peine est toute mon étude.

J'en aime le chagrin, le trouble m'en est doux.
    Hélas ! que ne m'estimez-vous
    Avec la même inquiétude !

XLV.

SONNET[1].

D'un accueil si flatteur, et qui veut que j'espère,
Vous payez ma visite alors que je vous voi,
Que souvent à l'erreur j'abandonne ma foi,
Et crois seul avoir droit d'aspirer à vous plaire.

Mais si j'y trouve alors de quoi me satisfaire,
Ces charmes attirants, ces doux je ne sais quoi,
Sont des biens pour tout autre aussi bien que pour moi ;
Et c'est dont un beau feu ne se contente guère.

D'une ardeur réciproque il veut d'autres témoins,
Un mutuel échange et de vœux et de soins,

[1] *Ibid.*, p. 88.

DIVERSES. 87

Un transport de tendresse à nul autre semblable.

C'est là ce qui remplit un cœur fort amoureux :
Le mien le sent pour vous; le vôtre en est capable.
Hélas! si vous vouliez, que je serois heureux!

XLVI.

STANCES[1].

Marquise, si mon visage
A quelques traits un peu vieux,
Souvenez-vous qu'à mon âge
Vous ne vaudrez guère mieux.

Le temps aux plus belles choses
Se plaît à faire un affront,
Et saura faner vos roses
Comme il a ridé mon front.

Le même cours des planètes
Règle nos jours et nos nuits :
On m'a vu ce que vous êtes;
Vous serez ce que je suis.

Cependant j'ai quelques charmes
Qui sont assez éclatants
Pour n'avoir pas trop d'alarmes
De ces ravages du temps.

[1] *Ibid.*, p. 89.

Vous en avez qu'on adore,
Mais ceux que vous méprisez
Pourroient bien durer encore
Quand ceux-là seront usés.

Ils pourront sauver la gloire
Des yeux qui me semblent doux,
Et dans mille ans faire croire
Ce qu'il me plaira de vous.

Chez cette race nouvelle,
Où j'aurai quelque crédit,
Vous ne passerez pour belle
Qu'autant que je l'aurai dit.

Pensez-y, belle marquise.
Quoiqu'un grison fasse effroi,
Il vaut bien qu'on le courtise,
Quand il est fait comme moi.

XLVII.

STANCE A LA REINE [1].

C'est trop faire languir de si justes desirs,
   Reine; venez assurer nos plaisirs
     Par l'éclat de votre présence;
Venez nous rendre heureux sous vos augustes lois,

---

[1] Extrait du *Recueil des plus beaux vers qui ont été mis en chant*; Sercy, 1661, p. 89.

Et recevez tous les cœurs de la France
Avec celui du plus grand de ses rois.

XLVIII.

SONNET[1].

Usez moins avec moi du droit de tout charmer :
Vous me perdrez bientôt, si vous n'y prenez garde.
J'aime bien à vous voir, quoi qu'enfin j'y hasarde ;
Mais je n'aime pas bien qu'on me force d'aimer.

Cependant mon repos a de quoi s'alarmer :
Je sens je ne sais quoi dès que je vous regarde ;
Je souffre avec chagrin tout ce qui m'en retarde ;
Et c'est déja sans doute un peu plus qu'estimer.

Ne vous y trompez pas : l'honneur de ma défaite
N'assure point d'esclave à la main qui l'a faite ;
Je sais l'art d'échapper aux charmes les plus forts ;

Et, quand ils m'ont réduit à ne plus me défendre,
Savez-vous, belle Iris, ce que je fais alors ?
   Je m'enfuis, de peur de me rendre.

[1] Recueil de 1660, cinq. part., p. 90.

XLIX.

SONNET PERDU AU JEU [1].

Je chéris ma défaite, et mon destin m'est doux,
Beauté, charme puissant des yeux et des oreilles;
Et je n'ai point regret qu'une heure auprès de vous
Me coûte en votre absence et des soins et des veilles.

Se voir ainsi vaincu par vos rares merveilles,
C'est un malheur commode à faire cent jaloux;
Et le cœur ne soupire, en des pertes pareilles,
Que pour baiser la main qui fait de si grands coups.

Recevez de la mienne, après votre victoire,
Ce que pourroit un roi tenir à quelque gloire,
Ce que les plus beaux yeux n'ont jamais dédaigné.

Je vous en rends, Iris, un juste et prompt hommage.
Hélas! contentez-vous de me l'avoir gagné,
   Sans me dérober davantage.

L.

CHANSON [2].

Vos beaux yeux sur ma franchise

---

[1] *Ibid.,* p. 91.
[2] *Ibid.,* p. 92.

N'adressent pas bien leurs coups,
Tête chauve et barbe grise
Ne sont pas viande pour vous;
Quand j'aurois l'heur de vous plaire,
Ce seroit perdre du temps;
Iris, que pourriez-vous faire
D'un galant de cinquante ans?

Ce qui vous rend adorable
N'est propre qu'à m'alarmer.
Je vous trouve trop aimable,
Et crains de vous trop aimer :
Mon cœur à prendre est facile,
Mes vœux sont des plus constants;
Mais c'est un meuble inutile
Qu'un galant de cinquante ans.

Si l'armure n'est complète,
Si tout ne va comme il faut,
Il vaut mieux faire retraite
Que d'entreprendre un assaut :
L'amour ne rend point la place
A de mauvais combattants,
Et rit de la vaine audace
Des galants de cinquante ans.

LI.

STANCES[1].

Caliste, lorsque je vous voi,

[1] *Ibid.*, p. 93.

Dirai-je que je vous admire?
C'est vous dire bien peu pour moi,
Et peut-être c'est trop vous dire.

Je m'expliquerois un peu mieux
Pour un moindre rang que le vôtre;
Vous êtes belle, j'ai des yeux,
Et je suis homme comme un autre.

Que n'êtes-vous, à votre tour,
Caliste, comme une autre femme!
Je serois pour vous tout d'amour,
Si vous n'étiez point si grand'dame.

Votre grade hors du commun
Incommode fort qui vous aime,
Et sous le respect importun
Un beau feu s'éteint de lui-même.

J'aime un peu l'indiscrétion
Quand je veux faire des maîtresses;
Et quand j'ai de la passion,
J'ai grand amour pour les caresses.

Mais si j'osois me hasarder
Avec vous au moindre pillage,
Vous me feriez bien regarder
Le grand chemin de mon village.

J'aime donc mieux laisser mourir
L'ardeur qui seroit maltraitée,
Que de prétendre à conquérir
Ce qui n'est point de ma portée.

LII.

MADRIGAL[1]

A MADEMOISELLE SERMENT[2].

Mes deux mains à l'envi disputent de leur gloire,
    Et dans leurs sentiments jaloux
    Je ne sais ce que j'en dois croire.
    Phylis, je m'en rapporte à vous ;
    Réglez mon amour par le vôtre.
    Vous savez leurs honneurs divers :
La droite a mis au jour un million de vers ;
Mais votre belle bouche a daigné baiser l'autre.

[1] *Ibid.*, p. 94.

[2] Mademoiselle Serment ayant baisé la main à M. Corneille par un excès d'estime, il lui envoya ce madrigal. Mademoiselle Serment était née à Grenoble, et mourut à Paris en 1692. Elle fut du nombre des femmes qui cultivèrent les lettres, et qui se composèrent une cour de tous les beaux esprits du temps. Quinault, entre autres, lui fut tendrement attaché, et la consultoit, dit-on, sur ses ouvrages. (P.)

Elle fit à Corneille la réponse suivante :

    Si vous parlez sincèrement
Lorsque vous préférez la main gauche à la droite,
De votre jugement je suis mal satisfaite.
Le baiser le plus doux ne dure qu'un moment :
Un million de vers dure éternellement,
    Quand ils sont beaux comme les vôtres.
    Mais vous parlez comme un amant,
    Et peut-être comme un Normand ;
    Vendez vos coquilles à d'autres.

(*Œuvres diverses de P. Corneille* ; Paris, 1738, p. 209.)

Adorable Phylis, peut-on mieux décider
Que la droite lui doit céder ?

LIII.

MADRIGAL[1].

Je ne veux plus devoir à des gens comme vous ;
Je vous trouve, Phylis, trop rude créancière.
Pour un baiser prêté qui m'a fait cent jaloux,
Vous avez retenu mon ame prisonnière.
Il fait mauvais garder un si dangereux prêt ;
J'aime mieux vous le rendre avec double intérêt,
Et m'acquitter ainsi mieux que je ne mérite ;
Mais à de tels paiements je n'ose me fier,
Vous accroîtrez la dette en vous laissant payer,
Et doublerez mes fers si par-là je m'acquitte :
Le péril en est grand, courons-y toutefois,
Une prison si belle est trop digne d'envie ;
Puissé-je vous devoir plus que je ne vous dois,
En peine d'y languir le reste de ma vie !

LIV.

STANCES[2].

Que vous sert-il de me charmer ?

---

[1] *Recueil de Sercy* ; Paris, 1660, cinq. part., p. 94.
[2] *Ibid.*, p. 95.

Aminte, je ne puis aimer
 Où je ne vois rien à prétendre ;
Je sens naître et mourir ma flamme à votre aspect,
Et si pour la beauté j'ai toujours l'ame tendre,
Jamais pour la vertu je n'ai que du respect.

 Vous me recevez sans mépris,
 Je vous parle, je vous écris,
 Je vous vois quand j'en ai l'envie ;
Ces bonheurs sont pour moi des bonheurs superflus ;
Et si quelque autre y trouve une assez douce vie,
Il me faut pour aimer quelque chose de plus.

 Le plus grand amour sans faveur,
 Pour un homme de mon humeur,
 Est un assez triste partage ;
Je cède à mes rivaux cet inutile bien,
Et qui me donne un cœur, sans donner davantage,
M'obligeroit bien plus de ne me donner rien.

 Je suis de ces amants grossiers
 Qui n'aiment pas fort volontiers
 Sans aucun prix de leurs services,
Et veux, pour m'en payer, un peu mieux qu'un regard ;
Et l'union d'esprit est pour moi sans délices,
Si les charmes des sens n'y prennent quelque part.

LV.

ÉPIGRAMME[1].

Qu'on te flatte, qu'on te baise,
Tu ne t'effarouches point,
Phylis, et le dernier point
Est le seul qui te déplaise.
Cette amitié de milieu
Te semble être selon Dieu,
Et du ciel t'ouvrir la porte :
Mais détrompe-toi l'esprit :
Quiconque aime de la sorte
Se donne au diable à crédit.

LVI.

RONDEAU[2].

Je pense, à vous voir tant d'attraits,
Qu'Amour vous a formée exprès
Pour faire que sa fête on chomme;
Car vous en avez une somme
Bien dangereuse à voir de près.
Vous êtes belle plus que très,

---

[1] *Ibid.*, p. 96.
[2] *Ibid., ibid.*

Et vous avez le teint si frais,
Qu'il n'est rien d'égal (au moins comme
    Je pense) à vous.

Vos yeux, par des ressorts secrets,
Tiennent mille cœurs dans vos rets;
Qui s'en défend est habile homme :
Pour moi qu'un si beau feu consomme,
Nuit et jour, percé de vos traits,
    Je pense à vous.

LVII.

REMERCIEMENT AU ROI[1].

Ainsi du Dieu vivant la bonté surprenante
Verse, quand il lui plaît, sa grace prévenante;
Ainsi du haut des cieux il aime à départir
Des biens dont notre espoir n'osoit nous avertir.
Comme ses moindres dons excèdent le mérite,
Cette même bonté seule l'en sollicite;
Il ne consulte qu'elle, et, maître qu'il en est,
Sans devoir à personne, il donne à qui lui plaît.
    Telles sont les faveurs que ta main nous partage,
Grand roi, du Roi des rois la plus parfaite image :
Tel est l'épanchement de tes nouveaux bienfaits;
Il prévient l'espérance, il surprend les souhaits,

[1] Corneille composa cette pièce pour remercier le roi de l'avoir compris dans le nombre des savants célèbres à qui il avait accordé des gratifications en 1662. Elle fut imprimée en 1663, et réimprimée en 1667, 1669 et 1738. (Lef....)

Il passe le mérite, et ta bonté suprême
Pour faire des heureux les choisit d'elle-même.
Elle m'a mis du nombre, et me force à rougir
De ne me voir qu'un zèle incapable d'agir.
Son excès dans mon cœur fait des troubles étranges.
Je sais que je te dois des vœux et des louanges,
Que ne t'en pas offrir c'est te les dérober;
Mais si j'y fais effort, je cherche à succomber,
Et le plus beau succès que ma muse en obtienne
Profanera ta gloire et détruira la mienne.
Je veux bien l'immoler tout entière à mon roi;
Mais, si je n'en ai plus, je ne puis rien pour toi;
Et j'en dois prendre soin, pour éviter le crime
D'employer à te peindre un pinceau sans estime.
  Il n'est dans tous les arts secret plus excellent
Que de savoir connoître et choisir son talent.
Pour moi qui de louer n'eus jamais la méthode,
J'ignore encor le tour du sonnet et de l'ode.
Mon génie au théâtre a voulu m'attacher;
Il en a fait mon sort, je dois m'y retrancher;
Partout ailleurs je rampe, et ne suis plus moi-même :
Mais là j'ai quelque nom, là quelquefois on m'aime;
Là ce même génie ose de temps en temps
Tracer de ton portrait quelques traits éclatants.
Par eux de l'Andromède il sut ouvrir la scène;
On y vit le Soleil instruire Melpomène [1],
Et lui dire qu'un jour Alexandre et César
Sembleroient des vaincus attachés à ton char :
Ton front le promettoit, et tes premiers miracles

---

[1] Var. Dans l'édition de 1663, ces trois vers sont ainsi :
  On y voit le Soleil prédire à Melpomène
  Que nous verrions un jour Alexandre et César,
  Ainsi que des vaincus attachés à ton char. (Lef....)

Ont rempli hautement la foi de mes oracles.
A peine tu parois les armes à la main,
Que tu ternis les noms du Grec et du Romain ;
Tout tremble, tout fléchit sous tes jeunes années ;
Tu portes en toi seul toutes les destinées ;
Rien n'est en sûreté s'il ne vit sous ta loi :
On t'offre, ou, pour mieux dire, on prend la paix de toi ;
Et ceux qui se font craindre aux deux bouts de la terre,
Pour ne te craindre plus renoncent à la guerre.
  Ton hymen est le sceau de cette illustre paix :
Sur ces grands incidents tout parle, et je me tais ;
Et, sans me hasarder à ces nobles amorces,
J'attends l'occasion qui s'arrête à mes forces.
Je la trouve, et j'en prends le glorieux emploi,
Afin d'ouvrir ma scène encore un coup pour toi :
J'y mets la Toison d'or ; mais, avant qu'on la voie,
La Paix vient elle-même y préparer la joie ;
L'Hymen l'y fait descendre ; et de Mars en courroux
Par ta digne moitié j'y romps les derniers coups.
  On te voyoit dès-lors à toi seul comparable
Faire éclater par-tout ta conduite adorable,
Remplir les bons d'amour, et les méchants d'effroi.
Jusque-là toutefois tout n'étoit pas à toi ;
Et, quelque doux effets qu'eût produits ta victoire,
Les conseils du grand Jule [1] avoient part à ta gloire.
  Maintenant qu'on te voit en digne potentat
Réunir en ta main les rênes de l'état,
Que tu gouvernes seul, et que, par ta prudence,
Tu rappelles des rois l'auguste indépendance,
Il est temps que d'un air encor plus élevé
Je peigne en ta personne un monarque achevé ;

[1] Mazarin.

Que j'en laisse un modèle aux rois qu'on verra naître,
Et qu'en toi pour régner je leur présente un maître.
  C'est là que je saurai fortement exprimer
L'art de te faire craindre, et de te faire aimer;
Cet accès libre à tous, cet accueil favorable,
Qu'ainsi qu'au plus heureux tu fais au misérable.
Je te peindrai vaillant, juste, bon, libéral,
Invincible à la guerre, en la paix sans égal :
Je peindrai cette ardeur constante et magnanime
De retrancher le luxe et d'extirper le crime;
Ce soin toujours actif pour les nobles projets,
Toujours infatigable au bien de tes sujets;
Ce choix de serviteurs fidèles, intrépides,
Qui soulagent tes soins, mais sur qui tu présides,
Et dont tout le pouvoir qui fait tant de jaloux
N'est qu'un écoulement de tes ordres sur nous.
Je rendrai de ton nom l'univers idolâtre :
Mais, pour ce grand chef-d'œuvre, il faut un grand théâtre.
  Ouvre-moi donc, grand roi, ce prodige des arts,
Que n'égala jamais la pompe des Césars,
Ce merveilleux salon où ta magnificence
Fait briller un rayon de sa toute-puissance;
Et peut-être, animé par tes yeux de plus près,
J'y ferai plus encor que je ne te promets.
Parle, et je reprendrai ma vigueur épuisée
Jusques à démentir les ans qui l'ont usée.
Vois comme elle renaît dès que je pense à toi,
Comme elle s'applaudit d'espérer en mon roi!
Le plus pénible effort n'a rien qui la rebute :
Commande, et j'entreprends; ordonne, et j'exécute.

LVIII.

PLAINTE

DE LA FRANCE A ROME.

ÉLÉGIE[1].

Lorsque, sous le plus juste et le plus grand des princes,
L'abondance et la paix règnent dans mes provinces,
Rome, par quel destin tes Romains irrités
Arrêtent-ils le cours de mes prospérités ?
Après avoir gagné victoire sur victoire,
Et porté ma valeur au comble de la gloire,
Après avoir contraint par mes illustres faits
Mes rivaux orgueilleux à recevoir la paix,
J'espérois d'établir une sainte alliance,
D'unir les intérêts de Rome et de la France,
Et de porter bien loin, par mes rares exploits,
La gloire de mes lis et celle de la croix ;
Mon monarque, chargé de lauriers et de palmes,
Voyoit tous ses états et ses provinces calmes,
Et, disposant son bras à quelque saint emploi,
Ne vouloit plus combattre et vaincre que pour toi ;
Il t'offroit son pouvoir et sa valeur extrême :
Mais tu veux l'obliger à te vaincre toi-même,
Et, par un attentat et lâche et criminel,

---

[1] Extraite d'un *Recueil de pièces en prose et en poésie*, imprimé en Hollande en 1664. (PAR.)

Tu fais de ses faveurs un mépris solennel ;
On voit régner le crime avec la violence,
Où doit régner la paix avecque le silence ;
On voit les assassins courir avec ardeur
Jusqu'au palais sacré de mon ambassadeur,
Porter de tous côtés leur fureur vagabonde,
Et violer les droits les plus sacrés du monde.
Je savois bien que Rome élevoit dans son sein
Des peuples adonnés au culte souverain,
Des héros dans la paix, des savants politiques,
Experts à démêler les affaires publiques,
A conseiller les rois, à régler les états ;
Mais je ne savois pas que Rome eût des soldats.
Lorsque Mars désoloit nos campagnes fertiles,
Tu maintenois tes champs et tes peuples tranquilles ;
Tout le monde agité de tant de mouvements
Suivoit le triste cours de ses déréglements ;
Toi seule, dans le port, à l'abri de l'orage,
Tu voyois les écueils où nous faisions naufrage ;
Des princes irrités modérant le courroux
Tu disposois le ciel à devenir plus doux ;
Et, sans prendre intérêt aux passions d'un autre,
Tu gardois ton repos et tu pensois au nôtre ;
Tu voyois à regret cent exploits inhumains,
Et tu levois au ciel tes innocentes mains ;
Tu recourois aux vœux quand nous courions aux armes ;
Nous répandions du sang, tu répandois des larmes ;
Et, plaignant le malheur du reste des mortels,
Tu soupirois pour eux au pied de tes autels ;
Tu demandois au ciel cette paix fortunée,
Et tu me la ravis dès qu'il me l'a donnée ;
A peine ai-je fini mes glorieux travaux,
Que tu veux m'engager à des combats nouveaux :

Reine de l'univers, arbitre de la terre,
Tu me prêchois la paix au milieu de la guerre ;
J'ai suivi tes conseils et tes justes souhaits,
Et tu me fais la guerre au milieu de la paix ;
Détruisant les erreurs et punissant les crimes,
J'ai soutenu l'honneur de tes saintes maximes ;
J'ai remis autrefois, en dépit des tyrans,
Dans leur trône sacré tes pontifes errants,
Et, faisant triompher d'une égale vaillance,
Ou la France dans Rome, ou Rome dans la France,
J'ai conservé tes droits et maintenu ta foi ;
Et tu prends aujourd'hui les armes contre moi !
Quel intérêt t'engage à devenir si fière ?
Te reste-t-il encor quelque vertu guerrière ?
Crois-tu donc être encore au siècle des Césars,
Où, parmi les fureurs de Bellone et de Mars,
Jalouse de la gloire et du pouvoir suprême,
Tu foulois à tes pieds et sceptre et diadème ?
Dans ce fameux état où le ciel t'avoit mis
Tu ne demandois plus que de grands ennemis ;
Et, portant ton orgueil sur la terre et sur l'onde,
Tu bravois le destin des puissances du monde,
Et tu faisois marcher sous tes injustes lois
Un simple citoyen sur la tête des rois ;
Ton destin ne t'offroit que d'illustres conquêtes ;
Ta foudre ne tomboit que sur de grandes têtes,
Et tu montrois en pompe aux peuples étonnés
Des souverains captifs et des rois enchaînés.
Mais, quelque grands exploits que l'histoire renomme,
Tu n'es plus cette fière et cette grande Rome ;
Ton empire n'est plus ce qu'il fut autrefois,
Et ce n'est plus un siècle à se moquer des rois ;
On ne redoute plus l'orgueil du Capitole,

Qui fut jadis si craint de l'un à l'autre pole;
Et les peuples, instruits de tes douces vertus,
Adorent ta grandeur, mais ne la craignent plus.
Que si le ciel t'inspire encor quelque vaillance,
Va dresser tes autels jusqu'aux champs de Byzance;
Anime tes Romains à quelque effort puissant,
Et va planter ta croix où règne le croissant;
Remplis les premiers rangs d'une sainte entreprise,
Et voyons marcher Rome au secours de Venise;
Pour tes sacrés autels toi-même combattant,
Commence ces exploits que tu nous prêches tant,
Ou laisse-moi jouir dans la paix où nous sommes
D'un repos que je viens de procurer aux hommes :
J'ai vu de tous côtés mes ennemis vaincus,
Et je suis aujourd'hui ce qu'autrefois tu fus;
Les lois de mon état sont aussi souveraines,
Mes lis vont aussi loin que tes aigles romaines;
Et, pour punir le crime et l'orgueil des humains,
Mes François aujourd'hui valent les vieux Romains.
L'invincible Louis, sous qui le monde tremble,
Ne vaut-il pas lui seul tous les héros ensemble?
La victoire sous lui ne se lassant jamais
Lui fournit des sujets de vaincre dans la paix :
Dans ce comble d'honneur où lui seul peut atteindre,
Tout désarmé qu'il est, il sait se faire craindre;
Il dompte ses rivaux et sert ses alliés,
Voit, même dans la paix, des rois humiliés;
Il auroit su venger tant de lois violées,
Et tu verrois déja tes plaines désolées,
Tu verrois et tes chefs et tes peuples soumis;
Mais tu n'as pas pour lui d'assez grands ennemis;
Et, dans le mouvement de gloire qui le presse,
Tu tiens ta sûreté de ta seule foiblesse :

Que n'es-tu dans le temps où tes héros guerriers
Eussent pu lui fournir des moissons de lauriers !
Pour arrêter sur toi ses forces occupées,
Où sont tes Scipions, tes Jules, tes Pompées ?
Tu le verrois courir au milieu des hasards,
Affronter tes héros, et vaincre tes Césars,
Et, par une conduite aussi juste que brave,
Affranchir de tes fers tout l'univers esclave :
Mais, puisque ta fureur ne se peut contenir,
Après tant de mépris il faudra te punir ;
La gloire des héros n'est jamais assez pure,
Et le trône jaloux ne souffre point d'injure ;
Ne te flatte plus tant sur ton divin pouvoir ;
On peut mêler la force avecque le devoir :
Des monarques pieux, des princes magnanimes
Ont révéré tes lois en punissant tes crimes ;
Ils ont eu le secret de partager leurs cœurs,
D'être tes ennemis et tes adorateurs,
De soutenir leur rang, et sauver leur franchise
En se vengeant de toi, mais non pas de l'Église ;
Ils ont su réprimer ton orgueil obstiné
Sans choquer le pouvoir que le ciel t'a donné,
Et séparer enfin, dans une juste guerre,
Les intérêts du ciel d'avec ceux de la terre.
Sur l'exemple fameux de ces rois sans pareils
Inspire à mon héros ces fidèles conseils.
Prince, dont la valeur et la sagesse est rare,
Ménage ta couronne avecque ta tiare ;
Donne aux siècles futurs un exemple immortel ;
Garde les droits du trône et les droits de l'autel ;
Qu'à ton ressentiment la piété s'unisse ;
Louis, fais grace à Rome en te faisant justice ;
Pense aux devoirs sacrés d'un monarque chrétien ;

Fais agir ton pouvoir, mais révère le sien;
Et, mêlant au courroux le respect et la crainte,
Punis Rome l'injuste, et conserve la sainte!

LIX.

POUR LE CHRIST DE SAINT-ROCH,

A PARIS [1].

Pécheur, tu vois ici le Dieu qui t'a fait naître:
Sa mort est ton ouvrage, et devient ton appui.
Dans cet excès d'amour tu dois au moins connoître
Que s'il est mort pour toi, tu dois vivre pour lui.

LX.

ODE AU RÉVÉREND P. DELIDEL,

DE LA COMPAGNIE DE JÉSUS,

SUR SON TRAITÉ DE LA THÉOLOGIE DES SAINTS [2].

Toi qui nous apprends de la grace
Quelle est la force et la douceur,
Comme elle descend dans un cœur,
Comme elle agit, comme elle passe;

---

[1] Ce quatrain a été publié par le journal *l'Impartial* de Rouen du 22 juin 1845. (Lef....)

[2] Cette ode se trouve au commencement de ce Traité, imprimé à Paris en 1668, in-4°. (Par.)

Docte écrivain, dont l'œil perçant
Va jusqu'au sein du Tout-Puissant
Pénétrer ce profond abyme;
Que les hommes te vont devoir!
Et que le prix en est ineffable et sublime
De ces biens que par-là tu mets en leur pouvoir!

Oui, tant que durera ta course,
Tu peux, mortel, à pleines mains
Puiser des bonheurs souverains
En cette inépuisable source.
Un guide si bien éclairé
Te conduit d'un pas assuré
Au vivant soleil qui l'éclaire :
Suis, mais avec zèle, avec foi,
Suis, dis-je, tu verras tout ce qu'il te faut faire;
Et, si tu ne le fais, il ne tiendra qu'à toi.

Tu pèches, mais un Dieu pardonne,
Et pour mériter ce pardon
Il te fait ce précieux don;
Il n'en est avare à personne.
Reçois avec humilité,
Conserve avec fidélité,
Ce grand appui de ta foiblesse :
Avec lui ton vouloir peut tout;
Sans lui tu n'es qu'ordure, impuissance, bassesse.
Fais-en un bon usage, et la gloire est au bout.

C'en est la digne récompense;
Mais aussi, tu le dois savoir,
Cet usage est en ton pouvoir,
Il dépend de ta vigilance :

Tu peux t'endormir, t'arrêter,
Tu peux même le rejeter
Ce don, sans qui ta perte est sûre,
Et n'en tireras aucun fruit,
Si tu défères plus aux sens, à la nature,
Qu'aux mouvements sacrés qu'en mon ame il produit.

J'en connois par toi l'efficace,
Savant et pieux écrivain,
Qui jadis de ta propre main
M'as élevé sur le Parnasse :
C'étoit trop peu pour ta bonté
Que ma jeunesse eût profité
Des leçons que tu m'as données ;
Tu portes plus loin ton amour,
Et tu veux qu'aujourd'hui mes dernières années
De tes instructions profitent à leur tour.

Je suis ton disciple, et peut-être
Que l'heureux éclat de mes vers
Éblouit assez l'univers
Pour faire peu de honte au maître.
Par une plus sainte leçon
Tu m'apprends de quelle façon
Au vice on doit faire la guerre.
Puissé-je en user encor mieux ;
Et, comme je te dois ma gloire sur la terre,
Puissé-je te devoir un jour celle des cieux !

Par son très obligé disciple,
CORNEILLE.

Quod scribo et placeo, si placeo, omne tuum est[1].

[1] Imité du dernier vers de la troisième ode d'Horace, liv. IV :

Quod spiro et placeo, si placeo, tuum est. (PAR.)

LXI.

IMITATION D'UNE ODE LATINE[1]

QUI FUT ADRESSÉE

A MONSIEUR PELLISSON.

Non, je ne serai pas, illustre Pellisson,
Ingrat à tes bienfaits, injuste à ton beau nom.
Dans mes chants, dans mes vers, il trouvera sa place,
Et tes bienfaits dans moi ne perdront pas leur grace.
Je sais bien que ce nom, par la gloire porté,
A déja pris l'essor vers l'immortalité,
Et que, pour le placer avec quelque avantage,
Il faudroit mettre l'or et le marbre en usage :
Mais, ne pouvant dresser de plus beaux monuments,
Approuve dans mes vers ces justes sentiments.
  C'est toi, grand Pellisson, qui, malgré la licence,
Ramène dans nos jours le siècle d'innocence :
Par toi nous retrouvons la candeur, la bonté,
Et du monde naissant la sainte probité.
Que la justice armée et les lois souveraines
Contiennent les mortels par la crainte des peines,
De peur que le forfait et le crime indompté
N'entraîne le désordre avec l'impunité :
Ni la rigueur des lois ni l'austère justice
Ne te retiendront pas sur le penchant du vice;
L'amour de la vertu fait cet effet dans toi,
Elle seule te guide, elle est seule ta loi.

---

[1] Imprimée in-4°, sans date. (Par.)

Au milieu de la cour ton ame bienfaisante
Verse indifféremment sa faveur obligeante ;
Et, bien loin d'enchérir ou vendre les bienfaits,
Tu préviens, en donnant, les vœux et les souhaits.
Ces mortels dont l'éclat emporte notre estime
N'ont souvent pour vertu que d'être exempts de crime :
Mais ta vertu, qui suit des sentiments plus hauts,
Ne borne pas ta gloire à vivre sans défauts ;
En mille beaux projets, en mille biens, féconde,
Ta solide vertu se fait voir dans le monde ;
Et, sans les faux appas d'un éclat emprunté,
Elle porte à nos yeux sa charmante beauté.
 En vain, pour ébranler ta fidèle constance,
On vit fondre sur toi la force et la puissance ;
En vain dans la Bastille on t'accabla de fers ;
En vain on te flatta sur mille appas divers :
Ton grand cœur, inflexible aux rigueurs, aux caresses,
Triompha de la force, et se rit des promesses.
Et comme un grand rocher par l'orage insulté
Des flots audacieux méprise la fierté,
Et, sans craindre le bruit qui gronde sur sa tête,
Voit briser à ses pieds l'effort de la tempête ;
C'est ainsi, Pellisson, que, dans l'adversité,
Ton intrépide cœur garda sa fermeté,
Et que ton amitié, constante et généreuse,
Du milieu des dangers sortit victorieuse.
Mais c'est par ce revers que le plus grand des rois
Sembloit te préparer aux plus nobles emplois,
Et qu'admirant dans toi l'esprit et le courage,
De la Bastille au Louvre il te fit un passage,
Où ta fidélité, dans son plus grand éclat,
Conserve le dépôt des secrets de l'état.
Pour moi, je ne veux point, comme le bas vulgaire,

De tes divers emplois pénétrer le mystère;
Je ne m'introduis point dans le palais des grands,
Et me fais un secret de ce que j'y comprends;
Mais je te vois alors comme un autre Moïse,
Quand le peuple de Dieu, par sa seule entremise,
Sur le mont de Sina reçut la sainte loi
A travers les carreaux, la terreur, et l'effroi;
De sa haute faveur les tribus étonnées
Au pied du sacré mont demeuroient prosternées,
Pendant que ce prophète, élevé dans ce lieu,
Dans un nuage épais parloit avec son Dieu,
Et qu'il puisoit à fond dans le sein de sa gloire
Le merveilleux projet de sa divine histoire,
Monument éternel, où la postérité
Viendra dans tous les temps chercher la vérité.
Mais, puisqu'un même sort te donne dans la France
Du plus grand des héros l'illustre confidence,
Et que, par sa faveur, tu vois jusques au fonds
Des secrets de l'état les abymes profonds,
Ne donneras-tu pas, après tes doctes veilles,
De ce grand conquérant les faits et les merveilles?
Et d'un style éloquent ne décriras-tu pas
Ses conseils, ses exploits, ses siéges, ses combats?
Le monde attend de toi ce merveilleux ouvrage,
Seul digne des appas de ton divin langage;
Les faits de ce grand roi perdroient de leur beauté,
Si tu n'en soutenois l'auguste majesté;
Et sa gloire après nous ne seroit pas entière,
Si tout autre que toi traitoit cette matière.
Poursuis donc, Pellisson, cet auguste projet,
Et ne t'étonne point par l'éclat du sujet;
Ton seul art peut donner d'une main immortelle
Au plus grand de nos rois une gloire éternelle.

LXII.

DÉFENSE

DES FABLES DANS LA POÉSIE.

IMITATION DU LATIN[1].

Qu'on fait d'injure à l'art de lui voler la fable !
C'est interdire aux vers ce qu'ils ont d'agréable,
Anéantir leur pompe, éteindre leur vigueur,
Et hasarder la muse à sécher de langueur. .
O vous qui prétendez qu'à force d'injustices
Le vieil usage cède à de nouveaux caprices,
Donnez-nous par pitié du moins quelques beautés
Qui puissent remplacer ce que vous nous ôtez,
Et ne nous livrez pas aux tons mélancoliques
D'un style estropié par de vaines critiques !

[1] C'est Santeuil qui, dans la pièce suivante, a fourni à Corneille le sujet de cette imitation :

AD P. BELLEVRÆUM,
PRO DEFENSIONE FABULARUM.

Ergo sacra novæ mutabunt carmina leges,
   Et suus antiquis præripietur honos ?
Tot vatum monumenta, tot et decora alta peribunt ?
   Musarum tot opes auferet una dies ?
Ah ! tantum prohibe facinus, pater optime vatum,
   Non alia fueris tu mihi lege deus.
Vos tantum prohibete nefas, prohibete Camœnæ,
   Non alia dicam vos ratione deas.
Ecquis erit vestras posthac qui curet honores,
   Irrita si nullam numina fertis opem ?

Quoi! bannir des enfers Proserpine et Pluton ?
Dire toujours le Diable, et jamais Alecton ?
Sacrifier Hécate et Diane à la Lune,
Et dans son propre sein noyer le vieux Neptune ?
Un berger chantera ses déplaisirs secrets
Sans que la triste Écho répète ses regrets ?
Les bois autour de lui n'auront point de dryades ?
L'air sera sans zéphyrs, les fleuves sans naïades,
Et par nos délicats les faunes assommés
Rentreront au néant dont on les a formés ?

Pourras-tu, dieu des vers, endurer ce blasphème,
Toi qui fis tous ces dieux, qui fis Jupiter même ?
Pourras-tu respecter ces nouveaux souverains
Jusqu'à laisser périr l'ouvrage de tes mains ?

O! digne de périr, si jamais tu l'endures!
D'un si mortel affront sauve tes créatures;
Confonds leurs ennemis, insulte à leurs tyrans,

> Non ita : tot veterum præclara inventa manebunt,
>   Et quod sacravit fabula prisca melos.
> Numen habent Musæ, vos fontes numen habetis,
>   Sunt etiam et sylvis, arboribusque deæ ;
> Et nemora, et montes, vallesque, et inhospita saxa,
>   Ipsaque cum rivis flumina numen habent.
> Nuper multa gemens in littore flebat Amyntas,
>   Et fato raptum sæpe vocabat Hylam.
> Flebant et rupes, fontesque et littora flebant ;
>   Flere etiam visa est conscia nympha loci.
> Et montes doluisse, annosaque robora circum
>   Corticibus ruptis ingemuisse ferunt.
> Quid non Pierides, quid non finxere poëtæ ?
>   Vidimus arguta mœnia structa lyra ;
> Vidimus auritas motare cacumina quercus,
>   Et cursus amnes sustinuisse suos.
> Dant vates vultus varios, variosque colores,
>   Eque solo ducunt quæ super astra ferant.
> Surda vocant, immota movent, mentem omnibus addunt ;
>   Artis opus summum, mille placere modis.

Fais-nous, en dépit d'eux, garder nos premiers rangs;
Et, retirant ton feu de leurs veines glacées,
Laisse leurs vers sans force, et leurs rimes forcées.
La fable en nos écrits, disent-ils, n'est pas bien;
La gloire des païens déshonore un chrétien.
L'Église toutefois, que l'Esprit-Saint gouverne,
Dans ses hymnes sacrés nous chante encor l'Averne,
Et par le vieil abus le Tartare inventé
N'y déshonore point un Dieu ressuscité.
Ces rigides censeurs ont-ils plus d'esprit qu'elle,
Et font-ils dans l'Église une Église nouvelle?
Quittons cet avantage, et ne confondons pas
Avec des droits si saints de profanes appas.
L'œil se peut-il fixer sur la vérité nue?
Elle a trop de brillant pour arrêter la vue;
Et, telle qu'un éclair qui ne fait qu'éblouir,
Elle échappe aussitôt qu'on présume en jouir;

> Obscuris vera involvunt, celantque docendo,
> Sublustri et nebula splendidiora tegunt.
> Sed veluti rutilis quando fulgoribus ardet,
> Nubibus obvolvi, qua videatur, amat :
> Maxima sunt, plerumque tegit quæ fabula, et istis
> E tenebris fulget pulchrius orta dies.
> Lector amat veros dubia sub imagine sensus,
> Quæsitasque diu cernere gaudet opes.
> Quin etiam humanis divina affingimus ora,
> Et sunt, quæ proprio nomine sponte carent.
> Ignem Mulciberum, Cererem frumenta vocabo,
> Et pluvium, in terras dum cadit unda, Jovem.
> Si Venetas describam arces, molimine magno
> NON HOMINES DICAM, SED POSUISSE DEOS.
> Illic Adriacis surgat Neptunus ab undis,
> Atque novæ admirans hæreat urbis opus.
> Quod si bella canam, Jani Mars limina vellat,
> Et bellatores ducat in arma deos.
> Mulciber Ætnæis recoquat fornacibus arma,
> Thracibus, aut rigidis arma tremenda Getis,

La fable, qui la couvre, allume, presse, irrite
L'ingénieuse ardeur d'en voir tout le mérite :
L'art d'en montrer le prix consiste à le cacher,
Et sa beauté redouble à se faire chercher.
Otez Pan et sa flûte, adieu les pâturages ;
Otez Pomone et Flore, adieu les jardinages :
Des roses et des lis le plus superbe éclat,
Sans la fable, en nos vers, n'aura rien que de plat.
Qu'on y peigne en savant une plante nourrie
Des impures vapeurs d'une terre pourrie,
Le portrait plaira-t-il, s'il n'a pour agrément
Les larmes d'une amante ou le sang d'un amant?
Qu'aura de beau la guerre, à moins qu'on n'y crayonne
Ici le char de Mars, là celui de Bellone ;
Que la Victoire vole, et que les grands exploits
Soient portés en tous lieux par la nymphe à cent voix?
Qu'ont la terre et la mer, si l'on n'ose décrire

    Tum scelerum inventrix lacera Discordia palla
      Advocet infernas ex Acheronte deas.
    Mox amnes trepidare, imis pallere sub antris,
      Dum Bellona furens impia bella movet.
    Si decora hæc tollas, sine vi, sine pondere carmen,
      Lectori fesso tædia mille feret.
    Quid memorem flores? Si numina floribus absunt,
      Cur pallent violæ? cur, hyacinthe, rubes?
    Cur sibi cognatos anemone deperit Euros?
      Unde color calthis, et color unde rosis?
    Non his terra putris det floribus, unde rubescant,
      Sed pueri, aut Veneris sanguine tingat Amor.
    Vos sine Pomona nusquam florebitis horti,
      Et mœsti, nisi Pan pascat, abite greges.
    Sunt hæc magna quidem veterum mysteria vatum,
      Temporibus seris quæ violare nefas.
    Ergo tui, Bellevræe, canam si gaudia ruris,
      Alloquar et Nymphas, sylvicolasque deos :
    Et Charites aderunt, zonis de more solutis,

Ce qu'il faut de tritons à pousser un navire,
Cet empire qu'Éole a sur les tourbillons,
Bacchus sur les coteaux, Cérès sur les sillons?
Tous ces vieux ornements, traitez-les d'antiquailles;
Moi, si jamais je peins Saint-Germain et Versailles,
Les nymphes, malgré vous, danseront tout autour;
Cent demi-dieux follets leur parleront d'amour;
Du satyre caché les brusques échappées
Dans les bras des sylvains feront fuir les napées;
Et, si je fais ballet pour l'un de ces beaux lieux,
J'y ferai malgré vous trépigner tous les dieux.

 Vous donc, encore un coup, troupe docte et choisie,
Qui nous forgez des lois à votre fantaisie,
Puissiez-vous à jamais adorer cette erreur
Qui pour tant de beautés inspire tant d'horreur,
Nous laisser à jamais ces charmes en partage,
Qui portent les grands noms au-delà de notre âge :

  Alterno terram concutientque pede.
 Illuc pastores, illuc mihi rustica turba,
  Et pariter veniant, dîque deæque loci.
 Fauni cum Satyris, clavam, thyrsumque relinquant,
  Tympana cum sistris æraque pulsa sonent :
 Pampinea incomptos redimiti fronde capillos,
  Lascivis celebrent orgia læta modis.
 Jam madidi vino media inter pocula, libent
  Et tibi, magna Pales, et tibi, Bacche pater.
 Mænades hic ululent sparsis sine lege capillis,
  Et fuget attonitos turba proterva viros.
 Tum lector gaudebit, amat nam mille figuras,
  Se quoque festivis credet adesse choris :
 Quin etiam arridens, jam tum mihi plaudit Apollo,
  Plaudit Apollinei docta caterva chori ;
 Et Nymphæ properant alacres ambire poëtam,
  Et viridi lauro tempora nostra tegunt.
 Ruris et ipse mihi dominus quoque plaudit amico
  Numine, et incœptis annuit usque meis.

DIVERSES.

Et, si le vôtre atteint quelque postérité,
Puisse-t-il n'y traîner qu'un vers décrédité!

LXIII.

A MONSIEUR PELLISSON[1].

En matière d'amour je suis fort inégal;
J'en écris assez bien, et le fais assez mal;
J'ai la plume féconde, et la bouche stérile,
Bon galant au théâtre, et fort mauvais en ville;
Et l'on peut rarement m'écouter sans ennui,
Que[2] quand je me produis par la bouche d'autrui.

Voilà, monsieur, une petite peinture que je fis de moi-même il y a près de vingt ans. Je ne vaux guère mieux à présent. Quoi qu'il en soit, monsieur le surintendant[3] a voulu savoir ces six vers; et je ne suis point fâché de lui avoir fait voir que j'ai toujours eu assez d'esprit pour connoître mes défauts, malgré l'amour-propre qui semble être attaché à notre métier. J'obéis donc sans répugnance aux ordres qu'il lui a plu m'en donner, et vous supplie de me ménager un moment d'audience pour prendre congé de lui, puisqu'il a voulu que je l'importunasse encore une fois. Il

Exulet ergo procul sacris gens invida Musis,
Et placuisse tibi sit, Bellevrœe, satis.

[1] Ce billet a été imprimé pour la première fois dans le recueil des Œuvres diverses, 1738, déjà cité.

[2] *Que,* pour *sinon,* ou *si ce n'est;* on le trouve avec cette acception, dans Racine, dans La Bruyère, etc. (LEF....)

[3] Fouquet.

me témoigna, dimanche dernier, assez de bonté pour me faire espérer qu'il ne dédaignera pas de prendre quelque soin de moi; et je ne doute point que tôt ou tard elle n'aye son effet, principalement quand vous prendrez la peine de l'en faire souvenir. Je me promets cela de la généreuse amitié dont vous m'honorez, et suis à vous de tout mon cœur.

CORNEILLE.

LXIV.

VERS

SUR LA POMPE DU PONT NOTRE-DAME [1].

Que le dieu de la Seine a d'amour pour Paris!
Dès qu'il en peut baiser les rivages chéris,
De ses flots suspendus la descente plus douce
Laisse douter aux yeux s'il avance ou rebrousse;
Lui-même à son canal il dérobe ses eaux,
Qu'il y fait rejaillir par de secrètes veines,
Et le plaisir qu'il prend à voir des lieux si beaux,
De grand fleuve qu'il est le transforme en fontaines.

---

[1] Cette pièce, ainsi que les deux suivantes, est traduite du latin de Santeuil, et se trouve parmi ses *Œuvres*.

LXV.

POUR LA
FONTAINE DES QUATRE-NATIONS,
VIS-A-VIS LE LOUVRE.

C'est trop gémir, nymphes de Seine,
Sous le poids des bateaux qui cachent votre lit,
Et qui ne vous laissoient entrevoir qu'avec peine
Ce chef-d'œuvre étonnant dont Paris s'embellit,
    Dont la France s'enorgueillit.
Par une route aisée, aussi bien qu'imprévue,
Plus haut que le rivage un roi vous fait monter ;
    Qu'avez-vous plus à souhaiter ?
Nymphes, ouvrez les yeux, tout le Louvre est en vue.

LXVI.
SUR LE CANAL DU LANGUEDOC,
POUR LA JONCTION DES DEUX MERS.
IMITATION D'UNE PIÈCE LATINE [1].

La Garonne et l'Atax dans leurs grottes profondes
Soupiroient de tous temps pour voir unir leurs ondes,

IN JUNCTIONEM UTRIUSQUE MARIS
EPIGRAPHE.

Ne daret optanti dudum oscula grata Garumnæ

Et faire ainsi couler par un heureux penchant
Les trésors de l'aurore aux rives du couchant;
Mais à des vœux si doux, à des flammes si belles,
La nature, attachée à ses lois éternelles,
Pour obstacle invincible opposoit fièrement
Des monts et des rochers l'affreux enchaînement.
France, ton grand roi parle, et ces rochers se fendent,
La terre ouvre son sein, les plus hauts monts descendent;
Tout cède; et l'eau qui suit les passages ouverts
Le fait voir tout-puissant sur la terre et les mers.

   Mitis Atax, et aquis per mutua jura refusis
   Exuvias utriusque maris concluderet uno
   Flumine, et Hesperium pelagus misceret Eoo,
   Obstabat natura, suis obnoxia semper
   Legibus, æternos non ausa revellere fines :
   Sed divum Lodoïcus amor, dispendia longi
   Circuitus, victrice manu, jussuque potenti
   Amputat; obsequitur supplex natura, superbi
   Decrescunt montes, ultroque incilia replet
   Unda sequax, refluoque aperit commercia cursu.
   Sic præstant elementa fidem, promptoque futurum
   Obsequio, agnoscunt terræque marisque potentem.

J. Parisot, in Senatu Tolosano
causarum Patronus.

LXVII.

AU ROI[1],

SUR SA LIBÉRALITÉ ENVERS LES MARCHANDS DE LA VILLE DE PARIS.

Chantez, peuples, chantez la valeur libérale,
La bonté de Louis à son grand cœur égale :
Du trône, d'où ses soins insultent les remparts,
Forcent les bastions, brisent les boulevards,
Il vous tend cette main qui lance le tonnerre ;
Et quand vous lui portez des secours pour la guerre,
Qu'à tout donner pour lui vous vous montrez tous prêts,
Il vous rend et vos dons et d'heureux intérêts.
　Ainsi quand du soleil la course rayonnante

---

[1] Ces vers sont imités d'une pièce latine dont nous ignorons l'auteur, et qui fut imprimée avec la traduction de Corneille en 1674. (Par.)

REGIS,

PRO SUA ERGA URBIS MERCATORES AMPLIORIS ORDINIS MUNIFICENTIA,

ENCOMIUM.

Non frustra est, tanto quod ferveat undique plausu
Urbs omnis, lætique novum per compita cives
Festum agitent : solio nuper vos magnus ab alto
Respexit LoDoïcus, et inter martia signa
Nunc Bellator, opes castris, martique dicatas,
Quas ultro fertis, MAGNO CUM FOENORE REDDIT.
Sic ubi sidereos lustrat sol aureus orbes,
Cœlestesque plagas, et lucida regna pererrat :
Nil telluris egens, patrio cam solus Olympo

Fait rouler dans les cieux sa pompe dominante,
Qu'en maître souverain de ce brillant séjour
Il règle les saisons et dispense le jour,
Il ne dédaigne point d'épandre ses lumières
Sur les sables déserts et les tristes bruyères,
Et, sans que pour régner il veuille aucun appui,
Il aime à voir l'amour que la terre a pour lui ;
La terre qui l'adore exhale des nuages
Qui du milieu des airs lui rendent ses hommages ;
Mais il n'attire à lui cette semence d'eaux
Que pour la distiller en de féconds ruisseaux,
Et de tous les présents que lui fait la nature
Il n'en reçoit aucun sans rendre avec usure.

 O vous, célèbre corps, à qui de l'univers
Tous les bords sont connus et tous les ports ouverts ;
Vous par qui les trésors des plus heureuses plages
Viennent de notre France enrichir les rivages,
Oyez ce qu'au milieu du bruit de cent canons
Votre grand roi prononce en faveur de vos dons,

  Jam valeat sese asserere, et regnare per astra ;
  Ille tamen steriles non dedignatur arenas
  Respicere, et campos radiis recreare jacentes.
  Quod si forte novo tellus afflata calore
  In tenuem exhalet nebulam, imbriferumque vaporem
  (Grata quidem, supero sed inania munera soli),
  Excipit hunc primum, radioque humente tepentis
  Semina cogit aquæ, nutritque, fovetque propinquam
  Desuper irradians nubem ; quam deinde refundit
  Prodigus, et terras MELIORI MUNERE DITAT.
   O fortunati tanto sub principe cives !
  Optima pars urbis, gemino gens nota sub axe,
  Quorum nominibus sese ultima littora, et omnes
  Undique se portus, sese maria omnia pandunt ;
  Per vos, dicam equidem, spoliis orientis onusta,
  Barbaricisque superba opibus, jam Gallica puppis
  Post tot vota redux francis allabitur oris.

DIVERSES. 123

Ce qu'en votre faveur la muse me révèle!
Peuples, dit ce héros, je connois votre zèle,
J'en aime les efforts, et dans tout l'avenir
J'en saurai conserver l'amoureux souvenir;
Vous n'avez que trop vu ce qu'ose l'Allemagne,
Ce que fait la Hollande, et qu'a tramé l'Espagne,
Ce que leur union attente contre moi.
Plus l'attentat est grand, plus grande est votre foi,
Et vous n'attendez point que je vous fasse dire
Comme il faut soutenir ma gloire et mon empire;
Vous courez au-devant, et prodiguez vos biens
Pour en mettre en mes mains les plus aisés moyens;
C'est votre seul devoir qui pour moi s'intéresse,
C'est votre pur amour qui pour moi vous en presse :
Je le vois avec joie. A ces mots ce vainqueur,
Sur son peuple en vrai père épanchant son grand cœur,
Fait prendre ces présents, qu'un léger intervalle
Renvoie accompagnés de sa bonté royale.
C'est assez, poursuit-il, d'avoir vu votre amour;

    Huc omnes huc ferte pedem : rex ipse tubarum
Clangores inter medios, bellique tumultus
Alloquitur, vos o memores mihi dicite Musæ,
Vos, audistis enim, regales dicite vati
Affatus : Vestri non muneris immemor, inquit,
O cives, dum sævit atrox conjunctus Ibero
Germanus, Batavique truces sua fœdera jactant;
Pro decore imperii, pro majestate tuenda,
Omnes thesauros, omnes effundere gazas,
Certatim vobis fuit omnibus una voluntas,
Idem animus : Sensus agnosco hoc munere vestros.
Hoc vestrum officium velit, et mea gloria poscat.
Muneris id quodcumque, et vestri pignus amoris
Accipio lætus (regis quam provida cura) !
Ille quidem, secum belli dum fata volutat,
Urbis amore suæ victus, pectusque paternum
In populum accipiens, COLBERTO credidit ingens

La tendresse du mien veut agir à son tour.
Pour rendre cette guerre à ses auteurs funeste,
Sujets dignes de moi, j'ai des trésors de reste;
J'en ai de plus sûrs même et de beaucoup plus grands
Que ceux que vous m'offrez, que ceux que je vous rends;
J'ai le fond de vos cœurs, et c'est de quoi suffire
Aux plus rares exploits où mon courage aspire :
C'est aux ordres d'un roi ce qui donne le poids,
C'est là qu'est le trésor, qu'est la force des rois.
Reprenez ces présents dont l'offre m'est si chère ;
Si je les ai reçus, c'est en dépositaire,
Et je saurai sans eux dissiper les complots
Que la triple alliance oppose à mon repos.
Ce fruit de vos travaux destiné pour la guerre,
Ces tributs que vous font et la mer et la terre,
Votre amour, votre ardeur à servir mes desseins,
Les rend assez à moi tant qu'ils sont en vos mains;
Mes troupes, par moi-même au péril animées,
Renverseront sans eux les murs et les armées,

Jamjam pensandum regali munera munus
Depositum vocat; hac dextra, his victricibus armis
Bellandum est, inquit : Sat erit mihi martia virtus
Qua conjuratas triplici sub fœdere gentes
Protinus abrumpam, meque in mea jura reponam.
Quas populus sibi quærit opes, quas anxia cura,
Et quas mille artes, terraque marique petitas
Accumulant, vester, tanti in dispendia belli,
Communes mihi fecit amor; jam ponite curas,
Quæ populos, eadem reges opulentia ditat.
Unum oro, dum me implicitum fera bella tenebunt
Multa implorantes suspensi hærebitis aris,
Ille deus bellorum, unus qui præsidet armis,
Hostiles Deus ille dabit perrumpere turmas.
   Conticuit, rigidisque heros se involvit in armis
Securus fatorum, et jam prænuncia fama
Ibat per populos, et splendida munera regis

DIVERSES. 125

J'en ai la certitude; et de vous je ne veux
Aucun autre secours que celui de vos vœux;
Offrez-les sans relâche au grand Dieu des batailles,
Tandis que mes canons foudroieront les murailles,
Et devant ses autels, prosternés à genoux,
Invoquez-le pour moi, je combattrai pour vous.
Là se tait le monarque, et, sûr de ses conquêtes,
Aux triomphes nouveaux il tient ses armes prêtes.
Cet éclat surprenant de magnanimité
Par la nymphe à cent voix en tous lieux est porté.
Que de ravissements suivent cette nouvelle!
Colbert y met le comble en ministre fidèle :
Ce grand homme sous lui, maître de ses trésors,
Mande par ordre exprès ce grand et nombreux corps,
Le force d'admirer des bontés sans mesure,
Et remet en ses mains ces dons avec usure.
De là ces doux transports, ces prompts frémissements
Qui poussent jusqu'au ciel mille applaudissements,
Ces vœux si redoublés qui hâtent sa victoire,

   Vulgabat, lætis cives rumoribus acti
  Confusos urbis strepitus prona aure bibebant,
  Cum pulchro accensus patriæ COLBERTUS amore,
  COLBERTUS, gazæ cui credita cura tuendæ,
  Conscius ingentis facti (sic jussa ferebant),
  Congestas tot opes populorum inopinaque dona
  Ingens depositum, MAGNO CUM FOENORE REDDIT.
  Hinc subiti plausus, hinc publica gaudia vulgi,
  Undique lætitiæ fremitus, votisque triumphos
  Accelerant victoris, et amplam inscribere certant
  Nobilibus titulis et belli insignibus urbem.
  Templa adeunt, onerantque aras et fronde coronant.
  Aspiceres populos concursu accedere magno,
  Et manibus passis omnes exposcere divos,
  Omnes Cœlicolas : appensi altaribus ignes
  Dant lucem late, et largo loca lumine complent.
  Ipse aderat mitra effulgens, et vestibus aureus,

Ces titres par avance élevés à sa gloire.
On voit Paris en foule accourir aux autels,
Implorer le grand Maître, et tous les immortels;
Ses temples sont ornés, des lumières sans nombre
Y redoublent le jour, y font des nuits sans ombre :
Son prélat donne l'ordre, et par un saint emploi
Répond aux dignités dont l'honore son roi.

L'effet suit tant de vœux ; les plus puissantes villes
Semblent n'avoir pour nous que des remparts fragiles;
On les perce, on les brise, on écrase les forts :
Il y pleut mille feux, il y pleut mille morts.
Les fleuves, les rochers ne sont que vains obstacles;
Notre camp à toute heure est fertile en miracles;
Et l'exemple d'un roi qui se mêle aux dangers,
Enflant le cœur aux siens, l'abat aux étrangers.
Besançon voit bientôt sa citadelle en poudre,
Dôle avertit Salins de ce que peut sa foudre :
Et toute la Comté, pour la seconde fois,
Rentre sous l'heureux joug du plus juste des rois.

Longe omnes supra, media inter vota sacerdos :
Hic ille est, magnis quem rex præfecerat aris
Harlæus, titulisve novis, et honoribus auctus.
   Audivere omnes superi, qui præsidet armis
Audiit ipse pater, dexter jam vota secundat.
Ecce ruunt magnæ concussis mœnibus urbes,
Rumpunturque obices : de collibus intonat altis
Mille neces et mille ferens incendia fulmen.
Luctus ubique et ubique fragor, jam Gallica castra
Montis inaccessas præruptis rupibus arces
Invadunt, rex ipse subit discrimina Martis.
Unde pavor victis, victoribus inde furores;
Jam superant fossas, non agger ab aggere tutus,
Non juga, non amnes, non propugnacula tardant.
Obstupuere cavis maletuti turribus hostes;
Suppliciter tenduntque manus, veniamque precati
Disjectis gaudent victorem admittere muris.

Mais ce n'est encor rien ; et tant de murs par terre
N'étalent aux regards que l'essai d'une guerre,
Où le manque de foi, qu'il commence à punir,
Voit le prélude affreux d'un plus rude avenir.

Généreux citoyens de cette immense ville,
A qui par ce grand roi tout commerce est facile,
Vous qui ne trouvez point de bords si peu connus
Où son illustre nom ne vous ait prévenus ;
Si vous n'exposez point de sang pour sa victoire,
Vos cœurs, vos dons, vos vœux, ont du moins cette gloire
Que votre exemple montre au reste des sujets
Comme il faut d'un tel prince appuyer les projets.
Plus à ses ennemis il fait craindre ses armes,
Plus la paix qu'il souhaite aura pour vous de charmes.
Ce sera, peuple, alors que par d'autres vertus
Ses lois triompheront des vices abattus ;
Chaque jour, chaque instant lui fournira matière
A déployer sur vous sa bonté tout entière ;
Les malheurs que la guerre aura trop fait durer,

I, nunc antiquas jacta VESUNTIO turres,
Et tua nequicquam celsæ capita ardua rupis,
Et GRÆUM, et DOLAM, et salibus loca fœta SALINAS,
Et bis capta tuas jacta, Burgundia, vires.
Exigua ingentis sunt hæc præludia belli.
   Felices populi, regi jam plaudite vestro,
Vosque Parisiaci nova per commercia cives,
Quo victor penetrat fama et velocibus armis,
Ultra Indos, Arabesque, et arenivagos Garamantas,
Quo vos, ingentem benefacti extendite famam.
Nec vos officio pigeat certasse priores.
Si belli expertes non diro occurritis hosti,
Saltem animis, vestrisque opibus, votisque favetis.
Hostibus incussit terrorem armatus, inermis
Conciliare animos, vos devincire merendo
Gestiet, et bello quondam perfunctus et armis
Ditabit populos, defendet legibus urbes.

Cette même bonté saura les réparer.
Pour augure certain, pour assuré présage,
Dans ces dons qu'il vous rend il vous en donne un gage;
Et si jamais le ciel remplit ce doux souhait,
Vous voyez son amour, vous en verrez l'effet.

*Présenté par les Gardes des Marchands
de la ville de Paris.*

LXVIII.

AU ROI,

SUR CINNA, POMPÉE, HORACE, SERTORIUS, OEDIPE, RODOGUNE, QU'IL A FAIT REPRÉSENTER DE SUITE DEVANT LUI A VERSAILLES, EN OCTOBRE 1676.

Est-il vrai, grand monarque, et puis-je me vanter
Que tu prennes plaisir à me ressusciter,
Qu'au bout de quarante ans Cinna, Pompée, Horace,
Reviennent à la mode, et retrouvent leur place,
Et que l'heureux brillant de mes jeunes rivaux
N'ôte point leur vieux lustre à mes premiers travaux?
 Achève : les derniers n'ont rien qui dégénère,
Rien qui les fasse croire enfants d'un autre père;
Ce sont des malheureux étouffés au berceau,
Qu'un seul de tes regards tireroit du tombeau.

 Et res afflictas per tot discrimina belli
 Restituet bonus, et fata ad meliora vocabit :
 Hæc certa auguria, et longe læta omnia pacis
 Augustus princeps augusto hoc munere firmat.

*Offerebant amplioris Mercaturæ
Præfecti et Custodes.*

On voit Sertorius, OEdipe, et Rodogune,
Rétablis par ton choix dans toute leur fortune ;
Et ce choix montreroit qu'Othon et Suréna
Ne sont pas des cadets indignes de Cinna.
Sophonisbe à son tour, Attila, Pulchérie,
Reprendroient pour te plaire une seconde vie ;
Agésilas en foule auroit des spectateurs,
Et Bérénice enfin trouveroit des acteurs.
Le peuple, je l'avoue, et la cour, les dégradent ;
Je foiblis, ou du moins ils se le persuadent ;
Pour bien écrire encor j'ai trop long-temps écrit :
Et les rides du front passent jusqu'à l'esprit ;
Mais contre cet abus que j'aurois de suffrages,
Si tu donnois les tiens à mes derniers ouvrages !
Que de tant de bonté l'impérieuse loi
Ramèneroit bientôt et peuple et cour vers moi !

Tel Sophocle à cent ans charmoit encore Athènes,
Tel bouillonnoit encor son vieux sang dans ses veines,
Diroient-ils à l'envi, lorsque OEdipe aux abois
De ses juges pour lui gagna toutes les voix.
Je n'irai pas si loin ; et si mes quinze lustres
Font encor quelque peine aux modernes illustres,
S'il en est de fâcheux jusqu'à s'en chagriner,
Je n'aurai pas long-temps à les importuner.
Quoi que je m'en promette, ils n'en ont rien à craindre :
C'est le dernier éclat d'un feu prêt à s'éteindre ;
Sur le point d'expirer il tâche d'éblouir,
Et ne frappe les yeux que pour s'évanouir.
Souffre, quoi qu'il en soit, que mon ame ravie
Te consacre le peu qui me reste de vie :
L'offre n'est pas bien grande, et le moindre moment
Peut dispenser mes vœux de l'accomplissement.
Préviens ce dur moment par des ordres propices ;

Compte mes bons desirs comme autant de services.

Je sers depuis douze ans, mais c'est par d'autres bras
Que je verse pour toi du sang dans nos combats :
J'en pleure encore un fils [1], et tremblerai pour l'autre
Tant que Mars troublera ton repos et le nôtre :
Mes frayeurs cesseront enfin par cette paix
Qui fait de tant d'états les plus ardents souhaits.
Cependant, s'il est vrai que mon service plaise,
Sire, un bon mot, de grace, au père de La Chaise [2].

LXIX.

AU ROI,

POUR LE RETARDEMENT DU PAYEMENT DE SA PENSION [3].

Grand roi dont nous voyons la générosité
Montrer pour le Parnasse un excès de bonté
 Que n'ont jamais eu tous les autres,
Puissiez-vous dans cent ans donner encor des lois,
Et puissent tous vos ans être de quinze mois
 Comme vos commis font les nôtres !

---

[1] Un des fils de Corneille se trouva au passage du Rhin, et fut tué dans une sortie, au siége de Grave, en 1674. Il servait dans les armées du roi, en qualité de lieutenant de cavalerie.

[2] Confesseur du roi, qui avait la feuille des bénéfices.

[3] Voyez ci-après la lettre de Corneille à Colbert.

LXX.

AU ROI.

Plaise au roi ne plus oublier
Qu'il m'a depuis quatre ans promis un bénéfice [1],
Et qu'il avoit chargé le feu père Ferrier
    De choisir un moment propice
Qui pût me donner lieu de l'en remercier :
    Le père est mort, mais j'ose croire
    Que si toujours Sa Majesté
    Avoit pour moi même bonté,
Le père de La Chaise auroit plus de mémoire,
    Et le feroit mieux souvenir
Qu'un grand roi ne promet que ce qu'il veut tenir.

LXXI.

A MONSEIGNEUR,

SUR SON MARIAGE [2]. (1680.)

Prince, l'appui des lis, et l'amour de la France,
Toi, dont au berceau même elle admira l'enfance,

---

[1] Vers l'année 1680, le roi gratifia un des fils de Corneille de l'abbaye d'Aiguevive, près de Tours. (*OEuvres diverses,* 1738.)

[2] Avec Anne-Marie-Christine de Bavière, fille de l'électeur Ferdinand-Marie, et d'Henriette-Adélaïde de Savoie. (P.)

Et pour qui tous nos vœux s'efforçoient d'obtenir
Du souverain des rois un si bel avenir,
Aujourd'hui qu'elle voit tes vertus éclatantes
Répondre à nos souhaits, et passer nos attentes,
Quel supplice pour moi, que l'âge a tout usé,
De n'avoir à t'offrir qu'un esprit épuisé !
 D'autres y suppléeront, et tout notre Parnasse
Va s'animer pour toi de ce que j'eus d'audace,
Quand sur les bords du Rhin, pleins de sang et d'effroi,
Je fis suivre à mes vers notre invincible roi.
 Ce cours impétueux de rapides conquêtes,
Qui jeta sous ses lois tant de murs et de têtes,
Sembloit nous envier dès-lors le doux loisir
D'écrire le succès qu'il lui plaisoit choisir :
Je m'en plaignis dès-lors ; et quoi que leur histoire
A qui les écriroit dût promettre de gloire,
Je pardonnai sans peine au déclin de mes ans,
Qui ne m'en laissoient plus la force ni le temps ;
J'eus même quelque joie à voir leur impuissance
D'un devoir si pressant m'assurer la dispense ;
Et, sans plus attenter aux miracles divers
Qui portent son grand nom au bout de l'univers,
J'espérai dignement terminer ma carrière,
Si j'en pouvois tracer quelque ébauche grossière
Qui servît d'un modèle à la postérité
De valeur, de prudence, et d'intrépidité :
Mais, comme je tremblois de n'y pouvoir suffire,
Il se lassa de vaincre, et je cessai d'écrire ;
Et ma plume, attachée à suivre ses hauts faits,
Ainsi que ce héros acheva par la paix.
 La paix, ce grand chef-d'œuvre, où sa bonté suprême
Pour triomphe dernier triompha de lui-même,
Il la fit, mais en maître : il en dicta les lois ;

Il rendit, il garda les places à son choix :
Toujours grand, toujours juste, et parmi les alarmes
Que répandoit par-tout le bonheur de ses armes,
Loin de se prévaloir de leurs brillants succès,
De cette bonté seule il en crut tout l'excès ;
Et l'éclat surprenant d'un vainqueur si modeste
De mon feu presque éteint consuma l'heureux reste.

Ne t'offense donc point si je t'offre aujourd'hui
Un génie épuisé, mais épuisé pour lui :
Tu dois y prendre part ; son trône, sa couronne,
Cet amas de lauriers qui par-tout l'environne,
Tant de peuples réduits à rentrer sous sa loi,
Sont autant de dépôts qu'il conserve pour toi ;
Et mes vers, à ses pas enchaînant la victoire,
Préparoient pour ta tête un rayon de sa gloire.

Quelle gloire pour toi d'être choisi des cieux
Pour digne successeur de tous nos demi-dieux !
Quelle faveur du ciel, de l'être à double titre
D'un roi que tant d'états ont pris pour seul arbitre,
Et d'avoir des vertus prêtes à soutenir
Celles qui le font craindre et qui le font bénir !
C'est de tes jeunes ans ce que la France espère
Quand elle admire en toi l'image d'un tel père.

N'aspire pas pourtant à ses travaux guerriers :
Où trouveras-tu, prince, à cueillir des lauriers,
Des peuples à dompter, et des murs à détruire ?
Vois-tu des ennemis en état de te nuire ?
Son bras ou sa valeur les a tous désarmés ;
S'ils ont tremblé sous l'un, l'autre les a charmés.
Quelques lieux qu'il te plaise honorer de ta vue,
Un respect amoureux y prévient ta venue ;
Tous les murs sont ouverts, tous les cœurs sont soumis,
Et de tous ses vaincus il t'a fait des amis.

A nos vœux les plus doux si tu veux satisfaire,
Vois moins ce qu'il a fait que ce qu'il aime à faire :
La paix a ses vertus, et tu dois y régler
Cette ardeur de lui plaire et de lui ressembler.
  Vois quelle est sa justice, et quelle vigilance
Par son ordre en ces lieux ramène l'abondance,
Rétablit le commerce, et quels heureux projets
Des charges de l'état soulagent ses sujets;
Par quelle inexorable et propice tendresse
Il sauve des duels le sang de sa noblesse;
Comme il punit le crime, et par quelle terreur
Dans les cœurs les plus durs il en verse l'horreur.
Par-tout de ses vertus tu verras quelque marque,
Quelque exemple par-tout à faire un vrai monarque.
  Mais sais-tu quel salaire il s'en promet de toi?
Une postérité digne d'un si grand roi,
Qui fasse aimer ses lois chez la race future,
Et les donne pour règle à toute la nature.
  C'est sur ce digne espoir de sa tendre amitié
Qu'il t'a choisi lui-même une illustre moitié.
Ses ancêtres ont su de plus d'une manière
Unir le sang de France à celui de Bavière;
Et l'heureuse beauté qui t'attend pour mari
Descend ainsi que toi de notre grand Henri;
Vous en tirez tous deux votre auguste origine,
L'un par Louis le Juste, et l'autre par Christine,
En degré tout pareil : ses aïeux paternels
Firent avec les tiens ligue pour nos autels,
Joignirent leurs drapeaux contre le fier insulte [1]
Que Luther et sa secte osoient faire au vrai culte;
Et Prague du dernier vit les fameux exploits

---

[1] *Insulte* était encore du genre masculin. (Par.)

De Rome dans ses murs faire accepter les lois.

 Ils ont assez donné de Césars à l'empire,
Pour en donner encor, s'il en falloit élire;
Et notre grand monarque est assez redouté
Pour faire encor voler l'aigle de leur côté.

 Quel besoin toutefois de vanter leur noblesse
Pour assurer ton cœur à la jeune princesse,
Comme si ses vertus et l'éclat de ses yeux
A son mérite seul ne l'assuroient pas mieux?

 La grandeur de son ame et son esprit sublime
S'élèvent au-dessus de la plus haute estime;
Son accueil, ses bontés, ont de quoi tout charmer;
Et tu n'auras enfin qu'à la voir pour l'aimer.

 Vois bénir en tous lieux l'hymen qui te l'amène
Des rives du Danube aux rives de la Seine;
Vois-le suivi par-tout des graces et des jeux;
Vois la France à l'envi lui porter tous ses vœux.

 Je t'en peindrois ici la pompeuse allégresse :
Mais pour s'y hasarder il faut de la jeunesse.
De quel front oserois-je, avec mes cheveux gris,
Ranger autour de toi les Amours et les Ris?
Ce sont de petits dieux enjoués, mais timides,
Qui s'épouvanteroient dès qu'ils verroient mes rides;
Et ne me point mêler à leur galant aspect,
C'est te marquer mon zèle avec plus de respect.

FIN DES POÉSIES DIVERSES.

POËMES

SUR LES

VICTOIRES DU ROI.

I.

POËME

SUR LES VICTOIRES DU ROI,

TRADUIT DU LATIN EN FRANÇAIS [1].

Mânes des grands Bourbons, brillants foudres de guerre,
Qui fûtes et l'exemple et l'effroi de la terre,

---

[1] Ce poëme fut imprimé pour la première fois en 1667, avec l'avertissement qui suit :

« *Au Lecteur*. Quelque favorable accueil que Sa Majesté ait daigné faire à cet ouvrage, et quelques applaudissements que la cour lui ait prodigués, je n'en dois pas faire grande vanité, puisque je n'en suis que le traducteur. Mais, dans une si belle occasion de faire éclater la gloire du roi, je n'ai point considéré la mienne : mon zèle est plus fort que mon ambition; et, pourvu que je puisse satisfaire en quelque sorte aux devoirs d'un sujet fidèle et passionné, il m'importe peu du reste. Le public m'aura du moins l'obligation d'avoir déterré ce trésor, qui, sans moi, seroit demeuré enseveli sous la poussière d'un collége ; et j'ai été bien aise de pouvoir donner par-là quelque marque de reconnoissance aux soins que les PP. jésuites ont pris d'instruire ma jeunesse et celle de mes enfants, et à l'amitié particulière dont m'honore l'auteur de ce panégyrique [*]. Je ne l'ai pas traduit si fidèlement, que je ne me sois enhardi plus d'une fois à étendre ou resserrer ses pensées : comme les graces des deux langues sont différentes, j'ai cru à propos de prendre cette liberté, afin que ce qui étoit excellent en latin ne devînt pas si

REGI EPINICION

Illustres animæ, divum genus, inclyta bello
Nomina, Borbonidæ, grandi quos Gallia partu

[*] Le père de La Rue.

Et qu'un climat fécond en glorieux exploits
Pour le soutien des lis vit sortir de ses rois,
Ne soyez point jaloux qu'un roi de votre race
Égale tout d'un coup votre plus noble audace.
Vos grands noms dans le sien revivent aujourd'hui :
Toutes les fois qu'il vainc vous triomphez en lui ;
Et ces hautes vertus que de vous il hérite
Vous donnent votre part aux encens qu'il mérite.

C'est par cette valeur qu'il tient de votre sang,
Que le lion belgique a vu percer son flanc ;
Il en frémit de rage, et, devenu timide,
Il met bas cet orgueil contre vous intrépide,
Comme si sa fierté qui vous sut résister
Attendoit ce héros pour se laisser dompter !
Aussi cette fierté, par le nombre alarmée,
Voit en un chef si grand encor plus d'une armée,
Dont par le seul aspect ce vieil orgueil brisé
Court au-devant du joug si long-temps refusé.

insupportable en françois ; vous en jugerez, et ne serez pas fâché que j'y aie fait joindre quelques autres pièces, que vous avez déjà vues, sur le même sujet. L'amour naturel que nous avons tous pour les productions de notre esprit m'a fait espérer qu'elles se pourraient ainsi conserver l'une par l'autre, ou périr un peu plus tard. »

   Victores populorum, et regum exempla creavit :
   Si nunc magnanimi decus immortale nepotis
   Surgit in immensum, et vestris se laudibus æquat ;
   Non tamen invidiæ vobis locus : ille parentum
   Quando refert factis, animisque, et robore dotes :
   Vestraque, dum vincit, pars est quoque magna triumphi.
    Belgicus hos animos, et inexsuperabile robur
   Nequicquam infrendens sensit leo : quique priores
   Luserat ante minas, vestrisque interritus armis
   Obluctari ultro gaudebat, et obvius ire,
   Ille ducum seriem egregiam, collectaque cernens
   Agmina, et immensam Lodoïci in pectore gentem :

De là ces feux de joie et ces chants de victoire
Qui font briller par-tout et retentir sa gloire :
Et, bien que la déesse aux cent voix et cent yeux
L'ait publiée en terre et fait redire aux cieux,
Qu'il ne soit pas besoin d'aucune autre trompette,
Le cœur paroît ingrat quand la bouche est muette,
Et d'un nom que partout la vertu fait voler
C'est crime de se taire où tout semble parler.
   Mais n'attends pas, grand roi, que mes ardeurs sincères
Appellent au secours l'Apollon de nos pères ;
A mes foibles efforts daigne servir d'appui,
Et tu me tiendras lieu des muses et de lui.
Toi seul y peux suffire, et dans toutes les ames
Allumer de toi seul les plus célestes flammes,
Tel qu'épand le soleil sa lumière sur nous,
UNIQUE DANS LE MONDE, ET QUI SUFFIT A TOUS.
   Par l'ordre de son roi, les armes de la France
De la triste Hongrie avoient pris la défense ;

      Horret ad aspectum, nec jam ausus sistere contra,
      Indociles iras et colla ferocia subdit.
        Lætior hinc regni facies, hinc festa per urbes
      Pompa, triumphales hinc templa per omnia cantus.
      Et quanquam cum fama volat, cum maximus orbis
      Solvitur in plausus, et plausibus accinit æther,
      Nil præcone opus est : scelus est tamen alta silere
      Victoris decora, indictamque relinquere laudem.
        At neque Castalias mihi cura vocare sorores,
      Nec veteri fuerit præcordia pandere Phœbo.
      Tu mihi, tu regum rex optime, maxime regum,
      Numen eris, Lodoïce, mihique in carmina sacrum
      Ardorem, et dignos cœptis ingentibus ignes
      Adjicies, magnus lucis pater, UNICUS UNI
      Qui satis es mundo, NEC SIS QUOQUE PLURIBUS IMPAR.
        Jam procul Hungaricos tutatus milite fines,
      Lanigeras acies Lodoïcus et impia signa
      Fuderat, extremasque Asiæ tremefecerat oras.
      Jam quoque et infestum Libycis prædonibus æquor

Sauvé du Turc vainqueur, un peuple gémissant
Fait trembler son Asie et rougir son croissant;
Par son ordre on voyoit d'invincibles courages,
D'Alger et de Tunis arrêter les pillages,
Affranchir nos vaisseaux de ces tyrans des mers,
Et leur faire à leur tour appréhender nos fers :
L'Anglois même avoit vu jusque dans l'Amérique
Ce que c'est qu'avec nous rompre la foi publique,
Et sur terre et sur mer reçu le digne prix
De l'infidélité qui nous avoit surpris.
Enfin du grand Louis aux trois parts de la terre
Le nom se faisoit craindre à l'égal du tonnerre.
L'Espagnol s'en émeut; et, gêné de remords,
Après de tels succès il craint pour tous ses bords;
L'injure d'une paix à la fraude enchaînée,
Les dures pactions[1] d'un royal hyménée,
Tremblent sous les raisons et la facilité
Qu'aura de s'en venger un roi si redouté.

    Solverat, et priscis America incognita sæclis,
Fœderis immemores Anglos, opibusque feroces,
Et sociis Gallum meditantes pellere terris,
Viderat ejectos laceris fluitare per undas
Puppibus, aut cæsis insternere littora turmis.
His super attonitum dolor anxius urit Iberum,
Ingentesque premunt curæ. Quippe ultima longe
Terrarum, et Phœbo sub utroque jacentia cernens
Regna metu trepidare, pari quoque corda moveri
Sentit et ipse metu : quoties probrosa recursat
Fraus innexa thoro, rigidæque injuria pacis,
Junctaque crudeli regum connubia pacto.
    Hunc adeo suspensum animi, rebusque timentem
Agnovit Lodoïcus, et ardua mente volutans
Consilia, invictis ut conjugis ultor in armis
Hannonios tractus Brabantinosque reposcat.

---

[1] *Pactions.* Accords, conventions. (RICHELET, 1680.)

Louis s'en aperçoit, et tandis qu'il s'apprête
A joindre à tant de droits celui de la conquête,
Pour éblouir l'Espagne et son raisonnement,
Il tourne ses apprêts en divertissement ;
Il s'en fait un plaisir, où par un long prélude
L'image de la guerre en affermit l'étude,
Et ses passe-temps même instruisant ses soldats
Préparent un triomphe où l'on ne pense pas.
Il se met à leur tête aux plus ardentes plaines,
Fait en se promenant leçon aux capitaines,
Se délasse à courir de quartier en quartier,
Endurcit et soi-même et les siens au métier,
Les forme à ce qu'il faut que chacun cherche ou craigne,
Et par de feints combats apprend l'art qu'il enseigne.
Il leur montre à doubler leurs files et leurs rangs,
A changer tôt de face aux ordres différents,

> Ne tamen, ut quondam, solito sibi callidus astu
> Consuleret, martemque dolo præverteret hostis,
> Objicit insuetas Hispanis artibus artes,
> Occultumque struit belli sub imagine bellum.
> Ergo viros ad signa vocat ; concurritur, omnis
> Emicat impatiens et corripit arma juventus.
> Ipse palatinas acies, prætoriaque inter
> Vexilla, et lituum sonitus, fremitusque tubarum,
> Sole sub ardenti, planisque in vallibus heros
> Informat resides animos, discitque docendo
> Durum opus, et ficto mentem certamine pascit.
>   Nunc jubet effusis aciem decurrere campis,
> Nunc stare aut junctis glomeratam incedere turmis,
> Nunc spatiis mixtos equites concordibus ire,
> Aut flexos sinuare orbes gradibusve repressis
> Exultare solo, aut subitos obvertere vultus :
> Mox quoque direptis per prona per alta volare
> Ensibus, aut certas tubulis explodere mortes,
> Præcipitesque rapi, cursuque lacessere nimbos.
> Inde locum fossis munire, et cingere vallo
> Castrorum juvat in morem : juvat addere castris
> Excubias, vigilesque solo traducere noctes,

Tourner à droite, à gauche, attaquer et défendre,
Enfoncer, soutenir, caracoler, surprendre;
Tantôt marcher en corps, et tantôt défiler,
Pousser à toute bride, attendre, reculer,
Tirer à coups perdus, et par toute l'armée
Faire l'oreille au bruit et l'œil à la fumée.
 Ce héros va plus outre; il leur montre à camper :
A la tente, à la hutte on les voit s'occuper;
Sa présence aux travaux mêle de si doux charmes,
Qu'ils apprennent sans peine à dormir sous les armes;
Et, comme s'ils étoient en pays dangereux,
L'ombre de Saint-Germain est un bivouac pour eux.
 Achève, grand monarque! achève, et pars sans crainte:
Si tu t'es fait un jeu de cette guerre feinte,
Accoutumé par elle à la poussière, au feu,
La véritable ailleurs ne te sera qu'un jeu :
Tes guerriers t'y suivront sans y voir rien de rude,
Combattront par plaisir, vaincront par habitude;

> Aut duro tenues in cespite carpere somnos.
> Macte istis, Lodoïce, animis, perge omine tanto
> Et tibi, et optatas Gallis portendere lauros.
> Nunc veteres pompas ludorum in prælia mutas,
> Et rigidum inducis læta in spectacula Martem :
> Mox quoque cum fines Morinos, et Nervia vero
> Mœnia Marte petes, fortemque urgebis Iberum;
> Sic bellum tibi ludus erit, facilesque sequetur
> Quo tuleris te cumque comes victoria nutus.
> Audiit ex alto Pyrenes vertice festos
> Ludentum strepitus, pompamque Hispania vidit :
> Defixisque oculis mirata, tot horrida pilis
> Agmina, tot cristas galeis fluitare comantes,
> Tot rutilis phaleras vestesque nitere lapillis,
> Tot lætos in equis juvenes : et luditur, inquit,
> Hæc sibi depositis Gallus facit otia curis.
> Luditur, at magnos parient hæc otia motus :
> Nec vanum, ludi pars magna, fatebere ludum.
> Sæpe manu virtus quid Gallica posset et armis,

Et la victoire, instruite à prendre ici ta loi,
Dans les champs ennemis n'obéira qu'à toi.

L'Espagne cependant, qui voit des Pyrénées
Donner ce grand spectacle aux dames étonnées,
Loin de craindre pour soi, regarde avec mépris,
Dans un camp si pompeux, des guerriers si bien mis,
Tant d'habits, comme au bal, chargés de broderie,
Et parmi des canons tant de galanterie.
Quoi! l'on se joue en France, et ce roi si puissant
Croit m'effrayer, dit-elle, en se divertissant!
Il est vrai qu'il se joue, Espagne, et tu devines;
Mais tu mettras au jeu plus que tu n'imagines[1],
Et, de ton dernier vol si tu ne te repens,
Tu ne verras finir ce jeu qu'à tes dépens.

Son père et son aïeul t'ont fait voir que sa France
Sait trop, quand il lui plaît, dompter ton arrogance;
Tant d'escadrons rompus, tant de murs emportés,
T'ont réduite souvent au secours des traités;

<blockquote>
Te justus, justique parens ter maximus olim
Henricus docuere : tamen licet hactenus æquo
Te non Marte parem clades non una probasset,
Jamdudum instantem potuisti avertere casum
Consilio melior. Lodoïco scilicet uni
Laus fuit hæc servanda, et magnis debita fatis,
Consilioque manuque tuos contundere fastus.
  Nec mora, jam litui, jam rauco tympana pulsu
Insonuere : volat spe fervidus, arvaque Gallus
Flandrica, et Hannonias ruit improvisus in arces.
Jamque adeo ingenti fremere undique visa tumultu
Belgica, jam patrii circum rugire leones,
Arrectisque horrere jubis : simul alta fragore
Misceri nemora, et tristes ululare cavernæ,
Flandrigenumque procul Scaldis regnator aquarum
In mare præcipites urgere fugacior undas.
I modo, regales, Hispania, despice ludos.
</blockquote>

[1] Var. Mais tu mettras au jeu plus que tu l'imagines

Ces disgraces alors te donnoient peu d'alarmes,
Tes conseils réparoient la honte de tes armes;
Mais le ciel réservoit à notre auguste roi
D'avoir plus de conduite et plus de cœur que toi.
　Rien plus ne le retarde, et déja ses trompettes
Aux confins de l'Artois lui servent d'interprètes;
C'est de là, c'est par-là qu'il s'explique assez haut.
Il entre dans la Flandre et rase le Hainaut.
Le François court et vole, une mâle assurance
Le fait à chaque pas triompher par avance;
Le désordre est par-tout, et l'approche du roi
Remplit l'air de clameurs et la terre d'effroi.
Jusqu'au fond du climat ses lions en rugissent,
Leur vue en étincelle, et leurs crins s'en hérissent;
Les antres et les bois, par de longs hurlements,
Servent d'affreux échos à leurs rugissements :
Et les fleuves mal sûrs dans leurs grottes profondes
Hâtent vers l'océan la fuite de leurs ondes;
Incertains de la marche, ils tremblent tous pour eux.

　　Sic trifidos ignes, et ineluctabile telum
Si quando iratus mundi arbiter, humida rumpens
Nubila, subjectas hominum molitur in arces :
Ipse prius tremulis densa in caligine ludit
Fulguribus, volucrique polum circumvolat auro :
Mox rutilum per iter, rapidisque micantia flammis
Erumpit spatia, et magno ruit impete fulmen :
Vim tamen haud minuit splendor, nec inania jactat
Murmura; gens longe tremit omnis, et ardua fumant
Sylvarum, ac subito dissultant saxa fragore.
　　Talis ades, talem te percipit omne, timetque
Vulgus, et insueta fugiunt formidine cives.
Passim solæ arces, passim indefensa patescunt
Oppida : tuque adeo Bassæa ingentibus olim,
Mœnia dum starent, repetita laboribus : et tu
Dives agro, dives pecorum Armentaria cultu;
Tu quoque tu Carli de nomine dicta, novoque

SUR LES VICTOIRES DU ROI.

Songe encor, songe, Espagne, à mépriser nos jeux!
  Ainsi, quand le courroux du maître de la terre
Pour en punir l'orgueil prépare son tonnerre,
Qu'un orage imprévu qui roule dans les airs
Se fait connoître au bruit et voir par les éclairs,
Ces foudres, dont la route est pour nous inconnue,
Paroissent quelque temps se jouer dans la nue,
Et ce feu qui s'échappe et brille à tous moments
Semble prêter au ciel de nouveaux ornements[1] :
Mais enfin le coup tombe; et ce moment horrible,
A force de tarder devenu plus terrible,
Étale aux yeux surpris des hommes écrasés,
Une plaine fumante, et des rochers brisés.
Tel on voit le Flamand présumer ta venue,
Grand roi! pour fuir ta foudre il cherche à fuir ta vue;
Et, de tes justes lois ignorant la douceur,
Il abandonne aux tiens des murs sans défenseur.
  La Bassée, Armentière, aussitôt sont désertes;
Charleroi, qui t'attend, mais à portes ouvertes,

      Arx fabricata opere, et valido molimine structa;
      Te quanquam aggeribus vallatam, et flumine circum
      Defensam gemino, tela omnia et omnia contra
      Fulmina Gallorum, nil fulminis indiga telive
      Una nec aspecti regis fortuna subegit.
        Atque utinam hunc morem et vestra hæc exempla secutæ
      Cessissent reliquæ, nec justa in sceptra rebelles
      Indignum hoc propria nomen sibi clade parassent.
      At procul ejectos vallis Furnensibus hostes,
      Et domita video fractos excedere Berga.
      Tornacique arces, musisque dicata Duaci
      Mœnia et antiquis Curtracum nobile bellis;
      Aldenarum, cultæque caput regionis Alostum
      Borbonium eversis victorem admittere portis.
      Insuper et victo captivum flumine Lisam,

[1] Var. Et ce feu qui s'échappe et brille à tout moment
      Semble prêter aux cieux un nouvel ornement.

A forts démantelés, à travaux démolis,
Sur le nom de son roi laisse arborer tes lis :
C'est là le prompt effet de la frayeur commune;
C'est ce que font sans toi ton nom et ta fortune.
Heureux tous nos Flamands, si l'exemple suivi
Eût par-tout à tes droits fait justice à l'envi !
Furne n'auroit point vu ses portes enfoncées;
Bergue n'auroit point vu ses murailles forcées;
Et Tournay, de tout temps tout françois dans le cœur,
T'eût reçu comme maître, et non comme vainqueur;
Les muses à Douay n'auroient point pris les armes
Pour coûter à son peuple et du sang et des larmes;
Courtray, sans en verser, eût changé de destin;
Ce refuge orgueilleux de l'Espagnol mutin,
Alost, n'eût point fourni de matière à ta gloire;
Oudenarde jamais n'eût pleuré ta victoire.
Que dirai-je de Lille, où tant et tant de tours,
De forts, de bastions, n'ont tenu que dix jours?
Ces murs si rechantés, dont la noble ruine

  Mœrentemque Sabim nequicquam, injectaque Scaldi
Vincula, perruptosque aditus, et intima fracto
Limite divisos per mille pericula Belgas.
Teque adeo denos vix expugnanda per annos,
Ilios ut quondam superum labor : acribus intus
Fœta viris pariter, largoque interrita cinctu
Insula : te decimus transmissam in Gallica vidit
Jura dies, et plura ingens hic præstitit heros
Quam potuit junctis affingere fabula divis.
  Hæc rerum series, nullique parata priorum
Gloria, nec seris æquanda nepotibus olim :
Indomitum Flaudros genus, et firmissima claustris
Oppida, quæ nec opum vis magna, operumve, ducumve,
Nec proavi domuere, nec excita finibus omnis
Gallia adhuc, non mille rates, non mille carinæ;
Frænare imperiis, armisque metuque subacta
Præcipiti ad nutum sibi posse adjungere bello,

De tant de nations flatte encor l'origine,
Ces remparts que la Grèce et tant de dieux ligués
En deux lustres à peine ont pu voir subjugués,
Eurent moins de défense, et l'art en leur structure
Avoit moins secouru l'effort de la nature ;
Et ton bras en dix jours a plus fait à nos yeux
Que la fable en dix ans n'a fait faire à ses dieux.

Ainsi, par des succès que nous n'osions attendre,
Ton état voit sa borne au milieu de la Flandre ;
Et la Flandre, qui craint de plus grands changements,
Voit ses fleuves captifs diviser ses Flamands.
C'est là ton pur ouvrage, et ce qu'en vain ta France
Elle-même a tenté sous une autre puissance ;
Ce que sembloit le ciel défendre à nos souhaits ;
Ce qu'on n'a jamais vu, qu'on ne verra jamais ;
Ce que tout l'avenir à peine voudra croire...
Mais de quel front osé-je ébaucher tant de gloire,
Moi dont le style foible et le vers mal suivi
Ne sauroient même atteindre à ceux qui t'ont servi ?

   Herois labor ille fuit. Sed nec mihi cuncta
  Fas canere, aut meritas procerum decurrere laudes,
  Nec magnos modulis æquare jacentibus ausus.
   Nam quid ego egregiam virtutem et digna Philippi
  Cœpta loquar ? quid prima inter discrimina lucis
  Contemptorem animum ? quid apertam in dona, paremque
  Muneribusque armisque manum ? tum si qua vocarent
  Prælia, si qua sonum procul auribus æra dedissent,
  Quam stare indocilis, quam se subducere tardis
  Callidus agminibus sociorum, avidusque negata
  Protinus effrœno tentare pericula cursu ?
  Talis in effusas Brugensi limite turmas
  Infestum per iter sese incomitatus agebat
  Victrici impatiens sibi tempora cingere lauro.
  Cinxissetque adeo, tantæ nisi cladis honorem
  Victoremque tibi tantum, Marcine, negassent
  Et conjuratam properassent fata ruinam.

Souffre-moi toutefois de tâcher à portraire
D'un roi tout merveilleux l'incomparable frère;
Sa libéralité pareille à sa valeur;
A l'espoir du combat ce qu'il sent de chaleur;
Ce que lui fait oser l'inexorable envie
D'affronter les périls au mépris de sa vie,
Lorsque de sa grandeur il peut se démêler,
Et trompe autour de lui tant d'yeux pour y voler.
Les tristes champs de Bruge en rendront témoignage :
Ce fut là que pour suite il n'eut que son courage;
Il fuyoit tous les siens pour courir sur tes pas,
Marcin; et ta déroute eût signalé son bras,
Si le destin jaloux qui l'avoit arrêtée
Pour en croître l'affront ne l'eût précipitée,
Et sur ton nom fameux déployé sa rigueur
Jusques à t'envier un si noble vainqueur.

 Enghien le suit de près, et n'est pas moins avide
De ces occasions où l'honneur sert de guide.
L'Escaut épouvanté voit ses premiers efforts

   Quid memorem reliquos? pulchræque cupidine famæ
  Flagrantem assidue, et non inferiora sequentem
  Enguinæum, fervens et inexsaturabile pectus?
  Ut belli exultans fremitu, rapidumque fatigans
  Alipedem, mediis in cædibus, asperaque inter
  Tela, necem stricto Belgasque lacesseret ense?
  Ut fractæ fugerent acies, dextraque tonantem
  Fulminea, procul arma super, lateque jacentum
  Corporaque et calido spumantes sanguine cristas,
  Bellicus immissis impelleret ardor habenis,
  Et patrem soboles invictum invicta referret?
   Quid nunc ut paribus Longavillæa propago
  Carolus incensus stimulis, et utroque parentum
  Sanguine, spem gestis, sensu præverterit annos,
  Exequar? utque manu prostrato ex hoste trophæa
  Vi raperet, raptisque viam sibi rumperet armis?
   Sed neque tot procerum virtus insueta, ducumve

SUR LES VICTOIRES DU ROI.   151

Le couronner de gloire au travers de cent morts,
Donner sur l'embuscade, en pousser la retraite,
Triompher des périls où sa valeur le jette,
Et montrer dans un cœur aussi haut que son rang
De l'illustre Condé le véritable sang.

Saint-Paul, de qui l'ardeur prévient ce qu'on espère,
De son côté Dunois, et Condé par sa mère,
A l'un et l'autre nom répond si dignement,
Que des plus vaillants même il est l'étonnement.
Des armes qu'il arrache aux mains qui le combattent
Il commence un trophée où ses vertus éclatent;
Et, pour forcer la Flandre à prendre un joug plus doux,
Les pals les plus serrés font passage à ses coups.
Mais où va m'emporter un zèle téméraire?
A quoi m'expose-t-il? et que prétends-je faire,
Lorsque tant de grands noms, tant d'illustres exploits,
Tant de héros enfin s'offrent tous à-la-fois?

Magnanimes guerriers, dont les hautes merveilles
Lasseroient tout l'effort des plus savantes veilles,

> Sive senum labor et Martis constantior usus;
> Seu juvenum Lodoïci animis audacia certet.
> Scilicet ex illo vigor omnibus, omnibus idem
> Impetus, una omnis simili succenditur igne
> Miles, et in medias tanto ruit auspice mortes.
>   Nempe alii castris procul, armorumque tumultu
> Secessu in placido, atque aulæ penetralibus aureis
> Bella gerant reges : lentique ingloria ducant
> Otia, pugnarum docti describere leges,
> Et sedare suas alieno sanguine rixas.
> Juverit hoc alios. Tibi famam extendere factis
> Exemplo resides urgere, offerre pruinis
> Ardorique caput, rigido sudare sub ære,
> Insomnes vigilare inter tentoria noctes,
> Aut vallum lustrare in equo : tum sicubi portis
> Ingruit, aut subitis petitur conatibus hostis.
> Crebra licet cædes, licet undique plurima telis

Bien que votre valeur étonne l'univers,
Qu'elle mette vos noms au-dessus de mes vers,
Vos miracles pourtant ne sont point des miracles;
L'exemple de Louis vous lève tous obstacles :
Marchez dessus ses pas, fixez sur lui vos yeux,
Vous n'avez qu'à le voir, qu'à le suivre en tous lieux,
Qu'à laisser faire en vous l'ardeur qu'il vous inspire,
Pour vous faire admirer plus qu'on ne vous admire.

Cette ardeur, qui des chefs passe aux moindres soldats,
Anime tous les cœurs, fait agir tous les bras :
Tout est beau, tout est doux sous de si grands auspices;
La peine a ses plaisirs, la mort a ses délices;
Et, de tant de travaux qu'il aime à partager,
On n'en voit que la gloire et non pas le danger.

Il n'est pas de ces rois qui, loin du bruit des armes,
Sous des lambris dorés donnent ordre aux alarmes,
Et, traçant en repos d'ambitieux projets,
Prodiguent, à couvert, le sang de leurs sujets.
Il veut de sa main propre enfler sa renommée,
Voir de ses propres yeux l'état de son armée,

Affluat, et volucri mors grandine verberet aures ;
Impavidum volitare, animos accendere dictis,
Mercarique tuas proprio discrimine lauros.
Hic tibi mos fuerit, Lodoïce : his artibus omne
Borbonidum genus ; et generis caput, additus aris
Bisque Arabum quondam domitor Lodoïcus, et ingens
Augusti titulo ac belli virtute Philippus
Floruit. Ilis oculis, hoc vultu, hoc impete fertur
Suetus in adversas aciem deducere gentes,
Oppida dum quateret Flandrorum, aut sanguine tinctus
Illustres faceret Germana clade Bovinas.
Vos mihi nunc Franci proceres, assuetaque regi
Pectora, vos omni fortes ex ordine turmæ,
Dicite, quis menti sensus fuit, aut quibus illum
Spectastis victorem oculis : cum culmine ab alto
Cederet immixtus turbæ, communibus omnes

SUR LES VICTOIRES DU ROI.

Se fait à tout son camp reconnoître à la voix,
Visite la tranchée, y fait suivre ses lois :
S'il faut des assiégés repousser les sorties,
S'il faut livrer assaut aux places investies,
Il montre à voir la mort, à la braver de près,
A mépriser par-tout la grêle des mousquets,
Et lui-même essuyant leur plus noire tempête
Par ses propres périls achète sa conquête.

 Tel le grand saint Louis, la tige des Bourbons,
Lui-même du Soudan forçoit les bataillons :
Tel son aïeul Philippe acquit le nom d'Auguste
Dans les fameux hasards d'une guerre aussi juste ;
Avec le même front, avec la même ardeur
Il terrassa d'Othon la superbe grandeur,
Couvrit devant ses yeux la Flandre de ruines,
Et du sang allemand fit ruisseler Bovines :
Tel enfin, grand monarque, aux campagnes d'Ivry,
Tel en mille autres lieux l'invincible Henri,
De la Ligue obstinée enfonçant les cohortes,
Te conquit de sa main le sceptre que tu portes.

> Vocibus affari, atque operum laudare laborem,
> Vulneraque et sævos dictis mulcere dolores,
> Officiis certare, alios et vincere lætus.
> Vos modo felices tanto victore subacti,
> Flandrigenæ, quibus ipsa minus victoria clade
> Profuerat, longamque ferent hæc bella salutem.
> En erit, ut vestras postquam Bellona per urbes
> Sæviit, et patrio longum satiata cruore est,
> Curarum expertem liceat decurrere vitam,
> Et sperare aditus, et principis ora tueri.
> Non ita quos vobis peregrino e littore mittit
> Hispanus dominos : non hanc sibi fingere mores
> Ad speciem soliti, similesque capescere ritus :
> At secum assidue veterum decora alta parentum
> Et grandes titulos magni versare sub umbra
> Nominis : aut sese communi prodere luci

Vous, ses premiers sujets qu'attache à son côté,
La splendeur de la race ou de la dignité,
Vous, dignes commandants, vous, dextres aguerries,
Troupes aux champs de Mars dès le berceau nourries,
Dites-moi de quels yeux vous vîtes ce grand roi,
Après avoir rangé tant de murs sous sa loi,
Descendre parmi vous de son char de victoire
Pour vous donner à tous votre part à sa gloire.
De quels yeux vîtes-vous son auguste fierté
Unir tant de tendresse à tant de majesté,
Honorer la valeur, estimer le service,
Aux belles actions rendre prompte justice,
Secourir les blessés, consoler les mourants,
Et pour vous applaudir passer dans tous vos rangs?
Parlez, nouveaux François, qui venez de connoître
Quel est votre bonheur d'avoir changé de maître,
Vous qui ne voyiez plus vos princes qu'en portrait,
Sujets en apparence, esclaves en effet,
Pouvez-vous regretter ces démarches pompeuses,
Ces fastueux dehors, ces grandeurs sourcilleuses,

> Sicubi contigerit, truculento incedere vultu,
> Cuncta supercilio suspendere, torva tueri,
> Et populo præbere sui spectacula gressus.
>   Sed rigor hic tandem, tumidique ferocia fastus
> Regis ad aspectum tenues vanescit in auras.
> Hunc adeo effuso devicta per oppida plausu
> Sæpe incedentem vidistis, et ordine longo
> Ad sacra ducentem victrices templa catervas.
> Non illum laurisque gravem, Tyrioque superbum
> Murice, purpurei compta cervice jugales
> Quadrijugo in curru duxere, nec agmina pone
> Captiva implexis visa hic evincta catenis
> Horrendos inter ferri reptare sonores.
> Non titulos, captasque urbes, non diruta ferro
> Mœnia, non victis mœrentia flumina ripis,
> Fusaque squallenti rerum simulacra metallo;

Ces gouverneurs enfin envoyés de si loin,
Tout-puissants en parade, impuissants au besoin,
Qui, ne montrant jamais qu'un œil farouche et sombre,
A peine vous jugeoient digne de voir leur ombre?
 Nos rois n'exigent point cet odieux respect :
Chacun peut chaque jour jouir de leur aspect;
On leur parle, on reçoit d'eux-mêmes le salaire
Des services rendus, ou du zèle à leur plaire;
Et l'amoureux attrait qui règne en leurs bontés
Leur gagne d'un coup d'œil toutes les volontés.
 Pourriez-vous en avoir une plus sûre marque,
Belges? Vous le voyez, cet illustre monarque
A vos temples ouverts conduire ses vainqueurs
Pour y bénir le ciel de vos propres bonheurs.
Est-il environné de ces pompes cruelles
Dont à Rome éclatoient les victoires nouvelles,
Quand tout autour d'un char elle voyoit traînés
Des peuples soupirants et des rois enchaînés,
Qu'elle admiroit l'amas des affreux brigandages
D'où tiroient leurs grands noms ses plus grands personnages,

> At neque prædam oculis ingentem, auriqué talenta,
> Spiculaque, et clypeos, ensesque, aggestaque signa,
> Et rigidis appensa ducum spolia aurea truncis,
> Ostentare labor. Veteres hæc pompa Metellos,
> Hæc Paulos deceat, Mariosve, et quotquot iniquo
> Roma duces plausu celsa ad Capitolia duxit
> Prædatrix populorum : alio se more videndum,
> Cultu alio gentis decuit præbere parentem.
> Ergo animos placido visus sibi subdere vultu,
> Indignaque novos formidine solvere cives.
> Undique festivo fremit omnis Belgica pubes
> Murmure; composito pars labra natantia risu,
> Pars lætos oculorum ignes, et utrimque fluentem
> Erecta cervice comam : pars ardua frontis
> Miratur decora, et cultu sub simplice laudat
> Regales habitus, majestatemque serenam.

Et des fleuves domptés les simulacres vains
Qui sous des flots de bronze adoroient ses Romains?
Il n'y fait point porter les dépouilles des villes,
Comme ses Marius, ses Métels, ses Émiles,
Et ce reste insolent d'avides conquérants,
Grands héros dans ses murs, par-tout ailleurs tyrans.
 Il entre avec éclat, mais votre populace
Ne voit point sur son front de fast ni de menace;
Il entre, mais d'un air qui ravit tous les cœurs,
En père des vaincus, en maître des vainqueurs.
Peuples, repentez-vous de votre résistance;
Il ramène en vos murs la joie et l'abondance;
Votre défaite en chasse un sort plus rigoureux :
Si vous aviez vaincu, vous seriez moins heureux.
 On m'en croit, on l'aborde, on lui porte des plaintes;
Il écoute, il prononce, il fait des lois plus saintes;
Chacun reste charmé d'un si facile accès,
Chacun des maux passés goûte le doux succès,
Jure avec l'Espagnol un éternel divorce,
Et porte avec amour un joug reçu par force.

  Cuncti animum flecti facilem plebisque patentem
  Questibus, et recta librantem singula lance,
  Et memorant ultro, et tanto sibi vindice gaudent.
   Sic ubi post longas hiemes, insanaque cauri
  Flamina, et excussos gelidis e nubibus imbres,
  Sol nostrum radiis afflat propioribus orbem :
  Ipsa licet primo tellûs animata calore
  Æstuet in nebulas, reducique obsistere Phœbo,
  Et lucem undanti tentet prohibere vapore :
  Sol tamen obstructas densa caligine nubes
  Discutit erumpens, et amico lumine vernas
  Undique spargit opes : donis tum victa recludit
  Terra sinus, et amat quos ante refugerat ignes,
  Victoremque volens, vel dum superatur, adorat.
   Perge, age sic victas, regum fortissime, gentes
  Adjicere imperio, sic magnum in sæcula nomen

SUR LES VICTOIRES DU ROI.

C'est ainsi que la terre, au retour du printemps,
Des graces du soleil se défend quelque temps,
De ses premiers rayons refuit les avantages,
Et pour les repousser élève cent nuages;
Le soleil plus puissant dissipe ces vapeurs,
S'empare de son sein, y fait naître des fleurs,
Y fait germer des fruits, et la terre, à leur vue
Se trouvant enrichie aussitôt que vaincue,
Ouvre à ce conquérant jusques au fond du cœur,
Et, pleine de ses dons, adore son vainqueur.

    Poursuis, grand roi, poursuis : c'est par-là qu'on s'assure
Du respect immortel chez la race future;
C'est par-là que le ciel prépare ton Dauphin
A remplir hautement son illustre destin :
Il y répond sans peine, et son jeune courage
Accuse incessamment la paresse de l'âge;
Toute son ame vole après tes étendards,
Brûle de partager ta gloire et tes hasards,
D'aller ainsi que toi de conquête en conquête.

    Conservez, justes cieux, et l'une et l'autre tête;
Modérez mieux l'ardeur d'un roi si généreux :
Faites-le souvenir qu'il fait seul tous nos vœux,

    Mittere, sic teneram virtutis imagine prolem
Excolere, inque alias crescentem accendere lauros.
Ipse in cuncta puer jam nunc comes ire pericla,
Et propriis Belgas tibi subdere miles in armis
Gestiret : pudor est, castris dum tota juventus
Emicat, imbelli lentum nutricis in umbra
Indecores ludos, et inania ludere bella :
Necdum æquas animis vires, annosque morantes
Increpat. Ah ! quantus Martis quondam ibit in artes !
Quantus honos tibi, Galle, tibi quot, Ibere, labores !
Cum firmata parem genitori hunc fecerit ætas,
Gallicaque immensis implebit fata triumphis !
Vos superi, prolemque patri, prolique parentem

Que tout notre destin s'attache à sa personne,
Qu'il feroit d'un faux pas chanceler sa couronne;
Et, puisque ses périls nous forcent de trembler,
Du moins n'en souffrez point qui nous puisse accabler.

II.

AU ROI,

SUR SON RETOUR DE FLANDRE[1].

Tu reviens, ô mon roi, tout couvert de lauriers;
Les palmes à la main tu nous rends nos guerriers;
Et tes peuples, surpris et charmés de leur gloire,
Mêlent un peu d'envie à leur chant de victoire.
 Ils voudroient avoir vu comme eux aux champs de Mars
Ton auguste fierté guider tes étendards,
Avoir dompté comme eux l'Espagne en sa milice,
Réduit comme eux la Flandre à te faire justice,
Et su mieux prendre part à tant de murs forcés
Que par des feux de joie et des vœux exaucés.
 Nos muses à leur tour, de même ardeur saisies,
Vont redoubler pour toi leurs nobles jalousies,
Et ta France en va voir les merveilleux efforts

Servate interea : neve hunc, dum jura tuetur,
Et pleno invadit lethi discrimina passu,
Invida sors nobis, aut bellicus auferat ardor.
CAROLUS DE LA RUE, S. J.

Nous continuerons de rapprocher des vers de Corneille les pièces latines qu'il a imitées.

[1] Ces vers furent imprimés en 1667, et réimprimés en 1669.

Déployer à l'envi leurs plus rares trésors.
Elles diront quels soins, quels rudes exercices,
Quels travaux assidus étoient lors tes délices,
Quels secours aux blessés prodiguoit ta bonté,
Quels exemples donnoit ton intrépidité,
Quels rapides succès ont accru ton empire,
Et le diront bien mieux que je ne le puis dire.
C'est à moi de m'en taire, et ne pas avilir
L'honneur de ces lauriers que tu viens de cueillir.
De mon génie usé la chaleur amortie
A leur gloire immortelle est trop mal assortie,
Et défigureroit tes grandes actions
Par l'indigne attentat de ses expressions.
Que ne peuvent, grand roi, tes hautes destinées
Me rendre la vigueur de mes jeunes années !
Qu'ainsi qu'au temps du *Cid* je ferois de jaloux !
Mais j'ai beau rappeler un souvenir si doux,
Ma veine, qui charmoit alors tant de balustres,
N'est plus qu'un vieux torrent qu'ont tari douze lustres ;
Et ce seroit en vain qu'aux miracles du temps
Je voudrois opposer l'acquis de quarante ans.
Au bout d'une carrière et si longue et si rude
On a trop peu d'haleine et trop de lassitude ;
A force de vieillir un auteur perd son rang ;
On croit ses vers glacés par la froideur du sang ;
Leur dureté rebute, et leur poids incommode ;
Et la seule tendresse est toujours à la mode.

Ce dégoût toutefois ni ma propre langueur
Ne me font pas encor tout-à-fait perdre cœur ;
Et, dès que je vois jour sur la scène à te peindre,
Il rallume aussitôt ce feu prêt à s'éteindre.
Mais, comme au vif éclat de tes faits inouïs
Soudain mes foibles yeux demeurent éblouis,

J'y porte, au lieu de toi, ces héros dont la gloire
Semble épuiser la fable et confondre l'histoire ;
Et, m'en faisant un voile entre la tienne et moi,
J'assure mes regards pour aller jusqu'à toi.
 Ainsi de ta splendeur mon idée enrichie
En applique à leur front la clarté réfléchie,
Et forme tous leurs traits sur le moindre des tiens,
Quand je veux faire honneur aux siècles anciens.
Sur mon théâtre ainsi tes vertus ébauchées
Sèment ton grand portrait par pièces détachées ;
Les plus sages des rois, comme les plus vaillants,
Y reçoivent de toi leurs plus dignes brillants.
J'emprunte, pour en faire une pompeuse image,
Un peu de ta conduite, un peu de ton courage ;
Et j'étudie en toi ce grand art de régner,
Qu'à leur postérité je leur fais enseigner.
C'est tout ce que des ans me peut souffrir la glace :
Mais j'ai d'autres moi-même à servir en ma place,
Deux fils dans ton armée, et dont l'unique emploi
Est d'y porter du sang à répandre pour toi [1] :
Tous deux ils tâcheront, dans l'ardeur de te plaire,
D'aller plus loin pour toi que le nom de leur père ;
Tous deux, impatients de le mieux signaler,
Ils brûleront d'agir, quand je tremble à parler ;
Et ce feu qui sans cesse eux et moi nous consume
Suppléera par l'épée au défaut de ma plume.
Pardonne, grand vainqueur, à cet emportement :
Le sang prend malgré nous quelquefois son moment ;
D'un père pour ses fils l'amour est légitime ;
Et j'ai droit pour les miens de garder quelque estime,

---

[1] Voyez, aux *Poésies diverses*, page 130, la note sur un des fils de Corneille. (LEF.)

Après qu'en leur faveur toi-même as bien voulu
M'assurer que l'abord ne t'en a point déplu.

Le plus jeune a trop tôt reçu d'heureuses marques
D'avoir suivi les pas du plus grand des monarques :
Mais, s'il a peu servi, si le feu des mousquets
Arrêta dès Douay ses plus ardents souhaits,
Il fait gloire du lieu que perça la tempête :
Ceux qu'elle atteint au pied ne cachent pas leur tête;
Sur eux à ta fortune ils laissent tout pouvoir;
Ils s'offrent tout entiers aux hasards du devoir.

De nouveau je m'emporte. Encore un coup, pardonne
Ce doux égarement que le sang me redonne;
Sa flatteuse surprise aisément nous séduit;
La pente est naturelle, avec joie on la suit;
Elle fait une aimable et prompte violence,
Dont pour me garantir je n'ai que le silence.

Grand roi, qui vois assez combien j'en suis confus,
Souffre que je t'admire, et ne te parle plus.

III.

TRADUCTION ET IMITATIONS

DE L'ÉPIGRAMME LATINE DE M. DE MONTMOR,

PREMIER MAÎTRE DES REQUÊTES DE L'HÔTEL DU ROI.

FULMINAT ATTONITAS SCALDIS LODOÏCUS AD ARCES,
    INTREPIDUSQUE HOSTES TERRET UBIQUE SUOS :
DUM TAMEN AUGUSTUM CAPUT OBJECTARE PERICLIS
    NON TIMET, HEU ! POPULOS TERRET ET ILLE SUOS.

TRADUCTION.

Sur l'Escaut étonné tu lances la tempête,
Grand prince, et fais trembler par-tout tes ennemis ;
Mais, quand tu ne crains pas d'y hasarder ta tête,
Tu fais trembler aussi ceux que Dieu t'a soumis.

IMITATION.

Tes glorieux périls remplissent tes projets,
Grand roi : mais tu fais peur aux deux partis ensemble ;
Et, si devant tes pas toute l'Espagne tremble,
Ces périls où tu cours font trembler tes sujets.

AUTRE.

Ton courage, grand roi, que la gloire accompagne,
Jette les deux partis dans un pareil effroi ;
Et, si quand tu parois tu fais trembler l'Espagne,
Les lieux où tu parois nous font trembler pour toi.

AUTRE.

Et l'Espagne et les tiens, grand prince, à te voir faire,
De pareilles frayeurs se laissent accabler :
L'Espagne à ton aspect tremble à son ordinaire,
Les tiens par tes périls apprennent à trembler.

IV.

AU ROI,

SUR SA CONQUÊTE DE LA FRANCHE-COMTÉ [1].

Quelle rapidité, de conquête en conquête,
En dépit des hivers guide tes étendards ?
Et quel dieu dans tes yeux tient cette foudre prête
Qui fait tomber les murs d'un seul de tes regards ?

A peine tu parois, qu'une province entière
Rend hommage à tes lis et justice à tes droits ;
Et ta course en neuf jours achève une carrière
Que l'on verroit coûter un siècle à d'autres rois.

En vain pour t'applaudir ma muse impatiente,
Attendant ton retour, prête l'oreille au bruit ;
Ta vitesse l'accable, et sa plus haute attente
Ne peut imaginer ce que ton bras produit.

Mon génie, étonné de ne pouvoir te suivre,

---

[1] Corneille a traité le même sujet en latin. Voyez le n° II de ses *Poésies latines*. (PAR.)

En perd haleine et force; et mon zèle confus,
Bien qu'il t'ait consacré ce qui me reste à vivre,
S'épouvante, t'admire, et n'ose rien de plus.

Je rougis de me taire, et d'avoir tant à dire;
Mais c'est le seul parti que je puisse choisir :
Grand roi, pour me donner quelque loisir d'écrire,
Daigne prendre pour vaincre un peu plus de loisir[1] !

V.

AU ROI,

SUR LE RÉTABLISSEMENT DE LA FOI CATHOLIQUE EN SES CONQUÊTES DE HOLLANDE.

Tes victoires, grand roi, si pleines et si promptes,
N'ont rien qui me surprenne en leur rapide cours,
Ni tout ce vaste effroi des peuples que tu domptes,
Qui t'ouvre plus de murs que tu n'y perds de jours.

C'est l'effet, c'est le prix des soins dont tu travailles
A ranimer la foi qui s'y laisse étouffer :
Tu mets de leur parti le Maître des batailles,
Et, dès qu'ils ont vaincu, tu les fais triompher.

Tu prends ses intérêts, il brise tous obstacles;

---

[1] Boileau a resserré la même pensée dans ce vers, par lequel commence son Épître VIII :

Grand roi, cesse de vaincre, ou je cesse d'écrire. (Pan.)

[2] Voyez, ci-après, le n° III des *Poésies latines*.

Tu rétablis son culte, il se fait ton appui ;
Sur ton zèle intrépide il répand ses miracles,
Et prête son secours à qui combat pour lui.

Ils font de jour en jour nouvelle peine à croire,
Ils vont de marche en marche au-delà des projets,
Lassent la renommée, épouvantent l'histoire,
Préviennent l'espérance, et passent les souhaits.

Poursuis, digne monarque, et rends-lui tous ses temples ;
Fais-lui d'heureux sujets de ceux qu'il t'a soumis ;
Et, comme il met ta gloire au-dessus des exemples,
Mets la sienne au-dessus de tous ses ennemis.

Mille autres à l'envi peindront ce grand courage,
Ce grand art de régner qui te suit en tout lieu :
Je leur en laisse entre eux disputer l'avantage,
Et ne veux qu'admirer en toi le don de Dieu.

VI.

TRADUCTION

D'UNE

INSCRIPTION LATINE POUR L'ARSENAL DE BREST[1].

Palais digne de Mars, qui fournis pour armer
Cent bataillons sur terre, et cent vaisseaux sur mer ;

---

[1] Voici cette inscription latine, dont Santeuil est l'auteur :

LUDOVICO MAGNO.

Quæ pelago sese arx aperit metuenda Britanno,

De l'empire des lis foudroyant corps-de-garde
Que jamais sans pâlir corsaire ne regarde,
   De Louis, le plus grand des rois,
   Vous êtes l'immortel ouvrage.
Vents, c'est ici qu'il lui faut rendre hommage;
Mers, c'est ici qu'il faut prendre ses lois.

VII.

LES VICTOIRES DU ROI

SUR LES ÉTATS DE HOLLANDE, EN L'ANNÉE 1672,

IMITÉES DU LATIN DU P. DE LA RUE [1].

Les douceurs de la paix, et la pleine abondance
Dont ses tranquilles soins comblent toute la France,
Suspendoient le courroux du plus grand de ses rois :
Ce courroux sûr de vaincre, et vainqueur tant de fois,
Vous l'aviez éprouvé, Flandre, Hainaut, Lorraine;

> Classibus armandis, omnique accommoda bello,
> Prædonum terror, Francis tutela carinis,
> Æternæ regi excubiæ, domus hospita Martis,
> Magni opus est Lodoïci. Hunc omnes omnibus undis
> Agnoscant venti dominum, et maria alta tremiscant.

[1] LUDOVICO MAGNO,

POST EXPEDITIONEM BATAVICAM,

EPINICIUM.

Pacificus labor, et longæ comes aurea pacis
Copia, victrices Lodoïci mulserat iras :
Mille triumphatæ suadebant otia gentes;
Et Lothari, et Belgæ, et frustra cunctator Iberus.

SUR LES VICTOIRES DU ROI.

L'Espagne et sa lenteur n'en respiroient qu'à peine ;
Et ce triomphe heureux sur tant de nations
Sembloit mettre une borne aux grandes actions.
Mais une si facile et si prompte victoire
Pour le victorieux n'a point assez de gloire :
Amoureux des périls et du pénible honneur,
Il ne sauroit goûter ce rapide bonheur ;
Il ne sauroit tenir pour illustres conquêtes
Des murs qui trébuchoient sans écraser de têtes,
Des forts avant l'attaque entre ses mains remis,
Ni des peuples tremblants pour justes ennemis.
Au moindre souvenir qui peigne à sa vaillance
Chez tant d'autres vainqueurs la fortune en balance,
Les triomphes sanglants, et longtemps disputés,
Il voit avec dédain ceux qu'il a remportés :
Sa gloire, inconsolable après ces hauts exemples,
Brûle d'en faire voir d'égaux ou de plus amples ;
Et, jalouse du sang versé par ces guerriers,
Se reproche le peu que coûtent ses lauriers.
 Pardonne, grand monarque, à ton destin propice !
Il va de ses faveurs corriger l'injustice,

> Non tamen illa, licet geminum celebrata per orbem,
> Laudis inexpletum satiabat gloria pectus.
> Jamque adeo facilis vilescunt præmia belli :
> Victoremque piget, quod Martem prævenit hostis
> Obsequio ; quod præcipites in vincula turmæ,
> Totque suis ultro veniant cum civibus urbes,
> Tum si quando animo priscæ virtutis imago
> Incidit, et veterum pervolvens acta parentum
> Quæsitas per multa videt discrimina lauros,
> Errantemque diu media inter prælia Martem ;
> Uritur exemplis tacite, heroumque periclis
> Invidet, et partos secum fastidit honores.
> Ergo age, tam lætis ultra ne irascere fatis :
> En fortuna tibi, quantum appetis, annuit hostem.
> Ille pererrato jam formidabilis orbi

Et t'offre un ennemi fier, intrépide, heureux,
Puissant, opiniâtre, et tel que tu le veux.
Sa fureur se fait craindre aux deux bouts de la terre:
Au levant, au couchant, elle a porté la guerre;
L'une et l'autre Java, la Chine, et le Japon,
Frémissent à sa vue et tremblent à son nom :
C'est ce jaloux ingrat, cet insolent Batave,
Qui te doit ce qu'il est, et hautement te brave;
Il te déchire, il arme, il brigue contre toi,
Comme s'il n'aspiroit qu'à te faire la loi.
 Ne le regarde point dans sa basse origine,
Confiné par mépris aux bords de la marine :
S'il n'y fit autrefois la guerre qu'aux poissons,
S'il n'y connut le fer que par ses hameçons,
Sa fierté, maintenant au-dessus de la roue,
Méconnoît ses aïeux qui rampoient dans la boue.
C'est un peuple ennobli par cent fameux exploits,
Qui ne veut adorer ni vivre qu'à son choix;
Un peuple qui ne souffre autels ni diadèmes;
Qui veut borner les rois et les régler eux-mêmes;
Un peuple enflé d'orgueil et gorgé de butin,

   Contemptor superum Batavus, quem Seres, et Indi,
   Extremique hominum Japones, quem dives adorat
   Africa, cui rutilas America expendit arenas,
   Cujus et ipse jugum placido subit æquore Nereus ;
   Ille tibi probris jamdudum infestus et armis
   Imminet, ille dei dono tibi debitus hostis.
   Nec te humiles ortus, generisque infamia primi
   Avocet incœpto, fuerint huic rustica curæ
   Quondam opera, et duræ piscosis amnibus artes ;
   Arma modo, et rigidos intentans undique fasces
   Imperium in magnum terra grassatur et undis,
   Nec jam novit avos ; audax et ludere regum
   In capita, et belli pacisque imponere leges ;
   Hispano socius, nec tantum impune rebellis.
   Exorere o tandem spretis pro regibus ultor,

SUR LES VICTOIRES DU ROI.

Que son bras a rendu maître de son destin ;
Pirate universel, et pour gloire nouvelle
Associé d'Espagne, et non plus son rebelle.
 Sur ce digne ennemi venge le ciel et toi ;
Venge l'honneur du sceptre, et les droits de la foi.
Tant d'illustres fureurs, tant d'attentats célèbres,
L'ont fait assez gémir chez lui dans les ténèbres :
Romps les fers qu'elle y traîne, et rends-lui le plein jour ;
Règne, et fais-y régner le vrai culte à son tour.
 Ce grand prince m'écoute, et son ardeur guerrière
Le jette avidement dans cette âpre carrière,
La juge avantageuse à montrer ce qu'il est ;
Et plus la course est rude, et plus elle lui plaît.
Il s'oppose déjà des troupes formidables,
Des Ostendes, trois ans à tout autre imprenables,
Des fleuves teints de sang, des champs semés de corps,
Cent périls éclatants, et mille affreuses morts :
Car enfin d'un tel peuple, à lui rendre justice,
Après une si longue et si dure milice,
Après un siècle entier perdu pour le dompter,
Quelle plus foible image ose se présenter ?

> Rumpe moras, Lodoïce. Vides ut pulsa tot annos
> Relligio, trepidisque fides male tuta latebris,
> Regalem implorant solvenda in vincula dextram.
> Nulla mora in Magno ; placet hic, quia durior, hostis.
> Jamque sibi immensas acies, jamque horrida centum
> Prælia, difficilesque aditus, largaque rubentes
> Cæde virum fluvios, et inhospita littora fingit ;
> Scilicet, exultatque fremens. Nam quid sibi quisquam,
> Et studia expendens, et opes, et robora gentis,
> Informetque animo levius, speretve futurum ?
> Quis vaga tergemini non horreat ostia Rheni,
> Æquoreosque Mosæ fremitus, Vahalimque sonantem,
> Nomina tot nuribus, quondam execrata Latinis ?
> Adde Isalam vallis defensum, adde ænea mille
> Hostis in occursum tormenta tonantia ripis ;

Des orageux reflux d'une mer écumeuse;
Des trois canaux du Rhin, de l'Yssel, de la Meuse;
De ce climat jadis si fatal aux Romains,
Et qui défie encor tous les efforts humains;
De ces flots suspendus où l'art soutient des rives
Pour noyer les vainqueurs dans les plaines captives;
De cent bouches par-tout si prêtes à tonner,
Qui peut se former l'ombre, et ne pas s'étonner?
Si ce peuple au secours attire l'Allemagne,
S'il joint le Mein au Tage, et l'Empire à l'Espagne,
S'il fait au Danemarck craindre pour ses deux mers,
Si contre nous enfin il ligue l'univers,
Que sera-ce? Mon roi n'en conçoit point d'alarmes;
Plus l'orage grossit, plus il y voit de charmes;
Son ardeur s'en redouble au lieu de s'arrêter;
Il veut tout reconnoître et tout exécuter,
Et, présentant le front à toute la tempête,
Agir également du bras et de la tête.
La même ardeur de gloire emporte ses sujets :
Chacun veut avoir part à ses nobles projets;
Chacun s'arme, et la France, en guerriers si féconde,

>Tot validas urbes, tot propugnacula passim
>Obvia, tot riguis arva intercisa fluentis,
>Totque lacus, tantosque. Adde et fraenata per artem
>Æquora, luctantesque adversa in claustra procellas,
>Rumpendosque obices, refluique pericula ponti.
>Quid si præterea vicino emota tumultu
>Conjurata ruat Germania, si metus acres
>Idem agitet Danos, Batavum si fraudibus orbis
>Excitus in Gallos socialibus ingruat armis?
> At neque sic Lodoïci alacer deferveat ardor :
>Ignescit magis, idem animo nosse omnia promptus,
>Et præstare manu. Simul undique buccina Martem
>Increpuit, simul agminibus coït ultima junctis
>Gallia, quod fæto bellatrix patria nusquam
>Fuderat ante sinu; ratibus simul æquora centum

Jamais sous ses drapeaux ne rangea tant de monde.
 L'Anglois couvre pour nous la mer de cent vaisseaux :
Cologne après Munster nous prête ses vassaux ;
Ces prélats, pour marcher contre des sacriléges,
De leur sacré repos quittent les priviléges,
Et pour les intérêts d'un Dieu leur souverain
Se joignent à nos lis, le tonnerre à la main.
 Cependant la Hollande entend la Renommée
Publier notre marche et vanter notre armée.
Le nautonier brutal, et l'artisan sans cœur,
Déja de sa défaite osent se faire honneur :
Cette ame du parti, cet Amsterdam, qu'on nomme
Le magasin du monde et l'émule de Rome,
Pour se flatter d'un sort à ce grand sort égal,
S'imagine à sa porte un second Annibal ;
S'y figure un Pyrrhus, un Jugurthe, un Persée ;
Et, sur ces rois vaincus promenant sa pensée,
S'applique tous ces temps où les moindres bourgeois
Dans Rome avec mépris regardoient tous les rois :
Comme si son trafic et des armes vénales
Lui pouvoient faire un cœur et des forces égales !

   Anglusque, Francusque tegunt ; ruit Itala pubes,
   Helvetiusque ferox, Bavarisque colonia signis,
   Et sacros acuens jamdudum Wesphalus enses.
   Nec bene collectæ terraque marique rapinæ
   Unius in Francæ cessissent præmia gentis :
   Tot populos inter communis præda jacere
   Debuit, Occidui populator et orbis Eoi.
    Interea Batavas crebrescit fama per urbes,
   Et propius belli fragor intonat. Ocyus omnes
   Incaluere animis, operumque ignobile vulgus
   Perpetuum tanto sperat sibi nomen ab hoste.
   Imprimis rerum illa potens, validisque superba
   Classibus, et magnæ, si dis placet, æmula Romæ
   Curia, prisca sequens Latiæ vestigia laudis,
   Porsennam ad muros iterum, Pyrrhique elephantos,

Voyons, il en est temps, fameux républicains,
Nouveaux enfants de Mars, rivaux des vieux Romains,
Tyrans de tant de mers, voyons de quelle audace
Vous détachez du toit l'armet et la cuirasse,
Et rendez le tranchant à ces glaives rouillés
Que du sang espagnol vos pères ont souillés.
 Juste ciel! me trompé-je? ou si déja la guerre
Sur les deux bords du Rhin fait bruire son tonnerre?
Condé presse Vesel, tandis qu'avec mon roi
Le généreux Philippe assiége et bat Orsoi;
Ce monarque avec lui devant Rhimbergue tonne,
Et Turenne promet Buric à sa couronne.
Quatre siéges ensemble, où les moindres remparts
Ont bravé si long-temps nos modernes Césars,
Où tout défend l'abord, (qui l'auroit osé croire!)
Mon prince ne s'en fait qu'une seule victoire.
Sous tant de bras unis il a peur d'accabler,
Et les divise exprès pour faire moins trembler;
Il s'affoiblit exprès pour laisser du courage;
Pour faire plus d'éclat il prend moins d'avantage;
Et, n'envoyant partout que des partis égaux,

  Annibalisque minas, et divitis agmina Persei,
Tot regumque clades, et tot fœcunda triumphis
Sæcla putat spatiis iterum volvenda remensis;
Demens, quæ Latii viresque animosque senatus
Mercatu simulet turpi, et venalibus armis.
Quin agite, Æneadis suppar gentis, et nova Martis
Progenies, belli ferratos rumpite postes,
Tela focis rapite, et galeas ensesque parentum
Induite, Austriacæ scabros rubigine cædis.
  Ludimur? an gemino Rheni de littore clamor
Insonuit? Jam Vesaliæ furit acer in arces
Condæus, jam Buricio Turennius instat,
Jam simul Orsoyam Lodoïx cum fratre Philippo
Rhimbergamque premunt. Quippe uni insistere lentum est
Ignavumque operi: numero neve obruat hostes,

SUR LES VICTOIRES DU ROI. 173

Il cherche à voir par-tout répondre à ses assauts.

Que te sert, ô grand roi, cette noble contrainte?
Partager tes drapeaux, c'est partager la crainte,
L'épandre en plus de lieux, et faire sous tes lois
Tomber plus de remparts et de peuple à-la-fois.
Pour t'affoiblir ainsi tu n'en deviens pas moindre;
Ta fortune par-tout sait l'art de te rejoindre :
L'effet est sûr au bras dès que ton cœur résout ;
Tu ne bats qu'une place, et tes soins vont par-tout ;
Par-tout on croit te voir, par-tout on t'appréhende,
Et tes ordres font tout, quelque chef qui commande.

Ainsi tes pavillons à peine sont plantés,
A peine vers les murs tes canons sont pointés,
Que l'habitant s'effraie, et le soldat s'étonne ;
Un bastion le couvre, et le cœur l'abandonne ;
Et le front menaçant de tant de boulevards,
De tant d'épaisses tours qui flanquent ses remparts,
Tant de foudres d'airain, tant de masses de pierre,
Tant de munitions et de bouche et de guerre,
Tant de larges fossés qui nous ferment le pas,
Pour tenir quatre jours ne lui suffisent pas.

> Partiturque aciem et curas, divisus in omnes
> Fit minor, ut paribus sese hosti accommodet armis ;
> Æquior et veniat, nec jam sine sanguine, palma.
> Parce tamen, Lodoïce, etiam divisus, ubique
> Magnus es, et spatio dum distrahis arma, timorem
> Distrahis in plures, atque omnibus ingruis absens.
> Aspice, vix arces fulserunt signa sub ipsas,
> Primaque vicino steterunt tentoria campo ;
> Jamque timor cives quatit intus, et ipse fatiscit
> Clausus adhuc miles. Non illi patria virtus,
> Aut Cereris vis ampla, aut belli immensa supellex,
> Aut vigor, aut numerus : non vivo condita saxo
> Mœnia, non plenis undantia flumina fossis
> Dant animos, acuuntve ; novo juvat obvia ferre
> Colla jugo, juvat enerves in vincula dextras,

L'épouvante domine, et la molle prudence
Court au-devant du joug avec impatience,
Se donne à des vainqueurs que rien n'a signalés,
Et leur ouvre des murs qu'ils n'ont pas ébranlés.

Misérables! quels lieux cacheront vos misères
Où vous ne trouviez pas les ombres de vos pères,
Qui, morts pour la patrie et pour la liberté,
Feront un long reproche à votre lâcheté?
Cette noble valeur autrefois si connue,
Cette digne fierté, qu'est-elle devenue?
Quand sur terre et sur mer vos combats obstinés
Brisoient les rudes fers à vos mains destinés;
Quand vos braves Nassaus, quand Guillaume et Maurice
Quand Henri vous guidoit dans cette illustre lice;
Quand du sceptre danois vous paroissiez l'appui,
N'aviez-vous que les cœurs, que les bras d'aujourd'hui?
Mais n'en réveillons point la mémoire importune;
Vous n'êtes pas les seuls, l'habitude est commune,
Et l'usage n'est plus d'attendre sans effroi
Des François animés par l'aspect de leur roi.
Il en rougit pour vous, et lui-même il a honte

<blockquote>
Necdum tentatos victori pandere muros.
 Quo fugitis, Batavi? non est satis apta triumpho
Materies, quatuor, totidem nec solibus, urbes
Hostis in imperium, peregrinaque cedere jura?
Reza quid, et vacuo patet insuper Embrica vallo?
Proh pudor! Egregios cineres, albentiaque ossa,
Proque focis quondam, pro libertate cadentum
Magnorum tumulos pedibus pulsatis avorum,
Hac quacumque fuga est. At quo gens martia vobis
Auriaci proceres, vanæque superbia mentis,
Quonam abiit? quonam ille mari tam nobilis ardor,
Et nuper Dani servatrix dextera sceptri?
Nil agimus monitis : casus malaque omnia contra
Hactenus esse viros licuit, fortesque videri :
Nunc alio res versa, neque est ignavia probro;
</blockquote>

D'accepter des sujets que le seul effroi dompte;
Et, vainqueur malgré lui sans avoir combattu,
Il se plaint du bonheur qui prévient sa vertu.

 Peuples, l'abattement que vous faites connoître
Ne fait pas bien sa cour à votre nouveau maître;
Il veut des ennemis, et non pas des fuyards
Que saisit l'épouvante à nos premiers regards :
Il aime qu'on lui fasse acheter la victoire;
La disputer si mal, c'est envier sa gloire;
Et ce tas de captifs, cet amas de drapeaux,
Ne font qu'embarrasser ses projets les plus beaux.

 Console-t'en, mon prince; s'il s'ouvre une autre voie
A te combler de gloire aussi bien que de joie :
Si ce peuple à l'effroi se laisse trop dompter,
Ses fleuves ont des flots à moins s'épouvanter.
Ils ont fait aux Romains assez de résistance
Pour en espérer une en faveur de ta France;
Et ces bords où jamais l'aigle ne fit la loi
S'oseront quelque temps défendre contre toi.
A ce nouveau projet le monarque s'enflamme,
Il l'examine, tâte, et résout en son ame;

  Ducitur in morem populis, ubi Gallicus ensis
  Imminet, et Gallos urget præsentia regis.
   Ipse autem attonitus cœpit atque omine belli
  Fortunam incusat, quod tam pernicibus alis
  Antevolet virtutem, et votis prælia desint.
  Nam neque captivi peditumque, equitumque, ducumque
  Mille greges, neque rapta placent Mavortia signa,
  Exuviæ indecores. Hostem, non vilia quærit
  Servitia, infamem censeri digna sub hastam :
  Nec prædæ sitis, at laudum generosa cupido
  Hos illum in fines, atque hæc in bella vocavit.
   Ergo tibi alterius via laudis, et altera, MAGNE,
  Alea pertentanda ; fuga tibi cessit inermi
  Degener Hollandus ; sed non sic flumina cedent,
  Romanis ut quondam, et nunc impervia Francis :

Et, tout impatient d'en recueillir le fruit,
Il part dans le silence et l'ombre de la nuit.
Des guerriers qu'il choisit l'escadron intrépide,
Glorieux d'un tel choix, et ravi d'un tel guide,
Marche incertain des lieux où l'on veut son emploi,
Mais assuré de vaincre où l'emploiera son roi.
 Le jour à peine luit, que le Rhin se rencontre;
Tholus frappe les yeux; le fort de Skeink se montre :
On s'apprête au passage, on dresse les pontons;
Vers la rive opposée on pointe les canons.
La frayeur que répand cette troupe guerrière
Prend les devants sur elle, et passe la première;
Le tumulte à la suite et sa confusion
Entraînent le désordre et la division.
La discorde effarée à ces monstres préside,
S'empare au fort de Skeink des cœurs qu'elle intimide,
Et d'un cor enroué fait sonner en ces lieux
La fureur des François et le courroux des cieux,
Leur étale des fers, et la mort préparée,
Et des autels brisés la vengeance assurée.
La vague au pied des murs à peine ose frapper,

  Hic labor, hic decus est. Stimulis ille acribus intus
Accensus, tacitumque alto sub pectore versans
Consilium, et placidæ subducens membra quieti,
Lecta virum capita et primam rapit agmina secum
Sub noctem, dux ipse operis, sociusque pericli.
Incedunt densi ordinibus per opaca viarum,
Incerti quo jussa trahant, sed vincere certi
In quoscumque trahant casus. Et jam nova cœlo
Cœperat ire dies, dubiaque albescere luce,
Insula cum Batavum, et bifidis apparuit ingens
Rhenus aquis, vacuasque acies insedit arenas
Tholusium contra, et Skinki memorabile vallum.
Nec mora, pars manibus glebas et grandia ligna,
Provisamque struem ponti, pars ærea plaustris
Fulmina convolvunt. Lacero simul horror amictu

Que le fleuve alarmé ne sait où s'échapper ;
Sur le point de se fendre, il se retient, et doute
Ou du Rhin ou du Whal s'il doit prendre la route.
  Les tremblements de l'île ouvrant jusqu'aux enfers
(Écoute, Renommée, et répète mes vers),
Le grand nom de Louis et son illustre vie
Aux Champs élysiens font descendre l'Envie,
Qui pénètre à tel point les mânes des héros,
Que, pour s'en éclaircir, ils quittent leur repos.
On voit errer par-tout ces ombres redoutables
Qu'arrêtèrent jadis ces bords impénétrables :
Drusus marche à leur tête, et se poste au fossé
Que pour joindre l'Yssel au Rhin il a tracé ;
Varus le suit tout pâle, et semble dans ces plaines
Chercher le reste affreux des légions romaines ;
Son vengeur après lui, le grand Germanicus,
Vient voir comme on vaincra ceux qu'il n'a pas vaincus :
Le fameux Jean d'Autriche, et le cruel Tolède,
Sous qui des maux si grands crûrent par leur remède ;
L'invincible Farnèse, et les vaillants Nassaus,
Fiers d'avoir tant livré, tant soutenu d'assauts,

  Et pavor, et rigidos vellens discordia crines
  Prævolat, et Skinki summas evadit in arces.
  Inde cavo stridens per propugnacula cornu,
  Intima jam patriæ labentem in viscera Francum,
  Ultores superos invictaque fata ferentem,
  Et lethum ante oculos, et ferrum, et vincula, et ignes
  Occinit. Æthereas it raucus clangor in auras,
  Insula quo longe tremit omnis, et omnibus horrens
  Pressit corda gelu ; stupet hinc atque inde refusum
  Flumen, et allapsi nota ad divortia fluctus
  Hærent ambigui quo sit fuga tutior amne,
  Quos teneant cursus, Rhenum Vahalimne sequantur.
  Quin et inaccessos fines lætumque pererrans
  Elysium, et clausos æterna nocte recessus,
  Insignes ea fama animas atque invidus ardor

Reprennent tous leur part au jour qui nous éclaire
Pour voir faire à mon roi ce qu'eux tous n'ont pu faire,
Eux-mêmes s'en convaincre, et d'un regard jaloux
Admirer un héros qui les efface tous.
   Il range cependant ses troupes au rivage,
Mesure de ses yeux Tholus et le passage,
Et voit de ces héros ibères et romains
Voltiger tout autour les simulacres vains :
Cette vue en son sein jette une ardeur nouvelle
D'emporter une gloire et si haute et si belle,
Que, devant ces témoins à le voir empressés,
Elle ait de quoi tenir tous les siècles passés :
Nous n'avons plus, dit-il, affaire à ces Bataves
De qui les corps massifs n'ont que des cœurs d'esclaves;
Non, ce n'est plus contre eux qu'il nous faut éprouver,
C'est Rome et les Césars que nous allons braver.
De vos ponts commencés abandonnez l'ouvrage,
François; ce n'est qu'un fleuve, il faut passer à nage,
Et laisser, en dépit des fureurs de son cours,
Aux autres nations un si tardif secours :
Prenez pour le triomphe une plus courte voie;
C'est Dieu que vous servez, c'est moi qui vous envoie,

      Elicit in lucem. Volitant exsanguia ripis
Heroüm simulacra, impacatique Sicambri,
Cæsareumque genus, nomenque insigne Nerones,
Effossor Drusus fluviorum ; et squalidus ora
Varus, et ultrici fervens Germanicus ira.
Tu quoque sanguineas quatiens, Albane, secures,
Tu Farnesi, atque Austriadum tu gloria, Jane,
Nassaviique : omnes dum sors et vita sinebat,
His olim insignes terrarum in finibus, omnes
Nunc unum in juvenem defixi obtutibus hærent,
Miranturque suas coram decrescere laudes.
   Ut stetit, et validos famoso in littore MAGNUS
Explicuit cuneos, Rhenumque immensa fluentem

SUR LES VICTOIRES DU ROI.

Allez, et faites voir à ces flots ennemis
Quels intérêts le ciel en vos mains a remis.

C'étoit assez en dire à de si grands courages :
Des barques et des ponts on hait les avantages ;
On demande, on s'efforce à passer des premiers :
Grammont ouvre le fleuve à ces bouillants guerriers :
Vendôme, d'un grand roi race tout héroïque,
Vivonne, la terreur des galères d'Afrique,
Briole, Chavigny, Nogent, et Nantouillet,
Sous divers ascendants montrent même souhait ;
De Termes, et Coaslin, et Soubise, et La Salle,
Et de Saulx, et Revel, ont une ardeur égale ;
Et Guitry, que la Parque attend sur l'autre bord,
Sallart et Beringhen font un pareil effort.
Je n'achèverois point si je voulois ne taire
Ni pas un commandant, ni pas un volontaire :
L'histoire en prendra soin, et sa fidélité
Les consacrera mieux à l'immortalité.
De la maison du roi l'escadre ambitieuse
Fend après tant de chefs la vague impétueuse,

In spatia, et rapido surgentem murmure vidit ;
Continuo ingentes umbræ, circumflua turba,
Heroumque altrix menti sese obtulit ætas,
Et mentem subitus calor insilit ; ardet inausum
Moliri facinus, veterumque lacessere famam
Æmulus, et priscis unum se opponere sæclis.
   Ergo pares gaudens tandem delapsus in hostes,
Nec fore cum Batavis, sed Roma et Cæsare bellum :
Ite, ait, inceptum, Franci, dimittite pontem,
Hoc egeant aliæ tardo molimine gentes ;
Certa mihi vobisque via est, hac qua via cumque
Esse potest ferro ; tumidos pervadite fluctus,
Ite, fugas Batavus inimicaque sentiet unda
Meque, Deumque ducem. Nec plura effatus, et ingens
Lætantum exoritur clamor, primique petentum
Laudem aditus : reliquos fortis GRAMMONTIUS anteit

Suit l'exemple avec joie; et peut-être, grand roi,
Avois-je là quelqu'un qui te servoit pour moi :
Tu le sais, il suffit. Ces guerriers intrépides
Percent des flots grondants les montagnes liquides.
La tourmente et les vents font horreur aux coursiers,
Mais cette horreur en vain résiste aux cavaliers;
Chacun pousse le sien au travers de l'orage;
Le péril redoublé redouble le courage;
Le gué manque, et, leurs pieds semblent à pas perdus
Chercher encor le fond qu'ils ne retrouvent plus;
Ils battent l'eau de rage, et, malgré la tempête
Qui bondit sur leur croupe et mugit sur leur tête,
L'impérieux éclat de leurs hennissements
Veut imposer silence à ses mugissements :
Le gué renaît sous eux; à leurs crins qu'ils secouent,
Des restes du péril on diroit qu'ils se jouent,
Ravis de voir qu'enfin leur pied mieux affermi,
Victorieux des flots, n'a plus qu'un ennemi.
 Tout-à-coup il se montre, et de ses embuscades

  Agmen agens equitum, loricatosque maniplos.
  Hunc et Borbonidas referens ab origine reges
  Vendocinus, Libycæque Vivonnius arbiter undæ,
  Subisiusque, Coeslinusque, et Salleus, et tu
  Thermiade, Sallartusque, et Chavinius audax,
  Et Briolus, Revelusque, et Lesdigueria proles
  Salsius, adversamque haud emersurus in oram
  Nogentus sequitur : tum Nantulietus, et ardens
  Beringhenus, et exanimes mox inter acervos
  Guitrius hostili victor sternendus arena ;
  Inde alii centum, atque alii quos æmula virtus
  Excitat. Olli alacres, quanquam refugique tremiscant
  Alipedes, ventoque tumens immugiat unda,
  Invadunt fluvium. Strictis læva instat habenis,
  Dextera sublato micat ense, nec usus in armis
  Est super. At, collum qua thorax pressior ambit,
  Ignivomos texere tubos, nitrataque flammæ

SUR LES VICTOIRES DU ROI.

Il fait pleuvoir sur eux cent et cent mousquetades;
Le plomb vole, l'air siffle, et les plus avancés
Chancellent sous les coups dont ils sont traversés.
Nogent, qui flotte encor dans les gouffres de l'onde,
En reçoit dans la tête une atteinte profonde :
Il tombe, l'onde achève, et, l'éloignant du bord,
S'accorde avec le feu pour cette double mort.
 Que vois-je? les chevaux, que leur sang effarouche,
Bouleversent leur charge, et n'ont ni frein ni bouche,
Et le fleuve grossit son tribut pour Thétis
De leurs maîtres et d'eux pêle-mêle engloutis;
Le mourant qui se noie à son voisin s'attache,
Et l'entraîne après lui sous le flot qui le cache.
Quel spectacle d'effroi, grand Dieu! si toutefois
Quelque chose pouvoit effrayer des François.
 Rien n'étonne; on fait halte, et toute la surprise
N'obtient de ces grands cœurs qu'un moment de remise,
Attendant qu'on les joigne, et qu'un gros qui les suit
Enfle leur bataillon que l'œil du roi conduit.
Le bataillon grossi gagne l'autre rivage,

> Semina, ne madido vanescant uda liquore,
> Implicuere comis et summo in vertice gestant.
> Jam sola deseruere, et jam vacua omnia nutant
> Sub pedibus; timido lymphas ruit ungula pulsu,
> Incertusque jubas sonipes quatit, et caput alto
> Arduus hinnitu : vix illum fræna coërcent
> Frendentem, et patulis ructantem naribus undas.
> His adeo incensis numero plausuque sequentum
> Ripa recedebat longe, mediumque tenebant
> Infrænum cursu vastaque voragine flumen.
> Ecce autem e latebris acies inimica repente
> Cum sonitu erumpens et barbarico ululatu,
> Adversum obvallat numeroso milite littus.
> Mox, patriam ulcisci quando pudor ultimus urget,
> Præcipitant in aquas, et certa in vulnera proni
> Sulphureum excutiunt cannis feralibus imbrem.

Fond sur ces faux vaillants, leur fait perdre courage,
Les pousse, perce, écarte, et, maître de leur bord,
Leur porte à coups pressés l'épouvante et la mort.
　Tel est sur tes François l'effet de ta présence,
Grand monarque! tels sont les fruits de ta prudence,
Qui par des feints combats prit soin de les former
A tout ce que la guerre a d'affreux ou d'amer.
Tu les faisois dès-lors à ce qu'on leur voit faire;
Et l'espoir d'un grand nom ni celui du salaire
Ne font point cette ardeur qui règne en leurs esprits :
Tu les vois, c'est leur joie, et leur gloire, et leur prix.
Tandis que l'escadron, fier de cette déroute,
Mêle au sang hollandois les eaux dont il dégoutte,
De honte et de dépit les mânes disparus
De ces bords asservis qu'en vain ils ont courus,
Y laissent à mon roi, pour éternel trophée,
Leurs noms ensevelis et leur gloire étouffée.
　Mais qu'entends-je! et d'où part cette grêle de coups?
Généreuse noblesse, où vous emportez-vous?
La troupe qu'à passer vous voyez empressée
A courir les fuyards s'est toute dispersée,

　　　Fit fragor, ignito stridens it limite plumbum
　　Nogenti in frontem, ruit ille haustusque fluento
　　Morte perit gemina : paribus cadit undique fatis
　　Turba frequens, mixtique viris, passimque soluti
　　Per medios rapiuntur equi : spumantia fervent
　　Cærula, et emotis exæstuat amnis arenis ;
　　Horrendum ! scirent si quicquam horrescere Galli.
　　　Ast illi capti insidiis subsistere primum,
　　Dum coëat latis dispersum fluctibus agmen.
　　Tum certi inter se, collectoque impete, lethi
　　Mille minas inter volucrisque tonitrua flammæ,
　　Deproperare viam, et cæco vada sternere cursu.
　　Instigant studiis socii, et spectator adurget
　　Magnus. Hic irato luctantes aspicit amni,
　　Agnoscitque suos : et quas ipse indidit artes,

SUR LES VICTOIRES DU ROI.

Et vous donnerez seuls dans ce retranchement
Où l'embûche est dressée à votre emportement;
A peine y serez-vous cinquante contre mille;
Le vent s'est abattu, le Rhin s'est fait docile,
Mille autres vont passer, et vous suivre à l'envi :
Mais je donne un avis que je vois mal suivi;
Guitry tombe par terre : ô ciel, quel coup de foudre!
Je te vois, Longueville, étendu sur la poudre;
Avec toi tout l'éclat de tes premiers exploits
Laisse périr le nom et le sang des Dunois,
Et ces dignes aïeux qui te voyent les suivre
Perdent et la douceur et l'espoir de revivre.
Condé va te venger, Condé dont les regards
Portent toute Norlinghe et Lens aux champs de Mars;
Il ranime, il soutient cette ardente noblesse
Que trop de cœur épuise ou de force ou d'adresse;
Et son juste courroux, par de sanglants effets,
Dissipe les chagrins d'une trop longue paix.

Quos animos, quas ante manus in bella, per æstus
Perque hyemes, fictis toties formavit in armis,
Nunc usu probat, et vero discrimine gaudet.
Ilicet, haud telis et adacto saucius igne
Terga dedit Batavus; cunctantem audacia victrix
Expulit. Incurrunt juvenes, ausoque potiti
Perrumpunt aditum, atque alto se gurgite tollunt
Manantes rivis, nec segnius arma frementes.
   Quæ nunc prima loquar? Famamne remota petentem
Terrarum, et plena fluviorum effracta sonantem
Claustra tuba? refugosne sua in penetralia manes,
Nudatos titulis et priscæ laudis honore?
An magis immensam bellantum ex ordine gentem;
Totaque sub signis ducibusque natantia castra,
Jam docili Rheno, jam languescentibus undis?
An potius, cæca insidias in valle parantem,
Arboribus tutum dubiisque anfractibus hostem,
Mille viros : huc immissis erumpere frænis
Nobilium impavidam, turma licet impare, pubem :

L'ennemi qui recule, et ne bat qu'en retraite,
Remet au plomb volant à venger sa défaite :
On l'enfonce. Arrêtez, héros ! où courez-vous ?
Hasarder votre sang, c'est les exposer tous ;
C'est hasarder Enghien, votre unique espérance,
Enghien, qui sur vos pas à pas égaux s'avance ;
Tous les cœurs vont trembler à votre seul aspect :
Mais le plomb n'a point d'yeux, et vole sans respect ;
Votre gauche l'éprouve. Allez, Hollande ingrate,
Plaignez-vous d'un malheur où tant de gloire éclate ;
Plaignez-vous à ce prix de recevoir nos fers ;
Trois gouttes d'un tel sang valent tout l'univers :
Oui, de votre malheur la gloire est sans seconde
D'avoir rougi vos champs du premier sang du monde ;
Les plus heureux climats en vont être jaloux ;
Et quoi que vous perdiez, nous perdons plus que vous.
    La Hollande applaudit à ce coup téméraire :
Le François indigné redouble sa colère ;
Contre elle Knosembourg ne dure qu'une nuit ;

> Scrutarique vepres gladio, palisque revulsis
> Cominus extremos Batavum stimulare furores ?
> Audio displosos inimicæ grandinis ictus,
> Pugnantumque minas, suspiriaque ægra cadentum.
> Tene etiam in mediis, LONGAVILLÆE, jacentem,
> Tecum atavos, tecum ah ! nomen Dunense sepultum
> Aspicio ? tene angustis in rebus, iniquo
> Congressos numero proceres, juveniliaque ausa
> Sustentantem animis video, CONDÆE ? feraque
> Strage virum longæ redimentem tædia pacis ?
> Qua ruis, impulsos repetito vulnere cædis
> Obstantum cuneos ; qua non ruis, ignea vultus
> Fulgura semotos etiam sine vulnere cædunt :
> Multa oculis Norlinga, et Lentia multa recursat.
> Nec jam audent conferre manum, tantum eminus imbrem
> Fatiferum ingeminant. Ah ! te ne ferrea lædat
> Tempestas ! neu te, neu tecum passibus æquis
> Currentem Enguineum tantis immitte periclis.

SUR LES VICTOIRES DU ROI.

Arnheim, qui l'ose attendre, en deux jours est réduit;
Et ce fort merveilleux sous qui l'onde asservie
Arrêta si long-temps toute la Batavie,
Qui de tous ses vaillants onze mois fut l'écueil,
L'inaccessible Skeink coûte à peine un coup d'œil.

Que peut Orange ici pour essais de ses armes,
Que dérober sa gloire aux communes alarmes,
Se séparer d'un peuple indigne d'être à lui,
Et dédaigner des murs qui veulent notre appui?

La rive de l'Yssel si bien fortifiée,
Par ce juste mépris à nos mains confiée,
Ne trouve parmi nous que des admirateurs
De ses retranchements et de ses déserteurs.

Yssel trop redouté, qu'ont servi tes menaces?
L'ombre de nos drapeaux semble charmer tes places :
Loin d'y craindre le joug, on s'en fait un plaisir;
Et sur tes bords tremblants nous n'avons qu'à choisir.
Ces troupes qu'un beau zèle à nos destins allie
Font dans l'Over-Yssel régner la Westphalie;
Et Grolle, Zwol, Kempen, montrent à Deventer
Qu'il doit craindre à son tour les bombes de Munster.
Louis porte à Doësbourg sa majesté suprême,
Et fait battre Zutphen par un autre lui-même :

> Heu scelus! infami violatur pervia glande
> Læva manus. Victas, Batavi, ne plangite ripas,
> Concisasque acies, et cæde natantia rura.
> Borbonio maduit tellus captiva cruore :
> Hoc vinci decuit pretio, cladisque pudorem
> Eluit, hic vestro commixtus sanguine sanguis.
>   Non impune tamen, nec erit sine vindice vulnus.
> Crudescunt iræ Francorum, et promptius arces
> Itur in adversas. Vix Knozemburgica noctem,
> Vix lucem geminam Arnhemum, vix detinet unam
> Ille olim Batavæ scopulus virtutis, et unus
> Undecimum in mensem belli mora, Skinkius agger.

L'un ouvre, l'autre traite, et soudain s'en dédit :
De ce manque de foi Philippe le punit,
Jette ses murs par terre, et le force à lui rendre
Ce qu'une folle audace en vain tâche à défendre.
Ces colosses de chair robustes et pesants
Admirent tant de cœur en de si jeunes ans ;
D'un héros dont jamais ils n'ont vu le visage
En cet illustre frère ils pensent voir l'image,
L'adorent en sa place, et, recevant sa loi,
Reconnoissent en lui le sang d'un si grand roi.
Ainsi, lorsque le Rhin, maître de tant de villes,
Fier de tant de climats qu'il a rendus fertiles,
Enflé des eaux de source et des eaux de tribut,
Approche de la mer que sa course a pour but,
Pour s'acquérir l'honneur d'enrichir plus de monde,

Ipse fugam Auriacus te tergo inopinus inhærens
Præripiat victor, versis prius occupat armis,
Hostiles etiam ante minas : deserta patescunt
Munimenta Isalæ, et fragili congestus arena
Cespitibusque labor Gallo fit ludus inermi.
Hinc Isalæ impositas idem rapit impetus urbes,
Kempenque Zwolamque : jugum Daventria felix
Pastorale subit, Grollæque exterrita casu
Wesphalicum avertit tectis flagrantibus ignem.
Fulminat ante alios Lodoïcus, et edita Druso
Mœnia Dosburgi proprio dum numine terret ;
Lectam aciem tradens et prospera fata PHILIPPO,
Zutphaniæ quassat fraterno numine muros.
His ille auspiciis commixtoque agmine lætus
Nutantem, inque ipsa jam deditione rebellem
Castigat populum. Mirantur inertia vulgi
Pectora robustis nequicquam obducta lacertis,
Tantum animi, tantas tam pulchro in corpore vires
Tam vigiles numeri cœpta ad castrensia curas :
Heroumque genus, regemque in fratre pavescunt.
Sic postquam anfractu vario centumque volutus
Urbibus, extremum properat jam Rhenus in orbem ;
Nativisque tumens et vectigalibus undis

SUR LES VICTOIRES DU ROI. 187

Il prête au Whal, son frère, une part de son onde ;
Le Whal, qui porte ailleurs cet éclat emprunté,
En soutient à grand bruit toute la majesté,
Avec pareil orgueil précipite sa course,
Montre aux mêmes effets qu'il vient de même source,
Qu'il a part aux grandeurs de son être divin,
Et sous un autre nom fait adorer le Rhin.

Qu'il m'est honteux, grand roi, de ne pouvoir te suivre
Dans Nimègue qu'on rend, dans Utrecht qu'on te livre,
Et de manquer d'haleine alors qu'on voit la foi
Sortir de ses cachots, triompher avec toi,
Et, de ses droits sacrés par ton bras ressaisie,
Chez tes nouveaux sujets détrôner l'hérésie !
La victoire s'attache à marcher sur tes pas,

    Germanum in Vahalim diviso gurgite fluctus
Exonerat : sonat ille vadis, fratisque timenda
Majestate ferox, fremitumque imitatus et iras,
Communes probat æternis e fontibus ortus,
Et divum Deus ipse refert, aliisque colendum
Ostentat populis alio sub nomine Rhenum.
    Nec satis est animos passim trepidare labantes,
Inque novos mores urbes transire coactas :
Sub juga jam totis regionibus itur.
Cessit et austrini latus æquoris, ardua cessit
Neumagus, et magnæ trajectum nobile gentis
Tota adeo cum gente caput. Micat eruta fracto
Carcere religio, festaque per oppida pompa
Fœda situ longo patrum delubra revisens
Expiat : erepta fugiunt mendacia larva.
Francum urbes, Francum arva sonant, Francum alta volutant
Littora : discordi convellitur Haga tumultu :
Et vinci impatiens, prodi se curia jactat.
Nulla fides : Gallus jam quisque nocensque putatur
Ni furat in proceres, et vulgi exempla secutus
Sese odiis turpique probet formidine civem :
Nec furiis modus. Ipsa manu subvertere claustra
Admissoque tubet sola naufraga mergere ponto :
Et miseris ea visa salus. Labor omnibus, aurum

Et ton nom seul consterne aux lieux où tu n'es pas.
Amsterdam et La Haye en redoutent l'insulte ;
L'un t'oppose ses eaux, l'autre est tout en tumulte :
La noire politique a des secrets ressorts
Pour y forcer le peuple aux plus injustes morts ;
Les meilleurs citoyens aux mutins sont en butte :
L'ambition ordonne, et la rage exécute ;
Et qui n'ose souscrire à leurs sanglants arrêts,
Qui s'en fait un scrupule, est dans tes intérêts :
Sous ce cruel prétexte on pille, on assassine ;
Chaque ville travaille à sa propre ruine ;
Chacun veut d'autres chefs pour calmer ses terreurs.
Laisse-les, grand vainqueur, punir à leurs fureurs ;

>Defodere, inque alios subvectum avertere fines ;
>Et servire leve est, dum ne victoris in usus
>Tot captiva cadant aggestæ pondera gazæ :
>Tanta fames auri, veræque oblivio laudis !
>At non idem animus tamen omnibus, aut furor idem :
>Sunt qui fraude suis quærant solatia rebus.
>Ergo pacem alii verbis et supplice cultu,
>Victoris fusi ante pedes, veniamque precantur
>Exosi veniam, legesque eludere certi :
>Bella alii, sociasque aquilas, fœdusque minantur,
>Martis inexperti, peregrino at marte feroces.
>   Nec regem latuere doli : fallacia gentis
>Vota, levesque minas, paci belloque paratus
>Despicit : Et veniæ sic nomine noditis, inquit ?
>Nec venia, Batavi, nec vos dignabimur ira.
>Nam quid iners ultra, socii, nos detinet hostis ?
>Parcamus ferro : Franca cecidisse superbum est
>Regalique manu : proprio ruat ipse furore,
>Vertat et imbellem scelerata in viscera dextram.
>Hostibus haud aliis, alioque haud funere dignus.
>Dixit, et excitum stygiis e faucibus agmen,
>Civilesque trahens secum discordia pestes,
>Infaustas populat, quibus heros abstinet, oras,
>Hic patriæ fines, votisque vocantia regna
>Securus rerum spoliisque revisit onustus.

Laisse leur barbarie arbitre de la peine
D'un peuple qui ne vaut ni tes soins ni ta haine :
Et, tandis qu'on s'acharne à s'entre-déchirer,
Pour quelques mois ou deux laisse-moi respirer.

VIII.

SONNET[1]

SUR LA PRISE DE MASTRICHT.

Grand roi, Mastricht est pris, et pris en treize jours !
Ce miracle étoit sûr à ta haute conduite,
Et n'a rien d'étonnant que cette heureuse suite
Qui de tes grands destins enfle le juste cours.

La Hollande, qui voit du reste de ses tours
Ses amis consternés, et sa fortune en fuite,
N'aspire qu'à baiser la main qui l'a détruite,
Et fait de tes bontés son unique recours.

Une clef qu'on te rend t'ouvre quatre provinces ;
Tu ne prends qu'une place, et fais trembler cent princes ;
De l'Escaut jusqu'à l'Èbre en rejaillit l'effroi.

Tout s'alarme ; et l'Empire à tel point se ménage,

      Intremuit tellus, abeuntique alta Genapi
      Culmina, et irrigui princeps Bommelia tractus,
      Et Vornum, et Gravia, et Crepicordi nobile vallum
      Se simul advolvere, et iter stravere ruina.

[1] Ce sonnet fut imprimé en 1674, dans le *Mercure galant*.

Qu'à son aigle lui-même il ferme le passage
Dès que son vol jaloux ose tourner vers toi.

IX.

AU ROI,

SUR SON DÉPART POUR L'ARMÉE, EN 1676.

PIÈCE IMITÉE D'UNE ODE LATINE DU P. LUCAS, JÉSUITE[1].

Le printemps a changé la face de la terre ;
Il ramène avec lui la saison de la guerre,
Et nos champs reverdis font renaître, grand roi,
En ton cœur martial des soins dignes de toi.
La trompette a sonné ; ton armée intrépide,
Prête à marcher, te demande pour guide,
Et tous ses escadrons sur ta frontière épars,

[1] REGI,

AD EXERCITUM INEUNTE VERE PROFICISCENTI,

ODE.

AUCTORE P. LUCAS, SOCIETATIS JESU.

Frugiferis rediere sua vice gramina campis,
    Dudumque fixa postibus
      Deripere arma jubet
Ver, bona tempestas bello. Nunc, maxime regum,
    Permitte dignis pectora
      Sollicitudinibus.
Ut litui strepuere, coit procul excita pubes
    Audere quidlibet ferox,
      Auspice te, duce te.
Posceris : en pendent centum tibi mille tuorum

SUR LES VICTOIRES DU ROI.

    Ambitionnent tes regards.
Joins ta présence et tes destins propices
Au zèle impatient qui presse leurs efforts ;
Daigne servir de tête et d'ame à ce grand corps,
    Et sous tes illustres auspices
Ses bras feront pleuvoir d'inévitables morts.
Que je plains votre aveugle et folle confiance,
Obstinés ennemis de nos plus doux souhaits,
    Qu'enorgueillit une triple alliance
Jusques à dédaigner les bontés de la France !
Que de pleurs, que de sang, que de cuisants regrets,
    Vous va coûter ce refus de la paix !
        Son vengeur à partir s'apprête,
        Cent lauriers lui ceignent la tête,
Cent lauriers que sa main elle-même a cueillis
Sur autant de vos murs foudroyés par ses lis.
Bellone, qui l'attend au sortir de son Louvre,
Veut tracer à ses pas la carrière qu'elle ouvre ;
Son zèle, impatient d'arborer ce grand nom,
Pour conduire son char s'empare du timon :

        Exertæ in ictus dexteræ.
          His caput, his animam,
Fortunamque tuam, et præsentes adjice divos ;
        Audes, volabunt ilicet
          Tela ministra necis,
Grandinis in morem ; et nutus haud tarda regentis,
        Audire, quod minaberis
          Cumque, simul ferient.
O multum nobis dolituri pace negata
        Nunc insolentes Austrii
          Fœdere tergemino :
Mox aderit vindex. Olli pro casside laurus,
        Centena quam nuper dabant
          Oppida capta manu.
Non ut Threicio tunica est adamantina Marti :
        Hunc una magnæ protegit

D'un prompt et sûr triomphe écoutez le prélude,
Et par quels vœux poussés tous à-la-fois
De ses heureux sujets la noble inquiétude
 Hâte ses glorieux exploits.
Pars, grand monarque, et vole aux justes avantages
Que te promet l'ardeur de tant de grands courages :
 C'est ce que dit toute sa cour :
Pars, grand monarque, et vole aux conquêtes nouvelles
Dont te répond l'amour de tant de cœurs fidèles :
 C'est ce que dit tout Paris à son tour.
Il part; et la frayeur, chez les siens inconnue,
Annonce en même temps parmi vous sa venue :
La victoire le suit dans une majesté
 Dont l'inexorable fierté
 Semble du ciel autorisée
A venger le mépris d'une paix refusée
 Avec tant de témérité.
 Et, commençant par un miracle,
Bellone fait par-tout retentir cet oracle :
« Ennemis de la paix, vous la voudrez trop tard :
« Le ciel ne peut aimer ceux qui troublent la terre;

   Martia vis animæ.
 Nulla mora est : addicta tibi, Lodoïce, jugales
   Bellona jungit igneos
   Ante fores Luparæ.
Teque jubet medio sublimem insistere curru,
   Et ambit aurigæ locum
   Cedere læta suo.
Jam tenso temone rotæ crepat orbitat primæ ;
   I, perge, terror Austriæ,
   Præsidiumque tuis,
Clamat venturis præludens aula triumphis :
   I, perge, sed nostri memor,
   Ut citius redeas,
Aulæ non unquam discors Lutetia clamat.
   Hæc inter, Euris ocyor

« Et, je vous le dis de sa part,
« La guerre punira ceux qui veulent la guerre. »
L'Anglois avec chaleur souscrit à cet arrêt;
Au belliqueux Suédois également il plaît;
Le Danois en frémit, Brandebourg s'en alarme;
　　Et pour nos François c'est un charme
Qui laisse leur esprit d'autant plus satisfait
Que c'est à leur valeur d'en faire voir l'effet.
Déja le Rhin pâlit, la Meuse s'épouvante,
Et l'Escaut, dont le front jaune et cicatrisé
Porte empreints les grands coups dont il s'est vu brisé,
　Craint une plaie encor plus étonnante,
　　Et cache au plus creux de ses eaux
　　Sa tête de nouveau tremblante
　　Pour le reste de ses roseaux.

　　　　Per tremefacta sola
　　It currus; pavor antevolat, victoria pacis
　　　　Ultra contemptum decus
　　　　Pone fremens sequitur.
　　Quaque via est, Bellona truci intonat ore:
　　　　Belli ferent dispendia
　　　　　Quos fera bella juvant:
　　Et fœdus sanxisse volent. Lætum accipit omen
　　　　Sequester Anglus fœderis;
　　　　　Accipit Hermioni,
　　Et levibus Danis infensa Suecia; miles
　　　　Hoc noster omen accipit,
　　　　　Quod dabit ipse ratum.
　　Et jam Mosa tremit, jam pallet Rhenus, et alto,
　　　　Qua parte nec noster fluit,
　　　　　Gurgite Scaldis amat
　　Occulisse caput, non uno vulnere quassum,
　　　　Et ante vulsis haud semel
　　　　　Depile arundinibus.

X.

VERS PRÉSENTÉS AU ROI,

SUR SA CAMPAGNE DE 1676.

Ennemis de mon roi, Flandre, Espagne, Allemagne,
Qui croyiez que Bouchain dût finir sa campagne,
Et n'avanciez vers lui que pour voir comme il faut
Régler l'ordre d'un siége, ou livrer un assaut ;
Ne vous fatiguez plus d'études inutiles
A prendre ses leçons quand il vous prend des villes ;
N'y perdez plus de temps : ses François aujourd'hui
Sont les disciples seuls qui soient dignes de lui,
Et nul autre n'a droit à ces nobles audaces
D'embrasser son exemple et marcher sur ses traces.
 Lassés de toujours perdre, et fiers de son retour,
Vous vous étiez promis de vaincre à votre tour ;
Vous aviez espéré de voir par son absence
Nos troupes sans vigueur, et nos murs sans défense :
Mais vous n'aviez pas su qu'un courage si grand
De loin comme de près sur les siens se répand ;
De loin comme de près sa prudence les guide ;
De loin comme de près son destin y préside.
Les rois savent agir tout autrement que nous ;
Souvent sans être en vue ils frappent les grands coups.
Dieu lui-même, ce Dieu dont ils sont les images,
De son trône en repos fait partir les orages,
Et jouit dans le ciel de sa gloire et de soi,
Tandis que sur la terre il remplit tout d'effroi.

SUR LES VICTOIRES DU ROI.

Mon prince en use ainsi ; ses fêtes de Versailles
Lui servent de prélude à gagner des batailles,
Et d'un plaisir pompeux l'éclat rejaillissant
Dissipe vos projets en le divertissant.

Muses, l'aviez-vous cru, vous qui faites les vaines
De prévoir l'avenir des fortunes humaines,
D'en percer le plus sombre et le plus épineux?
Aviez-vous deviné que ce parc lumineux,
Ces belles nuits sans ombre avec leurs jours d'applique,
Préparoient à vos chants un objet héroïque?
Dans ces délassements où tant d'art a paru,
Voyez-vous Aire prise, et Mastricht secouru?
C'étoit là toutefois, c'étoit l'heureuse suite
Qu'y destinoit dès-lors son auguste conduite.
Dans ce brillant amas de feux et de beautés,
Sa grande ame s'ouvroit à ses propres clartés ;
Au milieu de sa cour au spectacle empressée,
La guerre s'emparoit de toute sa pensée ;
Et ce qui ne sembloit que nous illuminer
Lui montroit des remparts ailleurs à fulminer.
J'en prends Aire à témoin, et les mers de Sicile,
L'esprit de liberté qui règne en toute l'île,
L'ame du grand Ruyter, et ses vaisseaux froissés,
Sous l'abri de Sardaigne à peine ramassés.

Votre orgueil s'en console, ennemis de la France,
A revoir Philisbourg sous votre obéissance ;
L'empereur et l'Empire, unis à l'investir,
Enfin au bout d'un an ont su l'assujettir :
Mais l'effort d'une ligue en guerriers si féconde
Devoit y consumer moins de temps et de monde.
Il falloit, en dépit des plus hardis secours,
Comme notre Condé, le prendre en onze jours ;
Et vous déshonorez vos belles destinées

Quand l'œuvre d'onze jours vous coûte des années.
Cependant à vos yeux, et dans le même été,
Aire, Condé, Bouchain, n'ont presque rien coûté;
Et Mastricht voit tourner vos desseins en fumée,
Quand ce qu'il vous en coûte auroit fait une armée.
Ainsi, bien que la prise ait suivi le blocus,
Que devant Philisbourg nous paroissions vaincus,
Si pour rendre à vos lois cette place fameuse
Le Rhin vous favorise au refus de la Meuse,
Si pour d'autres exploits il anime vos bras,
Pour un peu de bonheur ne nous insultez pas;
Et sur-tout gardez-vous de le croire si ferme,
Que vous vous dispensiez de trembler pour Palerme,
Pour Ypres, pour Cambrai, Saint-Omer, Luxembourg;
Tremblez même déja pour votre Philisbourg.
Le nom seul de mon roi vous est par-tout à craindre:
A triompher de vous cessez de le contraindre;
Et jusques à la paix qu'il vous offre en héros,
Craignez sa vigilance, et même son repos.

XI.

SUR LES VICTOIRES DU ROI,

EN L'ANNÉE 1677.

Je vous l'avois bien dit, ennemis de la France,
Que pour vous la victoire auroit peu de constance,
Et que de Philisbourg à vos armes rendu
Le pénible succès vous seroit cher vendu.
A peine la campagne aux zéphyrs est ouverte,
Et trois villes déja réparent notre perte;

Trois villes dont la moindre eût pu faire un état,
Lorsque chaque province avoit son potentat;
Trois villes qui pouvoient tenir autant d'années,
Si le ciel à Louis ne les eût destinées :
Et comme si leur prise étoit trop peu pour nous,
Mont-Cassel vous apprend ce que pèsent nos coups.

 Louis n'a qu'à paroître, et vos murailles tombent;
Il n'a qu'à donner l'ordre, et vos héros succombent :
Et tandis que sa gloire arrête en d'autres lieux
L'honneur de sa présence et l'effort de ses yeux,
L'ange de qui le bras soutient son diadème
Vous terrasse pour lui par un autre lui-même;
Et Dieu, pour lui donner un ferme et digne appui,
Ne fait qu'un conquérant de Philippe et de lui.

 Ainsi quand le soleil fait naître un parélie,
La splendeur qu'il lui prête à la sienne s'allie;
Leur hauteur est égale, et leur éclat pareil;
Nous voyons deux soleils qui ne sont qu'un soleil;
Sous un double dehors il est toujours unique,
Seul maître des rayons qu'à l'autre il communique;
Et ce brillant portrait qu'illuminent ses soins
Ne brilleroit pas tant, s'il lui ressembloit moins.

 Mais c'est assez, grand roi, c'est assez de conquêtes :
Laisse à d'autres saisons celles où tu t'apprêtes;
Quelque juste bonheur qui suive tes projets,
Nous envions ta vue à tes nouveaux sujets.
Ils bravent tes drapeaux, tes canons les foudroient,
Et pour tout châtiment tu les vois, ils te voient :
Quel prix de leur défaite! et que tant de bonté
Rarement accompagne un vainqueur irrité!
Pour nous, qui ne mettons notre bien qu'en ta vue,
Venge-nous du long temps que nous l'avons perdue;
Du vol qu'ils nous en font viens nous faire raison;

Ramène nos soleils dessus notre horizon.
Quand on vient d'entasser victoire sur victoire,
Un moment de repos fait mieux goûter la gloire;
Et, je te le redis, nous devenons jaloux
De ces mêmes bonheurs qui t'éloignent de nous.
S'il faut combattre encor, tu peux, de ton Versailles,
Forcer des bastions et gagner des batailles;
Et tes pareils, pour vaincre en ces nobles hasards,
N'ont pas toujours besoin d'y porter leurs regards.
 C'est de ton cabinet qu'il faut que tu contemples
Quel fruit tes ennemis tirent de tes exemples,
Et par quel long tissu d'illustres actions
Ils sauront profiter de tes instructions.
 Passez, héros, passez; venez courir nos plaines;
Égalez en six mois l'effet de six semaines :
Vous seriez assez forts pour en venir à bout,
Si vous ne trouviez pas notre grand roi par-tout;
Par-tout vous trouverez son ame et son ouvrage,
Des chefs faits de sa main, formés de son courage,
Pleins de sa haute idée, intrépides, vaillants,
Jamais presque assaillis, toujours presque assaillants;
Par-tout de vrais François, soldats dès leur enfance,
Attachés au devoir, prompts à l'obéissance;
Par-tout enfin des cœurs qui savent aujourd'hui
Le faire par-tout craindre, et ne craindre que lui.
 Sur le zèle, grand roi, de ces ames guerrières
Tu peux te reposer du soin de tes frontières,
Attendant que leur bras, vainqueur de tes Flamands,
Mêle un nouveau triomphe à tes délassements;
Qu'il réduise à la paix la Hollande et l'Espagne,
Que par un coup de maître il ferme ta campagne;
Et que l'aigle jaloux n'en puisse remporter
Que le sort des lions que tu viens de dompter.

XII.

AU ROI,

SUR LA PAIX DE 1678.

Ce n'étoit pas assez, grand roi, que la victoire
A te suivre en tous lieux mît sa plus haute gloire;
Il falloit, pour fermer ces grands événements,
Que la paix se tînt prête à tes commandements.
A peine parles-tu, que son obéissance
Convainc tout l'univers de ta toute-puissance,
Et le soumet si bien à tout ce qu'il te plaît,
Qu'au plus fort de l'orage un plein calme renaît.
  Une ligue obstinée aux fureurs de la guerre
Mutinoit contre toi jusques à l'Angleterre :
Ses projets tout-à-coup se sont évanouis;
Et, pour toute raison, AINSI LE VEUT LOUIS.
Ce n'est point une paix que l'impuissance arrache,
Et dont l'indignité sous de faux jours se cache;
Pour la donner à tous ne consulter que toi,
C'est la résoudre en maître, et l'imposer en roi;
Et c'est comme un tribut que tes vaincus te rendent,
Sitôt que par pitié tes bontés le commandent.
  Prodige! ton seul ordre achève en un moment
Ce qu'en sept ans Nimègue a tenté vainement :
Ce que des députés la fameuse assemblée,
D'intérêts opposés trop souvent accablée,
Ce que n'espéroit plus aucun médiateur,
Tu le fais par toi-même, et le fais de hauteur.

On l'admire avec joie; et, loin de t'en dédire,
Tes plus fiers ennemis s'empressent d'y souscrire :
Un zèle impatient de t'avoir pour soutien
Réduit leur politique à ne contester rien.
Ils ont vu tout possible à tes ardeurs guerrières,
Et, sûrs que ta justice y mettra des barrières,
Qu'elle se défendra de rien garder du leur,
Ils la font seule arbitre entre eux et ta valeur.

Qu'il t'épargne de sang, Espagne! il te veut rendre
Des villes qu'il faudroit tout un siècle à reprendre;
Il en est en Hainaut, en Flandre, que son choix,
En t'imposant la paix, remettra sous tes lois :
Mais au commun repos s'il fait ce sacrifice,
En tous tes alliés il veut même justice,
Et qu'aux lois qu'il se fait leurs intérêts soumis
Ne laissent aucun lieu de plainte à ses amis.

O vous qu'il menaçoit, et qui vous teniez prêtes
A l'infaillible honneur d'être de ses conquêtes,
Places dignes de lui, Mons, Namur, plaignez-vous :
La paix vous ôte un maître à préférer à tous;
Et Louis au vieux joug vous laisse condamnées,
Quand vous vous promettiez nos bonnes destinées.

Heureux, au prix de vous, Ypres et Saint-Omer!
Ils ont eu comme vous de quoi les alarmer;
Ils ont vu comme vous leur campagne fumante
Faire passer chez eux la faim et l'épouvante :
Mais pour cinq ou six jours que ces maux ont duré,
Ils ont mon roi pour maître, et tout est réparé.

Ainsi fait le bonheur de l'Égypte inondée
Du Nil impétueux la fureur débordée;
Ainsi les mêmes flots qu'elle fait regorger
Enrichissent les champs qu'il vient de ravager.

Consolez-vous pourtant, places qu'il abandonne,

SUR LES VICTOIRES DU ROI.

Qu'il semble dédaigner d'unir à sa couronne;
Charles, dont vous aurez à recevoir les lois,
Voudra d'un si grand maître apprendre l'art des rois,
Et vous verrez l'effort de sa plus noble étude
S'attacher à le suivre avec exactitude.
  Magnanime Dauphin, n'en soyez point jaloux
Si jamais on le voit s'élever jusqu'à vous;
Il pourra faire un jour ce que déja vous faites,
Être un jour en vertus ce que déja vous êtes;
Mais exprimer au vif ce grand roi tout entier,
C'est ce qu'on ne verra qu'en son digne héritier :
Le privilége est grand, et vous serez l'unique
A qui du juste ciel le choix le communique.
  J'allois vous oublier, Bataves généreux,
Vous qui sans liberté ne sauriez vivre heureux,
Et que l'illustre horreur d'un avenir funeste
A fait de l'alliance ébranler tout le reste.
En ce grand coup d'état si long-temps balancé,
Si tout ce reste suit, vous avez commencé;
Et Louis, qui jamais n'en perdra la mémoire,
Se promet de vous rendre à toute votre gloire;
De rétablir chez vous l'entière liberté,
Mais ferme, mais durable à la postérité,
Et telle qu'en dépit de leurs destins sévères
Vos aïeux opprimés l'acquirent à vos pères.
M'en désavoueras-tu, grand roi, si je le dis?
Me pardonneras-tu, si par-là je finis?
  Mille autres te diront que pour ce bien suprême,
Vainqueur de toutes parts, tu t'es vaincu toi-même;
Ils diront à l'envi les bonheurs que la paix
Va faire à gros ruisseaux pleuvoir sur tes sujets;
Ils diront les vertus que vont faire renaître
L'observance des lois et l'exemple du maître,

Le rétablissement du commerce en tous lieux,
L'abondance partout répandue à nos yeux,
Le nouveau siècle d'or qu'assure ton empire,
Et le diront bien mieux que je ne le puis dire.
 Moi, pour qui ce beau siècle est arrivé si tard
Que je n'y dois prétendre ou point ou peu de part;
Moi, qui ne le puis voir qu'avec un œil d'envie
Quand il faut que je songe à sortir de la vie;
Je n'ose en ébaucher le merveilleux portrait,
De crainte d'en sortir avec trop de regret.

FIN.

LOUANGES

DE

LA SAINTE VIERGE.

AU LECTEUR.

Cette pièce se trouve imprimée sous le nom de saint Bonaventure, à la fin de ses OEuvres. Plusieurs doutent si elle est de lui, et je ne suis pas assez savant en son caractère pour en juger. Elle n'a pas l'élévation d'un docteur de l'Église; mais elle a la simplicité d'un saint, et sent assez le zèle de son siècle, où, dans les hymnes, proses, et autres compositions pieuses que l'on faisoit en latin, on recherchoit davantage les heureuses cadences de la rime que la justesse de la pensée. L'auteur de celle-ci a voulu trouver l'image de la Vierge en beaucoup de figures du vieil et du nouveau Testament : les applications qu'il en a faites sont quelquefois un peu forcées; et, quelque aide que j'aye tâché de lui prêter, la figure n'a pas toujours un entier rapport à la chose. Je me suis réglé à rendre chacun de ses huitains par un dizain ; mais je ne me suis pas assujetti à les faire tous de la même mesure : j'y ai mêlé des vers longs et courts, selon que les expressions en ont eu besoin, pour avoir plus de conformité avec l'original, que j'ai tâché de suivre fidèlement. Vous y en trouverez d'assez passables, quand l'occasion s'en est offerte; mais elle ne s'est pas offerte si souvent que je l'aurois souhaité pour votre satisfaction. Si ce coup d'essai ne déplaît pas, il m'enhardira à donner de temps en temps au public des ouvrages de cette nature, pour satisfaire en quelque sorte à l'obligation que nous avons tous d'employer à la gloire de Dieu du moins une partie des talents que nous en avons reçus. Il ne faut pas toutefois attendre de moi, dans ces sortes de matières, autre chose que des traductions ou des paraphrases. Je suis si peu versé dans la théologie et dans la dévotion, que je n'ose me fier à moi-même quand il en faut parler : je les regarde comme des routes inconnues, où je m'égarerois aisément, si je ne m'assurois de bons guides ; et ce n'est pas sans beaucoup de confusion que je me sens un esprit si fécond pour les choses du monde, et si stérile pour celles de Dieu. Peut-être l'a-t-il ainsi voulu pour me donner d'autant plus de quoi m'humilier devant lui, et rabattre cette vanité si naturelle à ceux qui se mêlent d'écrire, quand ils ont eu quelque succès avantageux. En attendant qu'il lui plaise m'inspirer et m'attirer plus fortement, je vous fais cet aveu sincère de ma foiblesse, et ne me hasarderai à vous rien dire de lui que je n'emprunte de ceux qu'il a mieux éclairés.

LOUANGES

DE

LA SAINTE VIERGE[1].

Accepte notre hommage, et souffre nos louanges,
    Lis tout céleste en pureté,
    Rose d'immortelle beauté,
Vierge, mère de l'humble et maîtresse des anges;
Tabernacle vivant du Dieu de l'univers,
Contre le dur assaut de tant de maux divers
Donne-nous de la force, et prête-nous ton aide;
    Et jusqu'en ce vallon de pleurs
Fais-en du haut du ciel descendre le remède,
Toi qui sais excuser les fautes des pécheurs.

O vierge sans pareille, et de qui la réponse
Mérita de porter et conçut Jésus-Christ,
Sitôt que Gabriel t'eut fait l'heureuse annonce
Qu'en un souffle sacré suivit le Saint-Esprit;
Vierge devant ta couche, et vierge après ta couche,
Montre en notre faveur que la pitié te touche,
Qu'aucun refuge à toi ne se peut égaler;
Et comme notre vie, en disgraces fertile,
Durant son triste cours incessamment vacille,
Incessamment aussi daigne nous consoler.

---

[1] Composées en rimes latines par S. Bonaventure, et mises en vers françois par P. Corneille. Paris, 1665, in-12.

L'esprit humain se trouble au nom de vierge mère,
L'orgueil de la raison en demeure ébloui ;
De la vertu d'en-haut ce chef-d'œuvre inouï
Pour leurs vaines clartés est toujours un mystère :
La foi, dont l'humble vol perce au-delà des cieux,
Pour cette vérité trouve seule des yeux,
Seule, en dépit des sens, la connoît, la confesse ;
Et le cœur, éclairé par cette aveugle foi,
Voit avec certitude, et soutient sans foiblesse,
Qu'un Dieu pour nous sauver voulut naître de toi.

Prodige qui renverse et confond la nature !
Le père de sa fille est le fils à son tour ;
Une étoile ici-bas met le soleil au jour ;
Le Créateur de tout naît d'une créature :
La source part ainsi de son propre ruisseau ;
L'ouvrier est produit par le même vaisseau
  Que sa main a formé de terre :
Et, toujours vierge et mère, un accord éternel
De ces deux noms en toi, qui par-tout sont en guerre,
Fait grace, et rend la vie à l'homme criminel !

  Que pures étoient les entrailles
Où s'enferma ce fils qui tient tout en sa main,
Et que de sainteté régnoit au chaste sein
  Que suça ce Dieu des batailles !
Que ce lait qu'il en prit fut doux et savoureux,
  Et que seroit heureux
Un cœur qui s'en verroit arrosé d'une goutte !
O mère qui peux tout, prends soin de notre sort,
Guide nos pas tremblants jusqu'au bout de leur route,
Et sauve-nous des maux de l'éternelle mort !

Rose sans flétrissure et sans aucune épine,

DE LA SAINTE VIERGE.

Rose incomparable en fraîcheur,
Rose salutaire au pécheur,
Rose enfin toute belle, et tout-à-fait divine ;
La Grâce, dont jadis la prodigalité
Versa tous ses trésors sur ta fécondité,
N'a fait et ne fera jamais rien de semblable :
Par elle on te voit reine et des cieux et des saints ;
Par elle sers ici de remède au coupable,
Et seconde l'effort de nos meilleurs desseins.

Que d'énigmes en l'Écriture
T'offrent sous un voile à nos yeux !
L'esprit qui la dicta s'y plut en mille lieux
A nous tracer lui-même et cacher ta peinture.
Le vieil et nouveau Testament
Tous deux, comme à l'envi, te nomment hautement
La première d'entre les femmes ;
Et cette préférence acquise à tes vertus,
Comme elle a mis ton ame au-dessus de nos ames,
De nos périls aussi t'a su mettre au-dessus.

Avant que du Seigneur la sagesse profonde
Sur la terre et les cieux daignât se déployer ;
Avant que du néant sa voix tirât le monde,
Qu'à ce même néant sa voix doit renvoyer,
De toute éternité sa prudence adorable
Te destina pour mère à son Verbe ineffable,
A ses anges pour reine, aux hommes pour appui ;
Et sa bonté dès-lors élut ton ministère
Pour nous tirer du gouffre où notre premier père
Nous a d'un seul péché plongés tous avec lui.

Ouvre donc, Mère-vierge, ouvre l'ame à la joie

D'avoir remis en grace et nous et nos aïeux :
Toi-même applaudis-toi d'avoir ouvert les cieux,
D'en avoir aplani, d'en avoir fait la voie.
Les hôtes bienheureux de ces brillants palais
T'offrent et t'offriront tous ensemble à jamais
Des hymnes d'allégresse et de reconnoissance ;
Et nous, que tu défends des ruses de l'enfer,
Nous y joindrons l'effort de l'humaine impuissance,
Pour obtenir comme eux le don d'en triompher.

Telle que s'élevoit du milieu des abymes,
Au point de la naissance, et du monde et du temps,
Cette source abondante en flots toujours montants,
Qui des plus hauts rochers arrosèrent les cimes,
Telle en toi, du milieu de notre impureté,
D'un saint enfantement l'heureuse nouveauté
Élève de la grace une source féconde ;
Son cours s'enfle avec gloire, et ses flots, qu'en tout lieu
Répand la charité dont regorge son onde,
Font en se débordant croître l'amour de Dieu.

Durant ces premiers jours qu'admiroit la nature,
La vie avoit son arbre ; et ses fruits précieux,
Remplissant tout l'Éden d'un air délicieux,
A nos premiers parents s'offroient pour nourriture.
Ainsi le digne fruit que tes flancs ont porté
Remplit tout l'univers de sainte volupté,
Et s'offre chaque jour pour nourriture aux ames ;
Il n'est point d'arbre égal, et jamais il n'en fut,
Et jamais ne sera de plantes ni de femmes
Qui portent de tels fruits pour le commun salut.

Un fleuve qui sortoit du séjour des délices

DE LA SAINTE VIERGE. 211

Arrosoit de plaisirs ce paradis naissant,
 Et sur l'homme encore innocent
Rouloit avec ses flots l'ignorance des vices :
Vierge, ce même fleuve en ton cœur s'épandit,
Quand, pour nous affranchir de ce qui nous perdit,
Ton corps du fils de Dieu fut l'auguste demeure ;
La terre au grand auteur en rendit plus de fruit,
La nature en reçut une face meilleure,
Et triompha dès-lors du vieux péché détruit.

Ce fils, comme son père, arbitre du tonnerre,
Ce maître, comme lui, des hommes et des dieux,
Ayant pour son palais un paradis aux cieux,
Voulut pour sa demeure un paradis en terre :
Ce père tout-puissant l'y forma de ton corps,
Qu'il commit à garder ce trésor des trésors,
Dès qu'il te vit de l'ange agréer la visite :
Ainsi se commença notre rédemption ;
Ainsi tu donnas place au souverain mérite
Qui nous dégage tous de la corruption.

Noé bâtit une arche avant que le déluge
Fît de toute la terre un vaste lit des eaux ;
Il fait d'un bois poli ce premier des vaisseaux
Où sa famille trouve un assuré refuge.
Cette arche est ton portrait : son bois poli nous peint
Des parents dont tu sors le choix heureux et saint ;
Dieu s'en fait un vaisseau comme ce patriarche ;
Mais on voit un autre ordre au mystère caché :
Pour se sauver des eaux Noé monte en son arche,
Dieu pour descendre en toi te sauve du péché.

L'onde enfin se retire en ses vastes abymes,

La terre se revêt des plus vives couleurs,
Et la pitié du ciel s'épand sur nos malheurs,
Ainsi que sa colère avoit fait sur nos crimes.
Si la tempête encore ose nous menacer,
Sa fureur a sa borne, et ne la peut forcer;
Un grand arc sur la nue en marque l'assurance,
Et Dieu l'y fait briller pour signal qu'à jamais
Sa bonté maintiendra l'amoureuse alliance
Qui du côté des eaux nous a promis la paix.

Que se crève à grand bruit le plus épais nuage,
Qu'il verse à gros torrents ce qu'il a de plus noir;
L'arc témoin de ce pacte à peine se fait voir,
Qu'il dissipe la crainte et nous rend le courage;
La joie avec l'espoir rentre au cœur des pécheurs
    Qui, l'œil battu de pleurs,
Avec sincérité détestent leurs foiblesses;
Et, quoi que sur leur tête ils entendent rouler,
Le souvenir d'un Dieu fidèle en ses promesses
Leur donne, à cet aspect, de quoi se consoler.

Vois, ô reine du ciel, vois comme il te figure!
Comme de tes vertus ses couleurs sont les traits!
Son azur, dont l'éclat n'a que de purs attraits,
De ta virginité fait l'aimable peinture;
Par le feu, dont ce rouge est si bien animé,
Ton zèle ardent pour Dieu voit le sien exprimé;
Ta charité vers nous y trouve son image;
Et de l'humilité, qui par un prompt effet
Du choix du Tout-Puissant mérita l'avantage,
Ce blanc tout lumineux est le tableau parfait.

Telle donc que cet arc la terre te contemple;

Tu fais pleuvoir du ciel cent lumières sur nous;
Ta brillante splendeur sème de là pour tous
Des plus parfaites mœurs un glorieux exemple.
Par toi chaque hérésie a son cours terminé :
En vain de ses enfants le courage obstiné
De ses fausses clartés s'attache aux impostures;
Il suffit de te voir unir en Jésus-Christ
Par ta soumission deux contraires natures,
Pour briser tout l'orgueil dont s'enfle leur esprit.

  Arc invincible, arc tout aimable,
  Qui guéris en blessant au cœur,
  Arc en pouvoir comme en douceur
  Également incomparable,
  Arc qui fais la porte des cieux,
  Vierge sainte, enfin, qu'en tous lieux
  Un respect sincère doit suivre,
Quand de notre destin l'inévitable loi
  Nous aura fait cesser de vivre,
Fais-nous part de ta gloire et revivre avec toi.

Le sommeil de Jacob lui fait voir des miracles.
L'échelle, qu'il lui montre en lui fermant les yeux,
  De la terre atteint jusqu'aux cieux;
Dieu s'appuie au-dessus pour rendre ses oracles;
Les anges, dont soudain un luisant escadron
De célestes clartés couvre chaque échelon,
S'en servent sans relâche à monter et descendre;
Et d'un songe si beau les claires visions
L'assurent de la terre où son sang doit prétendre;
Et de ce qu'a le ciel de bénédictions.

Marie est cette échelle; elle l'est, et la passe;

Par elle on reçoit plus que Dieu n'avoit promis :
Aussi pour lui parler l'ange qu'il a commis
La nomme dès l'abord toute pleine de grace.
Elle nous donne un fils, mais un fils homme-Dieu ;
Et quand son corps sacré quitte ce triste lieu,
Pour le porter au ciel elle a des milliers d'anges :
De ce brillant séjour elle rompt tous nos fers,
De tous nos maux en biens elle fait des échanges,
Et nous prête son nom pour braver les enfers.

Moïse est tout surpris quand, pour lui toucher l'ame,
    Dieu se revêt de flamme ;
Celle que sur l'Oreb il voit étinceler
Pare un buisson ardent, au lieu de le brûler,
Et s'en fait comme un trône où plus elle s'allume,
    Et moins elle consume.
    Ton adorable intégrité,
O Vierge-mère, ainsi ne souffre aucune atteinte,
Lorsqu'en tes chastes flancs se fait l'union sainte
De l'essence divine à notre humanité.

Que la manne au désert est d'étrange nature !
Son goût, le premier jour, se conforme au souhait ;
Et, quand pour d'autres jours la réserve s'en fait,
Elle souille le vase et tourne en pourriture :
Ce peu seul qui dans l'arche en tient le souvenir
S'y garde incorruptible aux siècles à venir,
Sans que souillure aucune à son vaisseau s'attache ;
    Ainsi tu conçois Jésus-Christ,
Et ta virginité demeure ainsi sans tache
En nous donnant ce fils conçu du Saint-Esprit.

Comme tomboit du ciel cette manne mystique

Qui du peuple de Dieu faisoit tout le soutien,
Ainsi du sein du Père est descendue au tien
Celle qui des enfants est le seul viatique.
La manne merveilleuse, et que nous figuroit
Celle qu'en la cueillant tout ce peuple admiroit,
Par une autre merveille ainsi nous est donnée :
Ainsi nous pouvons prendre, ainsi nous est offert
Plus que ne recevoit cette troupe étonnée
Qui durant quarante ans s'en nourrit au désert.

Ta grace par l'effet avilit la figure,
Elle en ternit l'éclat, elle en sème l'oubli;
Et par sa nouveauté l'univers ennobli
N'a plus d'amour ni d'yeux pour la vieille peinture;
Les nouvelles clartés de la nouvelle loi
  Que Dieu fait commencer par toi,
Ne laissent rien d'obscur pour ces nouveaux fidèles;
  Et ce qui jadis éblouit,
Sitôt que tu répands ces lumières nouvelles,
  Ou s'épure ou s'évanouit.

  Ce grand auteur de toutes choses,
Ce Dieu, qui fait d'un mot quoi qu'il ait résolu,
Te regarda toujours comme un vase impollu
  Où ses graces seroient encloses :
Vase noble, admirable, et charmant à l'aspect,
Digne d'un saint hommage et d'un sacré respect,
Digne enfin du trésor qu'en toi sa main enferme :
C'est par toi qu'il voulut qu'on goûtât en ces lieux,
Pour arrhes d'un bonheur et sans borne et sans terme,
  Ce pain des habitants des cieux.

  Tu nous donnes ce pain des anges

Que tes entrailles ont produit,
Ce pain des voyageurs, ce pain qui nous conduit
Jusqu'où ces purs esprits entonnent ses louanges;
C'est ce pain des enfants, ce comble de tous biens,
 Qu'il ne faut pas donner aux chiens,
A ces hommes charnels qui ne vivent qu'en brutes;
Il n'est que pour les cœurs d'un saint amour épris;
Et, comme il les guérit des plus mortelles chutes,
Sur tous les autres pains ils lui doivent le prix.

 C'est en lui que sont renfermées
 Les plus salutaires douceurs
 Que puissent aimer de tels cœurs,
 Et les plus dignes d'être aimées;
 Il est plein d'un suc ravissant,
D'un suc si gracieux, d'un suc si nourrissant,
Qu'il fait seul un banquet où toute chose abonde;
Il est pain, il est viande, il est tout autre mets;
Il rend seul une table en délices féconde,
Et doit être pour nous le banquet des banquets.

Ce mets nous rétablit, ce mets nous régénère;
Il ramène la joie et fait cesser l'ennui;
Ton fils, qui par ce mets attire l'ame à lui,
La guide par ce mets, et l'allie à son Père.
Ce mets de tous les biens est l'accomplissement;
Il est de tous les maux l'anéantissement :
Pour nous il vainc, il règne, il étend son empire;
Il soutient, il fait croître en sainte ambition;
Et, pour dire en un mot tout ce qu'on en peut dire,
Il élève tout l'homme à sa perfection.

Il est le pain vivant et qui seul vivifie,

Il est ensemble et vie, et voie, et vérité ;
Lui-même il nous départ son immortelle vie
Par les épanchements d'une immense bonté.
L'Église avec ce pain reçoit tant de lumière,
Que la nouvelle épouse efface la première
Par les vives splendeurs qui font briller sa foi :
La synagogue tombe, et périt auprès d'elle,
   Et l'ombre de la vieille loi
   Fait place au jour de la nouvelle.

La manne a donc tari, le ciel n'en verse plus ;
   La figure cède à la chose,
   Et le pain que Dieu nous propose,
D'un ciel encor plus haut descend pour ses élus.
   Si la manne eut cet avantage
Que des fils d'Israël elle fut le partage,
   Ce pain est celui du chrétien.
O chrétien, pour qui seul est fait ce pain mystique,
Viens, mange ! et, puisque enfin c'est un pain angélique,
Fais comme un ange, et montre un zèle égal au sien.

   Passons de miracle en miracle.
Moïse met, au nom des tribus d'Israël,
   Pour faire un prêtre à l'Éternel,
   Douze verges au tabernacle ;
Aaron y joint la sienne ; elle seule y produit
   Des feuilles, des fleurs et du fruit ;
Par-là du sacerdoce il emporte le titre :
   Tout ce peuple n'a qu'une voix,
Et de ce même Dieu qu'il en a fait l'arbitre
Il accepte à grands cris et bénit l'heureux choix.

   Quelle nouveauté surprenante !

La fleur sort de l'aridité;
Le fruit, de la stérilité;
Un bois sec reverdit; il germe, éclôt, enfante.
Où sont tes lois, nature, et que devient ton cours
    Dans ces miraculeux retours
Qui rendent, malgré toi, l'impuissance fertile?
Et quel est le pouvoir qui ne prend qu'une nuit
Pour tirer d'une branche et séchée et stérile
    Ces feuilles, ces fleurs, et ce fruit?

Ce fruit, et ces fleurs et ces feuilles,
Pour étaler aux yeux un si nouvel effet,
    N'attendent point que tu le veuilles;
Dieu le veut, il suffit, le miracle se fait;
Il est son pur ouvrage : et comme ce grand Maître,
Sans prendre ton avis toi-même t'a fait naître,
Sans prendre ton avis il renverse tes lois :
Un bois sec rend du fruit par son ordre suprême;
Par son ordre suprême, ô Vierge! tu conçois,
Et ta virginité dans ta couche est la même.

Elle est toujours la même, et ce grand Souverain
En conserve les fleurs toujours immaculées
Alors qu'il fait germer dans ton pudique sein
La fleur de la campagne, et le lis des vallées.
Ta prompte obéissance attire sa faveur
Qui te fait de la terre enfanter le Sauveur,
Sans que ta pureté demeure moins entière;
Et cette obéissance, enflant ta charité,
D'un amour tout divin fait comme une rivière
Qui s'épanche à grands flots sur notre aridité.

Un prophète promet une nouvelle étoile :

Du milieu de Jacob cet astre doit sortir,
Une verge nouvelle en doit aussi partir :
L'une et l'autre a paru, l'une et l'autre est ton voile.
La verge d'Israël dont Moab est battu
  Est un portrait de ta vertu
Qui de tous ennemis t'assure la défaite;
Et la fleur qu'elle porte est ton fils Jésus-Christ,
En qui d'étonnement la nature muette
Voit ce qu'elle attendoit et jamais ne comprit.

L'étoile garde encor sa chaleur tout entière,
Bien qu'un rayon en sorte et brille sans égal;
  La pureté de sa lumière
Fait toujours même honte à celle du cristal :
Ce rayon qui la laisse ainsi brillante et pure
De ton fils et de toi nous offre la figure;
De ce fils qui conserve en toi la pureté,
De toi qui le conçois sans souillure et sans tache,
Et qui gardes encor la même intégrité
Quand même de tes flancs pour naître il se détache.

  Verge mystique d'Israël,
  Par les prophètes tant promise,
  Verge que le Père éternel
  Sur toutes autres favorise,
  De la racine de Jessé,
  Comme ils nous l'avoient annoncé,
Nous te voyons sortir exempte de foiblesse :
Tu conçois par miracle, et ton merveilleux fruit
Rend pour toi compatible avecque la grossesse
Cette virginité que tout autre détruit.

N'es-tu pas cette étoile ensemble et cette verge,

Verge que de la grace arrose un clair ruisseau,
Étoile en qui Dieu fait un paradis nouveau,
Vierge et mère à-la-fois, et mère toujours vierge?
L'étoile a son rayon, et la verge a sa fleur :
Ton fils est l'un et l'autre, et de ce cher Sauveur
La fleur et le rayon nous présentent l'image;
Fleur céleste qui porte un miel tombé des cieux,
Et rayon dont l'éclat dissipe tout l'orage
Qui fit trembler la terre et gémir nos aïeux.

    O verge dont aucune plante
    N'égale la fertilité,
    Étoile de qui la clarté
    Sur toutes autres est brillante,
    Tes paroles, tes actions
    Ont toutes des perfections
    Au-dessus de la créature;
    Et l'homme accablé de malheurs
Ne sauroit où choisir protection plus sûre,
Ni se faire un repos moins troublé de douleurs.

Gédéon voit couvrir sa toison de rosée,
En presse les flocons, et remplit un vaisseau
    De cette miraculeuse eau
Qu'au reste de son champ le ciel a refusée.
O Marie! ô vaisseau plein des graces d'en-haut,
Que Dieu pour te former sans tache et sans défaut
Réserva pour toi seule et fit inépuisables!
Daigne, pour consoler notre calamité,
En verser quelque goutte aux pécheurs misérables
Que tu vois ici-bas languir d'aridité!

Oh! que cette rosée étoit vraiment céleste

Qui tomba dans ton chaste sein,
Lorsque de nous sauver un Dieu prit le dessein,
Et que la grace en toi devint si manifeste !
Le Soleil de justice alors qui te remplit
    Fit qu'en toi s'accomplit
Le mystère où ce Dieu devoit s'unir à l'homme :
Il est homme, il est Dieu dans ton flanc virginal ;
Et commençant dès là ce que sa croix consomme,
Il t'honore à jamais d'un titre sans égal.

Sa grace te remplit sitôt qu'à son message
Ton humble obéissance eut donné son aveu,
Et que son messager y vit un digne feu
Te consacrer entière à ce divin ouvrage.
Telle, dès le moment qu'acheva Salomon
De consacrer un temple aux grandeurs de son nom,
La gloire du Seigneur en remplit tout l'espace ;
D'un miracle pareil il couronne ta foi,
Et joint dès ici-bas tant de gloire à ta grace,
Que la grace et la gloire est même chose en toi.

    Salomon, ce roi pacifique,
Éleva dans ce temple un trône au Dieu des dieux ;
Et le Dieu de la paix, le monarque des cieux,
    S'en fait un dans ton sein pudique.
Il vient y prendre place et finir notre ennui ;
Un messager céleste envoyé devant lui
En ce pudique sein lui prépare la voie :
Mais, bien que de tout temps ce Dieu l'eût résolu,
Bien que l'ange à toi-même en eût porté la joie,
Ce Dieu n'auroit rien fait si tu n'avois voulu.

    Mère vierge, mère de grace,

Palais de la Divinité,
Torrent d'amour et de bonté
Dont le cours jamais ne se lasse,
Illustre original de tant d'heureux crayons;
Mère du Soleil de justice,
Fais-en jusque sur nous descendre les rayons,
Porte-lui jusqu'au ciel nos vœux en sacrifice,
Et prête à nos besoins un secours si propice,
Que nous puissions enfin voir ce que nous croyons.

Créatures inanimées,
Qui formez jusqu'ici ce merveilleux portrait,
Souffrez que le beau sexe en rehausse le trait,
Et montre ses vertus encor mieux exprimées.
Laissez-nous admirer l'illustre Abigaïl,
Laissez-nous voir sa grace et son discours civil
Arrêter un torrent de fureurs légitimes;
Elle n'épargne dons, ni prières, ni pleurs,
Et force ainsi David à pardonner des crimes
Qui s'attiroient déja le dernier des malheurs.

Son arrogant époux, en festins si prodigue
Pour tous ceux qu'il assemble à tondre ses troupeaux,
Qui de ces jours d'excès fait ses jours les plus beaux,
Et pour de vains honneurs lâchement se fatigue;
Ce Nabal, dont l'orgueil, enflé de tant de biens,
Passe jusqu'au mépris de David et des siens,
Du pécheur insolent est une affreuse image;
Il brave comme lui le maître de son sort;
A ses vrais serviteurs comme lui fait outrage,
Et comme lui s'attire une infaillible mort.

D'ailleurs ce David tout aimable,

Qu'à se venger on voit si prompt,
Flexible à la prière, et sensible à l'affront,
En clémence, en rigueur à nul autre semblable;
Ce guerrier si benin, qui devient sans pitié
Au mépris et des siens et de son amitié,
Forme de Jésus-Christ l'adorable peinture :
Bien qu'il soit Dieu de paix, le foudre est en ses mains;
Et, tout bon qu'il veut être, il sait venger l'injure
Et qu'on fait à sa gloire et qu'on fait à ses saints.

A force de présents, à force de prières,
La belle Abigaïl arrête ce grand cœur,
Et désarme elle seule une juste fureur
Qu'allumoient de Nabal les réponses trop fières;
Elle fait alliance entre David et lui.
 O Vierge, notre unique appui,
Pour nous près de ton fils tu fais la même chose,
Et ce lait virginal de quoi tu le nourris,
Sitôt que ta prière à sa fureur s'oppose,
D'infames criminels nous rend ses favoris.

De ce même David race vraiment royale,
 Digne sang des plus dignes rois,
Mère et fille d'un Dieu qui te laisse à ton choix
Dispenser les trésors de sa main libérale;
Ce Dieu, qui près de lui te donne un si haut rang,
Par la nouvelle loi qu'il scella de son sang,
Nous a tous faits tes fils : montre-toi notre mère;
Sois de cette loi même et la joie et l'honneur,
Et contre tous les traits d'une juste colère
Sers-nous de bouclier, et fais notre bonheur.

En toi seule aujourd'hui se fonde l'espérance

De tout le genre humain
Toi seule as dans ta main
De quoi du vieil Adam purger toute l'offense;
Par toi le port de vie aux pécheurs est ouvert,
Par toi le salut est offert
A qui te peut offrir tout son cœur en victime;
Et, quoi que les enfers osent nous suggérer,
Quiconque te sait honorer
Ne sait plus ce que c'est que crime.

Il fait donc bon te rendre un sincère respect,
En faire sa plus noble étude,
Se tenir en tous lieux comme à ton saint aspect,
Mettre toute sa gloire à cette servitude :
Car enfin les sentiers que tu laisses battus
Sont partout semés de vertus
Qui de tes serviteurs font l'entière assurance;
Ils guident sans péril à l'éternelle paix,
Et ce qu'on a pour toi de sainte déférence
Avec toi dans le ciel fait revivre à jamais.

Après Abigaïl, aussi sage que belle,
Judith montre un courage égal à sa beauté
Quand des Assyriens le monarque irrité
Traite Béthulie en rebelle :
Pour venger le mépris qu'on y fait de ses lois,
Ce roi, qui voit sous lui trembler tant d'autres rois,
Envoie à l'assiéger une effroyable armée;
Holopherne préside à ce barbare effort,
Et de la multitude en ses murs enfermée
Aucun ne sauroit fuir ou les fers ou la mort.

Que résous-tu, Judith? qu'oppose pour remède

L'amour de ta patrie à de si grands malheurs?
Et que doit ce grand peuple accablé de douleurs
Contre tant d'ennemis espérer de ton aide?
Tu portes dans leur camp le doux art de charmer,
Tu vois leur Holopherne, et tu t'en fais aimer;
Sa joie est sans pareille, et son amour extrême;
Il croit par un festin te le témoigner mieux,
Il s'enivre, il s'endort; et de son poignard même
Tu lui perces le cœur qu'avoient percé tes yeux.

 Cette Béthulie assiégée
 Des bataillons assyriens,
 Et prête à s'en voir saccagée
 Par la division des siens,
 C'est, ô Vierge qu'un Dieu révère,
L'épouse de ton fils, l'Église, notre mère,
Qu'assiége l'hérésie, et qu'attaque l'enfer :
Forte de ton secours, elle en brave l'audace;
Et tant que pour appui ses murs auront ta grace,
 Elle est sûre d'en triompher.

Belle et forte Judith, qui sauves d'Holopherne
Ta chère Béthulie et tous ses habitants,
Puisque par ton esprit l'Église se gouverne,
Ses triomphes iront aussi loin que les temps :
Tu combats, tu convaincs, tu confonds l'hérésie;
 Et, quoi qu'ose sa frénésie,
Elle tremble à te voir les armes à la main,
Tandis que les rayons dont ta couronne brille,
 Sur nous, qui sommes ta famille,
Répandent du salut l'espoir le plus certain.

Ils n'y répandent pas cette seule espérance.

Ils y joignent l'esprit qui mène à son effet,
Un esprit de douceur, qu'en Dieu tout satisfait,
Un esprit de clarté, de conseil, de science :
La sagesse à la force en nous s'unit par eux,
La crainte filiale au respect amoureux,
Qui donne un vol sublime aux ames les plus basses ;
Tous ces trésors sur nous par toi sont épanchés,
Et Dieu t'a départi toute sorte de graces
Pour faire en ta faveur grace à tous nos péchés.

La charmante Esther vient ensuite ;
Assuérus l'épouse et la fait couronner,
Et la part qu'en son lit on le voit lui donner
Montre l'heureux succès d'une sage conduite ;
La superbe Vasthi, que son orgueil déçoit,
Rejette avec mépris l'ordre qu'elle en reçoit,
Et son propre festin par sa perte s'achève.
Quelle vicissitude en ce grand changement !
L'arrogance fait choir, l'humilité relève ;
L'une y trouve son prix, l'autre son châtiment.

Oh ! que ces deux beautés ont peu de ressemblance !
En l'une on voit un cœur à la vertu formé,
Un cœur humble, un cœur doux, et digne d'être aimé,
Mais qui ne sait aimer qu'avec obéissance ;
En l'autre, une fierté qui ne veut point de loi,
Qui croit faire la reine en dédaignant son roi,
Et que l'orgueil du trône a rendue indocile :
Cet orgueil obstiné ne sert qu'à la trahir,
Et prépare à sa chute une pente facile
Par l'horreur que lui fait la honte d'obéir.

Sainte Vierge, est-il rien au monde

Ou plus humble, ou plus doux, ou plus charmant que toi?
Est-il rien sous les cieux qui fasse mieux la loi
    Aux schismes dont la terre abonde?
    Non, il n'est rien si gracieux,
    Rien si beau, rien si précieux,
    Si nous en croyons l'Écriture;
    Et même sous l'obscurité
L'énigme y fait trop voir qu'aucune créature
    N'approche de ta pureté.

Tu veux donc bien qu'Esther ait place en ton image,
Que ses traits les plus beaux servent d'ombres aux tiens.
Toi dont les actions, toi dont les entretiens
Ont tant d'humilité, tant d'amour en partage.
Parmi tout ce qu'envoie aux siècles à venir
    La lecture ou le souvenir,
Ta bonté, ta douceur, ne trouvent point d'égales;
Elles charment Dieu même aussi bien que nos yeux;
    Et, plus ici tu te ravales,
Plus il t'élève haut dans l'empire des cieux.

Mêmes vertus en elle ébauchoient ton mérite,
Et son pouvoir au tien n'a pas moins de rapport:
Aman en fait l'épreuve, et son perfide effort
Voit retomber sur lui l'orage qu'il excite.
Un Juif voit tant d'orgueil sans fléchir les genoux;
Pour ce mépris d'un seul il veut les perdre tous,
Il en fait même au roi signer l'ordre barbare:
L'affligé Mardochée à sa nièce en écrit.
Ne tremblez plus, ô Juifs! une beauté si rare
Veut périr, ou sauver son peuple qu'on proscrit.

Esther, tendre et sensible au mal qui le menace,

Y hasarde sa vie, et se présente au roi ;
Le roi, pour l'affranchir des rigueurs de sa loi,
Vers des appas si doux tend le signal de grace :
Esther avec respect le convie au festin,
Lui peint d'elle et des siens le malheureux destin,
Et de son favori l'insolence et les crimes :
Ce lâche tout surpris demeure sans parler ;
Et les siens avec lui sont livrés pour victimes
A ce peuple innocent qu'il vouloit s'immoler.

 Ce que fait Esther pour ses frères,
 Tu le fais pour tes serviteurs,
 Tu fais retomber nos misères
 Sur la tête de leurs auteurs ;
 Quoi qu'attente leur perfidie,
La grace, qui te donne un Dieu pour ton époux,
 En un moment y remédie ;
 Et, pour rudes que soient leurs coups,
 Ta pitié, par elle enhardie,
 Ose tout et peut tout pour nous.

 L'implacable ennemi de l'homme
 Sous l'orgueilleux Aman dépeint,
C'est l'ange en qui jamais cet orgueil ne s'éteint,
Le serpent déguisé qui fit mordre la pomme :
Chassé du Paradis, il nous le veut fermer ;
Banni dans les enfers, il y veut abymer
Ceux dont sa place au ciel doit être la conquête :
Mais, quoi qu'ose sa haine à toute heure, en tout lieu,
Vierge, ton pied l'écrase ; et, lui brisant la tête,
Tu fais d'un seul regard notre paix avec Dieu.

Tu te plais à garder tes serviteurs fidèles

DE LA SAINTE VIERGE.

Comme la prunelle des yeux ;
Ta main pour avant-goût des cieux
Leur fait un nouveau siècle et des douceurs nouvelles ;
Tu leur sers de refuge, et pour les consoler
Sur eux tu laisses découler
Mille et mille faveurs du Monarque suprême :
Tu puises comme épouse en ses divins trésors,
Vrai livre de la loi que fait sa bonté même,
Et sacré tabernacle où reposa son corps.

Vive fleur du printemps, candeur que rien n'efface,
Honneur des vierges, fleur des fleurs,
Fontaine de secours, dont les saintes liqueurs
Conservent toute notre race ;
L'odeur de ton mérite ici-bas sans pareil
Attire l'ange du conseil,
Le Souverain des rois, le Seigneur des armées :
Et tu fais que du firmament
Les portes si longtemps fermées
S'ouvrent pour terminer notre bannissement.

Noé flottoit encor sur les eaux du déluge,
Et, troublé qu'il étoit d'avoir vu tout périr,
Il doutoit si lui-même auroit où recourir,
S'il auroit hors de l'arche enfin quelque refuge ;
Il lâche la colombe, et les monts découverts
Lui présentent des rameaux verts
Que jusque dans cette arche en son bec elle apporte :
Ce retour le ravit, et ses enfants et lui
Reprennent une joie aussi pleine, aussi forte
Que l'étoient jusque-là leur trouble et leur ennui.

Les Hébreux au désert, par l'ordre de Moïse,

Élèvent un serpent d'airain ;
Sa vue est un remède et facile et soudain
 Qui leur rend la santé promise :
 Les vipères et les serpents
Qu'en ce vaste désert ce peuple voit rampants
 N'ont plus de morsures funestes ;
Cet aspect salutaire en fait la guérison,
Et contre eux leur figure a des vertus célestes
 Plus fortes que tout leur poison.

 Plus simple que n'est la colombe,
Tu nous rends plus de joie et plus de sûreté,
Et protéges si bien la vraie humilité
 Que jamais elle ne succombe :
Un Dieu qui sort de toi te laisse des vertus
A relever nos cœurs sous le vice abattus ;
Quel qu'en soit le poison, ta force le surmonte ;
Et cet heureux remède à nos péchés offert
 Passe le serpent du désert,
 Et fait la guérison plus prompte.

Cette porte fermée, et qui n'ouvroit jamais,
Que vit Ézéchiel à l'orient tournée,
Par ce même orient de ses splendeurs ornée,
 Est encore un de tes portraits ;
 Aucun n'entre ni sort par elle,
 Que cette sagesse éternelle
Qui doit de notre chair un jour se revêtir ;
Mais, soit qu'elle entre ou sorte, on voit même clôture,
 Et Dieu n'y fait point d'ouverture
 Ni pour entrer ni pour sortir.

Ta virginité sainte est la porte sacrée

Dont ce Dieu fit le digne choix
Pour faire au monde son entrée,
Comme pour en sortir il le fit de la croix.
Il entre dans tes flancs, il en sort sans brisure;
Avec ce privilége il y descend des cieux :
Sans que ta pureté souffre de flétrissure,
Il prend un corps en toi pour se montrer aux yeux;
Et n'est pas moins assis au-dessus du tonnerre,
Bien qu'en ce corps fragile il marche sur la terre.

Tel qu'au travers d'un astre on voit que le soleil
Trouve une impénétrable voie,
Sa lumière en descend avec éclat pareil,
Et ne brise ni rompt l'astre qui nous l'envoie;
Ce canal transparent, toujours en son entier,
Peint l'inviolable sentier
Par où le vrai Soleil passe sans ouverture :
Telle en ta pureté, Vierge, tu le conçois;
Mais l'astre suit ainsi l'ordre de la nature,
Et tu conçois ton fils en dépit de ses lois.

Son bien-aimé disciple à qui ce digne Maître
Te donna pour mère en mourant,
Lui que le tendre amour de ce fils expirant
Fit ton fils en sa place, et qui se plut à l'être;
Cet apôtre prophète à Pathmos exilé
Y voit plus que n'a révélé
D'aucun de ses pareils l'énigmatique histoire;
Il voit un signe au ciel si merveilleux en soi,
Il y voit un crayon si parfait de ta gloire,
Qu'il doute s'il y voit ou ta figure ou toi.

Il y voit une femme en beauté singulière :

Le soleil la revêt de ses propres rayons ;
La lune est sous ses pieds avec même lumière
Qu'en son plus grand éclat d'ici nous lui voyons ;
    Douze astres forment sa couronne ;
Et si tant de splendeur au-dehors l'environne,
Ce que le dedans cache est encor plus exquis ;
Elle est pleine d'un fils qu'à peine l'on voit naître,
    Qu'aussitôt le souverain Maître
Lui fait place en son trône, et le reçoit pour fils.

Est-elle autre que toi, cette femme admirable ?
    Et son lumineux appareil
    D'astres, de lune, et de soleil,
N'est-il pas de ta couche un apprêt adorable ?
Est-ce une autre que toi que de tous ses trésors
Et remplit au-dedans et revêt au-dehors
    Le brillant Soleil de justice ?
Et fait-il commencer par une autre en ces lieux
Ce royaume de Dieu si doux et si propice
    Qui réunit la terre aux cieux ?

La milice du ciel, qui sous tes lois se range
    Comme la lune sous tes pieds,
Y fait incessamment résonner ta louange,
Et sert d'illustre base au trône où tu te sieds ;
De tes plus saints aïeux la troupe glorieuse
    Fait la couronne précieuse
    Des astres qui ceignent ton front ;
Le nombre en est égal à celui des apôtres,
Et nous donne l'exemple et des uns et des autres
Pour être un jour par toi près de Dieu ce qu'ils sont.

    Cette plénitude étonnante

Des graces que sa main sur toi seule épandit,
Joint à tant de vertus, joint à tant de crédit,
La gloire de la voir toujours surabondante.
Vierge par excellence, et mère du Très-Haut,
  Toujours sans tache et sans défaut,
Lumière que jamais n'offusque aucun nuage,
De tant de plénitude épands quelque ruisseau,
Et de tant de splendeurs dont brille ton visage,
Laisse jusque sur nous tomber un jour nouveau.

  En toi toutes les prophéties
  Qui de toi jamais ont parlé,
  Par le plein effet éclaircies,
Font voir ce que leur ombre a si longtemps voilé :
  Les énigmes de l'Écriture,
  Dont s'enveloppe ta figure,
  Ont perdu leur obscurité,
  Et ce que t'annoncent les anges,
  Ce qu'ils te donnent de louanges
  Est rempli par la vérité.

Refuge tout-puissant de la foiblesse humaine,
Incomparable Vierge, étoile de la mer,
Calme-nous-en les flots prêts à nous abymer ;
De nos vieux ennemis dompte pour nous la haine ;
Purge en nous tout l'impur, tout le terrestre amour,
Toi qui conçois ton Dieu, toi qui le mets au jour
  Sans en être un moment moins pure ;
Toi, la pierre angulaire en qui l'on voit s'unir
  Les vérités à la figure,
Ou plutôt la figure en vérités finir.

Les figures ont peint l'excès de ta puissance ;

Fais-nous-en ressentir l'effet :
Parle, prie ; et Dieu satisfait
Laissera désarmer sa plus juste vengeance.
Tu te sieds à sa dextre à côté de ton fils ;
La tienne de ce trône où lui-même est assis
Peut aux plus lâches cœurs rendre une sainte audace :
De là de tous les tiens tu secours les besoins ;
Et comme ta prière obtient pour eux sa grace,
L'œuvre de leur salut est l'œuvre de tes soins.

Cette adorable chair qu'il forma de la tienne,
 Ce sang qu'il tira de ton sang,
Quelque haut rang au ciel que l'un et l'autre tienne,
 T'ont cru devoir le même rang :
 Comme sans cesse il considère
Qu'il prit et l'un et l'autre en ton pudique flanc,
Sans cesse il te chérit, sans cesse il te révère ;
Et, comme il est ton fils aussi bien que ton Dieu,
L'amour et le respect qu'il garde au nom de mère
Ne t'auroient pu jamais souffrir en plus bas lieu.

Ce fils t'élève ainsi sur toute créature,
Te fait ainsi jouir de la société
 De cette immense Trinité
Qui donne à tes vertus un pouvoir sans mesure.
Fais-nous-en quelque part pour monter jusqu'à toi ;
Donne-nous cet amour, cet espoir, cette foi,
 Qui doivent y servir d'échelle ;
 Et d'un séjour si dangereux
Tire-nous à celui de la gloire éternelle
 Qui fait le prix des bienheureux.

FIN.

HYMNES.

HYMNES DE SANTEUIL,

POUR LA FÊTE DE SAINT-VICTOR.

A MATINES.

Chantons, peuple, chantons ce guerrier dont Marseille
Vit le sang insulter au démon étonné;
Produire, en s'épanchant, merveille sur merveille,
Et teindre les lauriers dont il fut couronné.

Victor quitte les rangs, et dédaigne la paie,
Pour suivre, pauvre et nu, l'étendard de la Croix;
Et du camp des Césars, où sa valeur s'essaie,
Il passe, heureux transfuge, au camp du Roi des rois.

On le charge de fers, on lui choisit des peines,
Au fond d'un noir cachot on le tient garrotté;
Il est libre au milieu des prisons et des chaînes,
Et remplit le cachot de sa propre clarté.

Ses gardes, effrayés par ce double miracle,
Conçoivent des faux dieux une invincible horreur,
Prennent le saint pour guide, et sa voix pour oracle,
Et dans un bain sacré lavent leur vieille erreur.

Gloire au Père éternel, gloire au Fils ineffable,

Gloire toute pareille à l'Esprit tout divin;
Gloire à leur unité dont l'essence adorable
Règne sans borne aucune, et régnera sans fin.

A LAUDES.

Entre, heureux champion, la carrière est ouverte;
Dieu te voit, et t'appelle au trône préparé;
Entre, et vois les tyrans animés à ta perte,
De l'œil dont tu verrois un trophée assuré.

Quand d'un cheval farouche à la queue on te lie,
S'il déchire ta chair, elle en éclate mieux;
Et s'il brise ton corps, ton ame recueillie
Par un vol avancé va s'emparer des cieux.

Ton sang, en quelque lieu que sa fougue t'emporte,
Laisse empreinte à longs traits la gloire de ton nom,
Et c'est une semence illustre, vive et forte,
Qui de nouveaux martyrs germe une ample moisson.

Les verges sur la croix te font un long supplice;
Tu jouis en secret de toute sa lenteur;
Et ton zèle applaudit à la fureur propice
Qui fait l'image en toi de ton saint Rédempteur.

Tu braves Jupiter, tu ris de sa statue,
Tu la jettes par terre au lieu de l'encenser,
Et ne redoutes point ce foudre qui ne tue,
Qui n'agit qu'en peinture, et ne se peut lancer.

On venge sur ton pied ce noble sacrilége,
Tu n'en cours pas moins vite où t'appelle ton Dieu;

Ton Dieu, dont il reçoit ce digne privilége,
Qui, sans corruption, le garde en ce saint lieu.

Gloire, etc.

A VÊPRES.

Que d'un chant solennel tout le temple résonne :
Ce grand jour du martyr paie enfin les travaux,
Le ciel en est le prix, et Dieu qui le couronne
Change en biens éternels ce qu'il souffrit de maux.

Ses membres écrasés sous la meule palpitent,
Il offre à Dieu le sang qu'il en fait ruisseler ;
Et, plein d'un feu nouveau que ces gênes excitent,
Sur cet autel sanglant il aime à s'immoler.

La machine brisée à grands coups de tonnerre
Sur le peuple tremblant roule, et brise à son tour ;
Victor seul, intrépide, et las de vaincre en terre,
Tend le col aux bourreaux pour changer de séjour.

La tête cède au fer qui du corps la détache,
L'âme vole en triomphe au-dessus du soleil,
Et l'on voit chaînes, fouets, et meule, et croix, et hache,
En former à l'envi le pompeux appareil.

Rends-nous plus courageux, grand saint, par ton exemple ;
Obtiens-nous des lauriers qui s'unissent aux tiens,
Et fais de tous les vœux qu'on t'offre dans ce temple
Des armes pour dompter l'ennemi des chrétiens.

Gloire, etc.

HYMNES DE SAINTE GENEVIÈVE

POUR LE JOUR DE SA FÊTE, LE 3 JANVIER [1].

A VÊPRES.

Que de toutes nos voix un plein concert s'élève
    A la gloire de Geneviève!
Terre, applaudis au ciel; lui-même il l'applaudit,
Il t'en daigne lui-même apprendre la naissance.
    Écoute un ange qui te dit
Qu'il vient de naître en elle un appui pour la France.

Un saint prélat, qui voit dans une si jeune ame
    Briller tant de céleste flamme,
« Vierge heureuse, dit-il, qu'heureux sont tes parents! »
Soudain qu'elle l'entend, la vierge à Dieu se voue,
    Et quitte enfin et prés et champs
Pour montrer à la cour comme il faut qu'on le loue.

Les miracles partout suivent son grand courage,
    Ils passent et le sexe et l'âge;
Dans la chair qui l'enferme elle est hors de la chair,
Et dans sa pauvreté riche plus que tous autres.
    Quiconque la peut approcher
Croit sa vertu pareille à celle des apôtres.

---

[1] C'est une version des hymnes du propre de cette abbaye : l'autographe est à la bibliothèque de Sainte-Geneviève. Pour la première fois, cette version est insérée dans la collection des OEuvres de Corneille. (LEF....)

Honneur de ta patrie et de la terre entière,
Vierge, des vierges la lumière,
Notre patronne à tous, entends nos humbles vœux;
Et du ciel, où tu vois ta couronne assurée,
Fais qu'en terre de chastes feux
Puissent toujours régner dans notre ame épurée.

A la Trinité sainte éternelle puissance,
Éternelle reconnoissance;
Qu'on la serve en tout temps, qu'on l'honore en tous lieux.
Exaltons-en la gloire en la vierge fidèle,
Si nous voulons un jour aux cieux
Être assis dans un trône et couronnés comme elle.

A MATINES.

Voici l'heureuse nuit qui précède la fête :
Par des feux redoublés elle imite le jour,
Et le temple éclairé veut que chacun s'apprête
A tromper le sommeil par des chants tout d'amour.

La sainte qui préside et qu'on sert dans ce temple,
Ainsi des saints martyrs veilloit sur les tombeaux,
Joignoit la nuit au jour, et par un haut exemple
Portoit les cœurs sans cesse à des efforts nouveaux.

Vierges, vous le savez, elle alloit la première :
La lumière à la main, elle y guidoit vos pas;
Et, quoi qu'osât l'enfer contre cette lumière,
Sa clarté triomphante en prenoit plus d'appas.

Ainsi la vive foi, par des sacrés prodiges,
Ainsi le zèle ardent luit dans l'obscurité;

Ainsi du diable même il confond les prestiges,
Et, fléchissant le ciel, rend à tous la santé.

Toi, dont l'éclat plus vif que celui des étoiles
Brille parmi les saints au céleste lambris,
Vierge, en faveur des tiens romps ces funestes voiles
Dont l'indigne épaisseur offusque tant d'esprits.

Fais que les faux honneurs ni les soins de la terre
De leurs ombres jamais n'embarrassent nos sens,
Que jamais les plaisirs par leur flatteuse guerre
N'affoiblissent la foi dans les cœurs innocents.

Nous espérons de vous ce don par sa prière,
Père incompréhensible, Homme-Dieu comme nous,
Qui règnes au séjour de gloire et de lumière
Avec cet Esprit-Saint qui n'est qu'un avec vous.

A LAUDES.

Chante, ville, reine des villes,
Chante un hymne de gloire à ton divin Sauveur,
A son épouse vierge; et sur tes murs fragiles
Attires-en la grace, et fixe la faveur.

Quoi qu'osent la fièvre et la peste,
Elle en brise le trait le plus envenimé,
Et des soudaines morts le ravage funeste
Par ses regards benins est soudain réprimé.

Dans les langueurs elle encourage,
Elle rend aux mourants la force et la santé;
De la langue captive elle rompt l'esclavage,

Elle obtient pour l'aveugle une pleine clarté.

 Les miracles que fit sa vie
Ne sont point épuisés par son retour aux cieux;
Et plus par un vrai zèle en terre elle est servie,
Plus sa haute vertu s'épand sur ces bas lieux.

 Vierge que notre chœur réclame,
Qui dissipes ainsi les plus dangereux maux,
Quand tu prends soin du corps, prends-en aussi de l'ame,
Et donne pour tous deux des remèdes égaux.

 Fais que, purgés de tous nos crimes,
Jésus-Christ de sa grace honore notre foi,
Et que, nous dégageant de ces mortels abîmes,
A la sainte patrie il nous rende avec toi.

 Gloire à toi, Verbe inconcevable,
Sauveur, par une vierge ici-bas enfanté;
Gloire au Père éternel, à l'Esprit ineffable,
Et durant tous les temps, et dans l'éternité.

POUR SA TRANSLATION,

28 OCTOBRE.

A VÊPRES.

Quand des lions du nord la barbare furie
Saccage la province et fait trembler Paris,
Tout son peuple ne craint ni pour ses toits chéris,
Ni pour ses doux amas, ni pour sa propre vie;

Mais pour le saint dépôt d'une vierge sacrée,
De ses murs alarmés le plus digne trésor,
Qu'enfermé qu'il étoit dans une châsse d'or,
Il porte en sûreté dans une autre contrée.

Ce peuple ne fait rien qu'elle n'aime à lui rendre;
Et, du plus haut des cieux déployant son secours,
De tant de barbarie elle arrête le cours,
Et conserve à son tour ceux qui sauvent sa cendre.

Veille à notre défense, ô sainte protectrice!
Un plus fier ennemi nous livre un dur assaut.
Il est fort, il est fourbe; et sans l'appui d'en haut
Rien n'en dompte la rage, ou détruit l'artifice.

Daignez en nos besoins écouter sa prière,
Père et Fils éternels, Esprit saint et divin,
Qui n'êtes qu'une essence, et qui tous trois sans fin
Régnez dans le séjour de gloire et de lumière.

A MATINES.

Toi qu'on croit présider à cet illustre empire,
Aux peuples affligés toi qui prêtes la main,
Qui conserves nos lis et tout ce qui respire
    Sous leur grand souverain :

Tu vois en cet exil notre peu de mérite,
Tu le vois chanceler en tout temps, en tous lieux,
Que notre perte est sûre, et qu'aucun ne l'évite
    Sans le secours des cieux.

Daigne en prendre pitié! tu t'en vois conjurée

Par le nouveau cercueil où reposent tes os,
Par les soins dont jadis ta châsse transférée
　　Sauva tes saints dépôts.

La fureur semoit lors nos champs de funérailles,
Les flammes et le fer désoloient nos cités :
Seule tu garantis nos tremblantes murailles
　　De tant de cruautés.

Dans une sainte paix affermis une ville
Qu'un zèle singulier voue à ton sacré corps ;
Que ta main à l'État ne soit pas moins utile
　　Qu'elle l'étoit alors.

Immense Trinité, souffre-le pour ta gloire,
Toi, de qui cette vierge a reçu tous ces dons
Qui font régner son culte et chérir sa mémoire
　　En tous nos environs.

A LAUDES.

Pour te rendre un tribut d'une louange due,
Vierge, tu vois nos cœurs devant toi prosternés :
Puisse en être par toi la prière entendue,
　　Et les vœux couronnés !

Tu ne dédaignas point d'en exaucer le zèle
Quand les fureurs du nord menaçoient nos remparts,
Et que l'affreuse horreur d'une guerre cruelle
　　Rouloit de toutes parts.

Tant qu'ont duré tes jours, jamais ni la famine
Ni d'un air empesté les tourbillons impurs,

Ni surprenants éclats de vengeance divine,
  N'ont désolé nos murs.

Tu vois sous tes faveurs ta maison ennoblie
Reprendre l'heureux joug de ces premières lois,
Et leur sainte vigueur dans l'ordre rétablie
  Rentrer en ses vieux droits.

Fais que sa pureté de plus en plus s'attache
Aux célestes sentiers que tu lui fais tenir,
Que sa ferveur redouble, et passe enfin sans tache
  Aux siècles à venir!

Immense Trinité, etc., comme à Matines.

POUR LE MIRACLE DES ARDENTS,

26 NOVEMBRE.

A VÊPRES.

La main d'un Dieu vengeur, par d'invisibles flammes,
D'un peuple ardent au vice éteint l'impie ardeur.
Ce feu s'attache au corps pour en chasser les ames,
Et le sang qu'il tarit lui fait passage au cœur.

En vain des médecins cette fameuse ville
Implore le secours, applique les secrets :
Le ravage en augmente, et tout l'art inutile
Enfonce d'autant plus de si funestes traits.

Elle a recours, ô vierge, à tes reliques saintes!

A peine tu parois, que cette peste fuit;
Et ses tristes ardeurs dans les os même empreintes
Y laissent triompher la santé qui te suit.

Bannis de nos esprits ces flammes criminelles
Qui n'y peuvent souffrir aucuns célestes feux,
Et sème de ta main au cœur de tes fidèles
La précieuse ardeur qui les peut rendre heureux.

Nous espérons de vous ce don par sa prière,
Père incompréhensible, Homme-Dieu mort pour tous,
Qui régnez au séjour de gloire et de lumière
Avec cet Esprit-Saint qui n'est qu'un avec vous.

A MATINES.

Infatigable appui de la ville affligée,
Vierge toujours présente à tes sacrés autels,
Écoute les frayeurs d'une troupe plongée
    En des ennuis mortels.

Un feu contagieux, digne loyer du vice,
Fait voir l'ire du ciel sur les membres pourris,
Et jusque dans les os imprime la justice
    Qu'il se fait de Paris.

Plus il coule de pleurs des paupières troublées,
Plus cette vive ardeur fait creuser de tombeaux;
Tout brûle, et l'on ne boit que flammes redoublées
    Par la fraîcheur des eaux.

Enfin, vierge, ce peuple a recours à ta cendre,
Ce trésor qu'ont nos rois enfermé de trésors;

Et des sacrés piliers un prélat fait descendre
    Les restes de ton corps.

On soupire, on gémit devant ta sainte châsse,
On t'invoque; et ces feux se laissent étouffer,
Ces feux qui ne faisoient que préparer la place
    Aux flammes de l'enfer.

Souverain médecin et des corps et des ames,
Dieu, que nous bénissons des maux qu'elle finit,
Éteins les feux impurs, et sauve-nous des flammes
    Dont l'enfer les punit.

A LAUDES.

Ces flammes qui servoient la colère divine
Par un ravage affreux semoient partout la mort,
Et contre leur venin toute la médecine
    N'étoit qu'un impuissant effort.

Cette ardeur pestilente au-dedans répandue
Fermoit soudain la porte à toute guérison,
Pulvérisoit les os, et leur moelle fondue
    Devenoit un nouveau poison.

Ta châsse, vierge sainte, est le remède unique
Par qui sont tant de maux heureusement bornés;
Et ta vertu céleste, aussitôt qu'on l'applique,
    Bannit ces feux empoisonnés.

Ce tombeau portatif épouvante la peste,
Ranime sa langueur, met en fuite le mal;
Et d'un si chaste corps l'ombre même est funeste

A ce qui nous étoit fatal.

Merveille ! ces horreurs de la nature humaine
D'une simple bergère ont la châsse en horreur,
Et de l'or qui l'enferme un rayon luit à peine,
　　Qu'il éteint toute leur fureur.

Souverain médecin et des corps et des ames,
Dieu, que nous bénissons des maux qu'elle finit,
Éteins les feux impurs, et sauve-nous des flammes
　　Dont l'enfer vengeur les punit.

FIN.

POÉSIES LATINES.

I.

PETRI CORNELII,

ROTHOMAGENSIS,

AD ILLUSTRISSIMI FRANCISCI HARLÆI, ARCHIEPISCOPI
NORMANNIÆ, PRIMATIS INVITATIONEM;

QUA GLORIOSISSIMUM REGEM, EMINENTISSIMUMQUE CARDINALEM
DUCEM VERSIBUS CELEBRARE JUSSUS EST,

EXCUSATIO.

Neustriacæ lux alma plagæ, quo nostra superbit
    Insula, et Aonii laurus opaca jugi,
Heroum ad laudes, dignosque Marone triumphos
    Parce, precor, tenuem sollicitare chelyn.
Non ingrata canit, sed et impar fortibus ausis;
    Quæ canat, exiguis viribus apta legit.
Ad scenam teneros deducere gaudet amores,
    Et vetus insuetis drama novare jocis.
Regnat in undanti non tristis musa theatro,
    Atque hilarem populum tædia nosse vetat;
Hanc doctique, rudesque, hanc mollis et aulicus, et jam
    Exeso mitis Zoïlus ungue stupet.
Nil tamen hic fortes opus alte intendere nervos,
    Nostraque nil duri scena laboris eget;
Vulgare eloquium; sed quo improvisus amator
    Occurrens dominæ fundere vota velit.
Obvius hoc blandum compellet amicus amicum;
    Hoc subitum excipiat læta puella procum.

Ars artem fugisse mihi est, et sponte fluentes
  Ad numeros facilis pleraque rhythmus obit.
Nec solis addicta jocis, risuque movendo,
  Semper in exiguo carmine vena jacet :
Sæpius et grandes soccis miscere cothurnos,
  Et simul oppositis docta placere modis.
In lacrymas natam pater, aut levis egit amator
  Sæpius, aut lusu sæviit ira proci.
Atque ubi pene latus venalis pergula rumpit,
  Hic aliquid dignum laude, Lysandre, furis :
Nec minus Angelicæ dolor et suspiria spretæ,
  Quam placuere tui, Phylli jocosa, sales;
Et quorum in patulos solvis lata ora cachinnos,
  Multa his Angelica lacryma flente cadit :
Sed tamen hic scena est, et gestu et voce juvamur,
  Forsitan et mentem Roscius implet opus.
Tollit si qua jacent, et toto corpore prodest,
  Forsan et inde ignis versibus, inde lepos.
Vix sonat a magno divulsa camœna theatro,
  Blæsaque nil proprio sustinet ore loqui.
Hi mihi sunt fines, nec me quæsiveris extra,
  Carminibus ponent clausa theatra modum :
Nec, Lodoïce, tuos ausim temerare triumphos,
  Richeliumve humili dedecorare lyra.
Regis ad adventum fusos Rhea protinus Anglos
  Tundere spumantes libera vidit aquas :
Victa sibi nullo Rupella cruore madendum
  Mirata est, iram viceret ille prius :
Victores dominum, victi sensere parentem,
  Mœnibus admisit cum benesuada fames.
Quem sprevit socium, dominum tulit inde Sabaudus,
  Quique fide potuit cedere, cessit agris :
Cessit et obsesso pugnax a Cazale Iberus,
  Jamque suo servit Mantua læta duci.

Arx quoque totius non impar viribus orbis
  Nanceium viso vix bene Rege patet.
Richelius tanto ingentes sub principe curas
  Explicat, et tantis pars bona rebus adest;
Nec pretiosam animam Lodoïci impendere palmis,
  Aut patriæ dubitet postposuisse bonis.
Tempora rimatur, pavidum ruiturus in hostem,
  Et ruit, et solo nomine sæpe domat.
Nestora Richelius, Rex vincere possit Achillem.
  Hæc levibus metris credere, quale nefas?
Tanta canant quorum præcordia Cynthius urget
  Plenior, et mentem grandior æstus agit :
Sit satis ad nostros plausisse utrumque lepores,
  Forsitan et nomen novit uterque meum.
Laudibus apta minus, curis fuit apta levandis
  Melpomene, et longos sit, precor, apta dies.
Hos gestit versare modos, hic nescia vinci
  Nostra coronato vertice laurus ovat :
Me pauci hic fecere parem, nullusque secundum,
  Nec spernenda fuit gloria pone sequi.
Desipiat nota forsan qui primus in arte,
  Ultimus ignotis artibus esse velit.
Suspicio vates, et carmina pronus adoro,
  Materiam queis Rex, Richeliusve dedit :
Sed neque Godæis accedat musa tropæis,
  Nec capellanum fas mihi velle sequi;
Ut taceam reliquos, quorum sonat undique fama
  Non minor, et grandi pectore vena salit.
Hos ego sperarim nequicquam æquare canendo,
  Hos sua perpetuum, me mea palma juvet.
Tu modo, quem meritis dudum minor infula cingit,
  Neustriacæ, præsul, gloria luxque plagæ,
Heroum ad laudes, dignosque Marone triumphos,
  Parce, precor, tenuem sollicitare chelyn.

II.

REGI,

PRO DOMITIS SEQUANIS.

Quis te per medias hiemes, Rex maxime, turbo,
   Quisve triumphandi præscius ardor agit?
Quis deus in sacra fulmen tibi fronte ministrum,
   Quis dedit ut nutu mœnia tacta ruant?

Venisti, et populos provincia territa subdit,
   Qui tua suspiciant lilia, jura probent.
Quodque alio absolvant vix integra sæcula rege,
   Hoc tibi ter terni dant potuisse dies.

Ecce avida famam properans dum devorat aure,
   Et quærit reduci quæ tibi musa canat,
Præcipiti obruitur cursu victoris, et alta
   Spe licet arripiat plurima, plura videt.

Impar tot rerum sub pondere deficit ipse
   Spiritus, et vires mole premente cadunt;
Quique tibi reliquos vates devoverat annos
   Hæret, et insueto cuncta pavore stupet.

Turpe silere quidem, seges est ubi tanta loquendi,
   Turpius indigno carmine tanta loqui;
Carmina quippe moram poscunt : vel parce tacenti,
   Victor, vincendi vel tibi sume moras.

III.

REGI,

PRO RESTITUTA APUD BATAVOS CATHOLICA FIDE.

Quid mirum rapido tibi si victoria cursu
Tot populos subdit facilis, tot mœnia pandit!
Vix sua cuique dies urbi, nec pluribus horis
Castra locas, quam justa vides tibi crescere regna.

Nempe Deus, Deus ille, sui de culmine cœli
Quem trahis in partes, cui sub te militat omnis
In Batavos effusa phalanx, Deus ille tremendum
Ponere cui properas communi ex hoste trophæum,
Ipse tibi frangitque obices, arcetque pericla
Fidus, et æterna tecum mercede paciscens,
Prævia pro reduce appendit miracula cultu.

Jamque fidem excedunt, jam lassis viribus impar
Sub te fama gemit, rerumque interrita custos
Te pavet historia, it tantorum conscius ordo
Fatorum, ac merito eventu spem votaque vincit.

Perge modo, et pulsum victor redde omnibus aris,
Victis redde Deum, fac regnet et ipse, tibique
Quantum exempla præire dedit, tantum et sua cunctas
Et belli et pacis præeat tibi gloria curas.

Interea totus dum te unum suspicit orbis,
Dum musæ fortemque animum, mentemque profundam,
Tot regnandi artes certatim ad sidera tollent,
Fas mihi sit tacuisse semel, Rex magne, Deique
Nil nisi in invicto mirari principe donum.

FIN DES POÉSIES DIVERSES.

DISCOURS,
LETTRES,
ET AUTRES ŒUVRES
EN PROSE.

PREMIER DISCOURS.

DE L'UTILITÉ ET DES PARTIES

DU

POËME DRAMATIQUE.

Bien que, selon Aristote, le seul but de la poésie dramatique soit de plaire aux spectateurs, et que la plupart de ces poëmes leur ayent plu, je veux bien avouer toutefois que beaucoup d'entre eux n'ont pas atteint le but de l'art. « Il ne faut pas prétendre, dit « ce philosophe, que ce genre de poésie nous donne « toute sorte de plaisir, mais seulement celui qui lui « est propre; » et, pour trouver ce plaisir qui lui est propre, et le donner aux spectateurs, il faut suivre les préceptes de l'art, et leur plaire selon ses règles. Il est constant qu'il y a des préceptes, puisqu'il y a un art; mais il n'est pas constant quels ils sont. On convient du nom sans convenir de la chose, et on s'accorde sur les paroles pour contester sur leur signification. Il faut observer l'unité d'action, de lieu et de jour, personne n'en doute [1]; mais ce n'est pas

---

[1] On en doutait tellement du temps de Corneille, que ni les Espagnols ni les Anglais ne connurent cette règle. Les Italiens seuls l'observèrent. La *Sophonisbe* de Mairet fut la première pièce en France où ces trois unités parurent. La Motte, homme de beaucoup d'esprit et de talent, mais homme à paradoxes, a écrit de nos jours contre ces trois unités ; mais cette hérésie en littérature n'a pas fait fortune. (V.)

une petite difficulté de savoir ce que c'est que cette unité d'action, et jusques où peut s'étendre cette unité de jour et de lieu. Il faut que le poëte traite son sujet selon le vraisemblable et le nécessaire ; Aristote le dit, et tous ses interprètes répètent les mêmes mots, qui leur semblent si clairs et si intelligibles, qu'aucun d'eux n'a daigné nous dire, non plus que lui, ce que c'est que ce vraisemblable et ce nécessaire. Beaucoup même ont si peu considéré ce dernier, qui accompagne toujours l'autre chez ce philosophe, hormis une seule fois, où il parle de la comédie, qu'on en est venu jusqu'à établir une maxime très fausse[1], *qu'il faut que le sujet d'une tragédie soit vraisemblable;* appliquant ainsi aux conditions du sujet la moitié de ce qu'il a dit de la manière de le traiter. Ce n'est pas qu'on ne puisse faire une tragédie d'un sujet purement vraisemblable ; il en donne pour exemple la *Fleur d'Agathon,* où les noms et les choses étoient de pure invention, aussi bien qu'en la comédie : mais les grands sujets qui remuent fortement les passions, et en opposent l'impétuosité aux lois du devoir ou aux tendresses du sang, doivent toujours aller au-delà du vraisemblable, et ne trouveroient aucune croyance parmi les auditeurs, s'ils n'étoient soutenus, ou par l'autorité de l'histoire qui persuade avec empire, ou par la préoccupation de l'opinion commune qui nous donne ces mêmes auditeurs déjà tout persuadés. Il

---

[1] Cette maxime au contraire est très vraie, en quelque sens qu'on l'entende. Boileau dit avec raison, dans son *Art poétique* :

    Jamais au spectateur n'offrez rien d'incroyable ;
    Le vrai peut quelquefois n'être pas vraisemblable.
    Une merveille absurde est pour moi sans appas :
    L'esprit n'est point ému de ce qu'il ne croit pas. (V.)

n'est pas vraisemblable que [1] Médée tue ses enfants, que Clytemnestre assassine son mari, qu'Oreste poignarde sa mère ; mais l'histoire le dit, et la représentation de ces grands crimes ne trouve point d'incrédules. Il n'est ni vrai ni vraisemblable qu'Andromède, exposée à un monstre marin, aye été garantie de ce péril par un cavalier volant qui avoit des ailes aux pieds : mais c'est une fiction que l'antiquité a reçue ; et, comme elle l'a transmise jusqu'à nous, personne ne s'en offense [2] quand on la voit sur le théâtre. Il ne seroit pas permis toutefois d'inventer sur ces exemples. Ce que la vérité ou l'opinion fait accepter seroit rejeté, s'il n'avoit point d'autre fondement qu'une ressemblance à cette vérité ou à cette opinion. C'est pourquoi notre docteur dit que *les sujets viennent de la fortune*, qui fait arriver les choses, *et non de l'art*, qui les imagine. Elle est maîtresse des événements, et le choix qu'elle nous donne de ceux qu'elle nous présente enveloppe une secrète défense d'entreprendre sur elle, et d'en produire sur la scène qui ne soient pas de sa façon. Aussi « les anciennes tragédies se sont arrêtées « autour de peu de familles, parcequ'il étoit arrivé à « peu de familles des choses dignes de la tragédie. » Les

---

[1] Cela n'est pas commun ; mais cela n'est pas sans vraisemblance dans l'excès d'une fureur dont on n'est pas le maître. Ces crimes révoltent la nature, et cependant ils sont dans la nature ; c'est ce qui les rend si convenables à la tragédie, qui ne veut que du vrai, mais un vrai rare et terrible. (V.)

[2] Il semble que les sujets d'*Andromède*, de *Phaéton*, soient plus faits pour l'opéra que pour la tragédie régulière. L'opéra aime le merveilleux. On est là dans le pays des métamorphoses d'Ovide. La tragédie est le pays de l'histoire, ou du moins de tout ce qui ressemble à l'histoire par la vraisemblance des faits et par la vérité des mœurs. (V.)

siècles suivants nous en ont assez fourni pour franchir ces bornes, et ne marcher plus sur les pas des Grecs : mais je ne pense pas qu'ils nous ayent donné la liberté de nous écarter de leurs règles. Il faut, s'il se peut, nous accommoder avec elles, et les amener jusqu'à nous. Le retranchement que nous avons fait des chœurs nous oblige à remplir nos poëmes de plus d'épisodes qu'ils ne faisoient; c'est quelque chose de plus, mais qui ne doit pas aller au-delà de leurs maximes, bien qu'il aille au-delà de leur pratique.

Il faut donc savoir quelles sont ces règles; mais notre malheur est qu'Aristote, et Horace après lui, en ont écrit assez obscurément pour avoir besoin d'interprètes, et que ceux qui leur en ont voulu servir jusques ici ne les ont souvent expliqués qu'en grammairiens ou en philosophes. Comme ils avoient plus d'étude et de spéculation que d'expérience du théâtre, leur lecture nous peut rendre plus doctes, mais non pas nous donner beaucoup de lumières fort sûres pour y réussir.

Je hasarderai quelque chose sur cinquante ans de travail pour la scène, et en dirai mes pensées tout simplement, sans esprit de contestation qui m'engage à les soutenir, et sans prétendre que personne renonce en ma faveur à celles qu'il en aura conçues.

Ainsi ce que j'ai avancé dès l'entrée de ce discours, que *la poésie dramatique a pour but le seul plaisir des spectateurs*, n'est pas pour l'emporter opiniâtrément sur ceux qui pensent ennoblir l'art, en lui donnant pour objet de profiter aussi bien que de plaire. Cette dispute même seroit très inutile, puisqu'il est impossible de plaire selon les règles, qu'il ne s'y rencontre beaucoup d'utilité. Il est vrai qu'Aristote, dans tout son *Traité de la Poétique*, n'a jamais employé ce mot une seule fois; qu'il attribue l'origine de la poésie au plaisir que nous prenons à voir imiter les actions des hommes; qu'il préfère la partie du poëme qui regarde le sujet à celle qui regarde les mœurs, parceque cette première contient ce qui agrée le plus, comme les *agnitions* et les *péripéties*; qu'il fait entrer, dans la définition de la tragédie, l'agrément du discours dont elle est composée; et qu'il l'estime enfin plus que le poëme épique, en ce qu'elle a de plus la décoration extérieure et la musique, qui délectent puissamment, et qu'étant plus courte et moins diffuse, le plaisir qu'on y prend est plus parfait : mais il n'est pas moins vrai qu'Horace nous apprend que nous ne saurions plaire à tout le monde, si nous n'y mêlons l'utile; et que les gens graves et sérieux, les vieillards et les amateurs de la vertu, s'y ennuieront, s'ils n'y trouvent rien à profiter.

Centuriæ seniorum agitant expertia frugis.

Ainsi, quoique l'utile n'y entre que sous la forme du délectable, il ne laisse pas d'y être nécessaire; et il vaut mieux examiner de quelle façon il y peut trouver sa place que d'agiter, comme je l'ai déja dit, une question inutile touchant l'utilité de cette sorte de poëmes. J'estime donc qu'il s'y en peut rencontrer de quatre sorte.

La première consiste aux sentences et instructions morales qu'on y peut semer presque par-tout : mais il en faut user sobrement, les mettre rarement en discours généraux, ou ne les pousser guère loin, surtout quand on fait parler un homme passionné, ou qu'on lui fait répondre par un autre; car il ne doit avoir non plus de patience pour les entendre que de quiétude d'esprit pour les concevoir et les dire. Dans les délibérations d'état, où un homme d'importance consulté par un roi s'explique de sens rassis, ces sortes de discours trouvent lieu de plus d'étendue ; mais enfin il est toujours bon de les réduire souvent de la thèse à l'hypothèse ; et j'aime mieux faire dire à un acteur, *l'amour vous donne beaucoup d'inquiétudes*, que, *l'amour donne beaucoup d'inquiétudes aux esprits qu'il possède.*

Ce n'est pas que je voulusse entièrement bannir cette dernière façon de s'énoncer sur les maximes de la morale et de la politique. Tous mes poëmes demeureroient bien estropiés, si on en retranchoit ce que j'y en ai mêlé ; mais, encore un coup, il ne les faut pas pousser loin sans les appliquer au particulier ; autrement c'est un lieu commun, qui ne manque jamais d'ennuyer l'auditeur, parcequ'il fait languir l'action ; et, quelque heureusement que réussisse cet étalage de moralités, il faut toujours craindre que ce ne soit un de ces ornements ambitieux qu'Horace nous ordonne de retrancher[1].

J'avouerai toutefois que les discours généraux ont

---

[1] Il nous semble qu'on ne peut donner de meilleures leçons de goût, et raisonner avec un jugement plus solide. Il est beau de voir l'auteur de *Cinna* et de *Polyeucte* creuser ainsi les principes de l'art dont il fut le père en France. Il est vrai qu'il est tombé souvent dans le défaut qu'il condamne : on pensait que c'était faute de connaître son art, qu'il connaissait pourtant si bien ; il déclare ici qu'il vaut beaucoup mieux mettre les maximes en sentiment que les étaler en préceptes ; et il distingue très finement les situations dans lesquelles un personnage peut débiter un peu de morale de celles qui exigent un abandonnement entier à la passion.... Ce sont les passions qui font l'ame de la tra-

SUR LE POEME DRAMATIQUE. 261

souvent grace, quand celui qui les prononce et celui
qui les écoute ont tous deux l'esprit assez tranquille
pour se donner raisonnablement cette patience. Dans
le quatrième acte de *Mélite*, la joie qu'elle a d'être
aimée de Tircis lui fait souffrir sans chagrin la remontrance de sa nourrice, qui de son côté satisfait à cette
démangeaison qu'Horace attribue aux vieilles gens,
de faire des leçons aux jeunes; mais si elle savoit que
Tircis la crût infidèle, et qu'il en fût au désespoir,
comme elle l'apprend ensuite, elle n'en souffriroit pas
quatre vers. Quelquefois même ces discours sont
nécessaires pour appuyer des sentiments dont le raisonnement ne se peut fonder sur aucune des actions particulières de ceux dont on parle. Rodogune, au premier acte, ne sauroit justifier la défiance qu'elle a de
Cléopâtre que par le peu de sincérité qu'il y a d'ordinaire dans la réconciliation des grands après une offense signalée, parceque, depuis le traité de paix, cette
reine n'a rien fait qui la doive rendre suspecte de cette
haine qu'elle lui conserve dans le cœur. L'assurance
que prend Mélisse, au quatrième de la *Suite du Menteur*, sur les premières protestations d'amour que lui

---

gédie. Par conséquent un héros ne doit point prêcher, et doit
peu raisonner. Il faut qu'il sente beaucoup, et qu'il agisse.

Pourquoi donc Corneille, dans plus de la moitié de ses pièces,
donne-t-il tant aux lieux communs de politique, et presque
rien aux grands mouvements des passions? La raison en est, à
notre avis, que c'était là le caractère dominant de son esprit.
Dans son *Othon*, par exemple, tous les personnages raisonnent,
et pas un n'est animé.

Peut-être aurait-il dû apporter ici un autre exemple que celui
de *Mélite*. Cette comédie n'est aujourd'hui connue que par son
titre, et parcequ'elle fut le premier ouvrage dramatique de Corneille. (V.)

fait Dorante, qu'elle n'a vu qu'une seule fois, ne se peut autoriser que sur la facilité et la promptitude que deux amants nés l'un pour l'autre ont à donner croyance à ce qu'ils s'entredisent ; et les douze vers qui expriment cette moralité en termes généraux ont tellement plu, que beaucoup de gens d'esprit n'ont pas dédaigné d'en charger leur mémoire. Vous en trouverez ici quelques autres de cette nature. La seule règle qu'on y peut établir, c'est qu'il les faut placer judicieusement, et sur-tout les mettre en la bouche de gens qui ayent l'esprit sans embarras, et qui ne soient point emportés par la chaleur de l'action.

La seconde utilité du poëme dramatique [1] se rencontre en la naïve peinture des vices et des vertus, qui ne manque jamais à faire son effet, quand elle est bien achevée, et que les traits en sont si reconnoissables, qu'on ne les peut confondre l'un dans l'autre, ni prendre le vice pour la vertu. Celle-ci se fait alors toujours aimer, quoique malheureuse ; et celui-là se fait toujours haïr, bien que triomphant. Les anciens se sont fort souvent contentés de cette peinture, sans se mettre en peine de faire récompenser les bonnes actions, et punir les mauvaises : Clytemnestre et son

---

[1] Ni dans la tragédie, ni dans l'histoire, ni dans un discours public, ni dans aucun genre d'éloquence et de poésie, il ne faut peindre la vertu odieuse et le vice aimable. C'est un devoir assez connu. Ce précepte n'appartient pas plus à la tragédie qu'à tout autre genre ; mais de savoir s'il faut que le crime soit toujours récompensé et la vertu toujours punie sur le théâtre, c'est une autre question. La tragédie est un tableau des grands événements de ce monde ; et malheureusement, plus la vertu est infortunée, plus le tableau est vrai. Intéressez, c'est le devoir du poëte ; rendez la vertu respectable, c'est le devoir de tout homme. (V.)

adultère tuent Agamemnon impunément ; Médée en fait autant de ses enfants, et Atrée de ceux de son frère Thyeste, qu'il lui fait manger. Il est vrai qu'à bien considérer ces actions, qu'ils choisissoient pour la catastrophe de leurs tragédies, c'étoient des criminels qu'ils faisoient punir, mais par des crimes plus grands que les leurs. Thyeste avoit abusé de la femme de son frère ; mais la vengeance qu'il en prend a quelque chose de plus affreux que ce premier crime. Jason étoit un perfide d'abandonner Médée, à qui il devoit tout ; mais massacrer ses enfants à ses yeux est quelque chose de plus. Clytemnestre se plaignoit des concubines qu'Agamemnon ramenoit de Troie ; mais il n'avoit point attenté sur sa vie, comme elle fait sur la sienne : et ces maîtres de l'art ont trouvé le crime de son fils Oreste, qui la tue pour venger son père, encore plus grand que le sien, puisqu'ils lui ont donné des Furies vengeresses pour le tourmenter, et n'en ont point donné à sa mère, qu'ils font jouir paisiblement avec son Ægisthe du royaume d'un mari qu'elle avoit assassiné.

Notre théâtre souffre difficilement de pareils sujets. Le *Thyeste* de Sénèque n'y a pas été fort heureux : *Médée* y a trouvé plus de faveur ; mais aussi, à le bien prendre, la perfidie de Jason et la violence du roi de Corinthe la font paroître si injustement opprimée, que l'auditeur entre aisément dans ses intérêts, et regarde sa vengeance comme une justice qu'elle se fait elle-même de ceux qui l'oppriment.

C'est cet intérêt qu'on aime à prendre pour les vertueux qui a obligé d'en venir à cette autre manière de finir le poëme dramatique par la punition des mauvaises actions et la récompense des bonnes, qui n'est pas un précepte de l'art, mais un usage que nous avons embrassé, dont chacun peut se départir à ses périls. Il étoit dès le temps d'Aristote, et peut-être qu'il ne plaisoit pas trop à ce philosophe, puisqu'il dit « qu'il « n'a eu vogue que par l'imbécillité du jugement des « spectateurs, et que ceux qui le pratiquent s'accommo- « dent au goût du peuple, et écrivent selon les souhaits « de leur auditoire. » En effet, il est certain que nous ne saurions voir un honnête homme sur notre théâtre sans lui souhaiter de la prospérité, et nous fâcher de ses infortunes [1]. Cela fait que, quand il en demeure accablé, nous sortons avec chagrin, et remportons une espèce d'indignation contre l'auteur et les acteurs : mais quand l'événement remplit nos souhaits, et que là vertu y est couronnée, nous sortons avec pleine joie, et remportons une entière satisfaction et de l'ouvrage, et de ceux qui l'ont représenté. Le succès heureux de la vertu, en dépit des traverses et des périls, nous excite à l'embrasser; et le succès funeste du crime ou de l'injustice est capable de nous en augmenter l'horreur naturelle, par l'appréhension d'un pareil malheur.

C'est en cela que consiste la troisième utilité du théâtre, comme la quatrième en la purgation des pas-

---

[1] On ne sort point indigné contre Racine et contre les comédiens de la mort de Britannicus et de celle d'Hippolyte. On sort enchanté du rôle de Phèdre et de celui de Burrhus. On sort la tête remplie des vers admirables qu'on a entendus.
> Et que tout ce qu'il dit, facile à retenir,
> De son ouvrage en vous laisse un long souvenir.

C'est là le grand point. C'est le seul moyen de s'assurer un succès éternel ; c'est le mérite d'Auguste et de Cinna ; c'est celui de Sévère dans *Polyeucte*. (V.)

sions par le moyen de la pitié et de la crainte [1]. Mais, comme cette utilité est particulière à la tragédie, je m'expliquerai sur cet article au second volume, où je traiterai de la tragédie en particulier, et passe à l'examen des parties qu'Aristote attribue au poëme dramatique. Je dis au poëme dramatique en général, bien qu'en traitant cette matière il ne parle que de la tragédie; parceque tout ce qu'il en dit convient aussi à la comédie, et que la différence de ces deux espèces de poëmes ne consiste qu'en la dignité des personnages, et des actions qu'ils imitent, et non pas en la façon de les imiter, ni aux choses qui servent à cette imitation.

Le poëme est composé de deux sortes de parties. Les unes sont appelées parties de quantité, ou d'extension [2]; et Aristote en nomme quatre : le prologue, l'épisode, l'exode, et le chœur. Les autres se peuvent nommer des parties intégrantes, qui se rencontrent dans chacune de ces premières pour former tout le corps avec elles. Ce philosophe y en trouve six : le sujet, les mœurs, les sentiments, la diction, la musique, et la décoration du théâtre. De ces six, il n'y a que le sujet

---

[1] Pour la purgation des passions, je ne sais pas ce que c'est que cette médecine. Je n'entends pas comment la crainte et la pitié purgent, selon Aristote; mais j'entends fort bien comment la crainte et la pitié agitent notre ame pendant deux heures, selon la nature, et comment il en résulte un plaisir très noble et très délicat, qui n'est bien senti que par les esprits cultivés.

Sans cette crainte et cette pitié, tout languit au théâtre. Si on ne remue pas l'ame, on l'affadit. Point de milieu entre s'attendrir et s'ennuyer. (V.)

[2] Il est à croire que ni Molière, ni Racine, ni Corneille lui-même, ne pensèrent aux parties de quantité et aux parties intégrantes quand ils firent leurs chefs-d'œuvre. (V.)

dont la bonne constitution dépende proprement de l'art poétique ; les autres ont besoin d'autres arts subsidiaires : les mœurs, de la morale; les sentiments, de la rhétorique; la diction, de la grammaire; et les deux autres parties ont chacune leur art, dont il n'est pas besoin que le poëte soit instruit, parcequ'il y peut faire suppléer par d'autres que lui, ce qui fait qu'Aristote ne les traite pas. Mais comme il faut qu'il exécute lui-même ce qui concerne les quatre premières, la connoissance des arts dont elles dépendent lui est absolument nécessaire, à moins qu'il aye reçu de la nature un sens commun assez fort et assez profond pour suppléer à ce défaut.

Les conditions du sujet sont diverses pour la tragédie et pour la comédie. Je ne toucherai à présent qu'à ce qui regarde cette dernière, qu'Aristote [1] définit simplement *une imitation des personnes basses et fourbes.* Je ne puis m'empêcher de dire que cette définition ne me satisfait point; et, puisque beaucoup de savants tiennent que son *Traité de la Poétique* n'est pas venu tout entier jusqu'à nous, je veux croire que dans ce que le temps nous en a dérobé il s'en rencontroit une plus achevée.

La poésie dramatique, selon lui, est une imitation des actions, et il s'arrête ici à la condition des per-

---

[1] Corneille a bien raison de ne pas approuver la définition d'Aristote, et probablement l'auteur du *Misanthrope* ne l'approuva pas davantage. Apparemment Aristote était séduit par la réputation qu'avait usurpée ce bouffon d'Aristophane, bas et fourbe lui-même, et qui avait toujours peint ses semblables. Aristote prend ici la partie pour le tout, et l'accessoire pour le principal. Les principaux personnages de Ménandre et de Térence, son imitateur, sont honnêtes. Il est permis de mettre des coquins sur la scène ; mais il est beau d'y mettre des gens de bien. (V.)

sonnes, sans dire quelles doivent être ces actions. Quoi qu'il en soit, cette définition avoit du rapport à l'usage de son temps, où l'on ne faisoit parler, dans la comédie, que des personnes d'une condition très médiocre ; mais elle n'a pas une entière justesse pour le nôtre, où les rois même y peuvent entrer, quand leurs actions ne sont point au-dessus d'elle. Lorsqu'on met sur la scène un simple intrique[1] d'amour entre des rois, et qu'ils ne courent aucun péril, ni de leur vie, ni de leur état, je ne crois pas que, bien que les personnes soient illustres[2], l'action le soit assez pour s'élever jusques à la tragédie. Sa dignité demande quelque grand intérêt d'état, ou quelque passion plus noble et plus mâle que l'amour, telles que sont l'ambition ou la vengeance, et veut donner à craindre des malheurs plus grands que la perte d'une maîtresse. Il est à propos d'y mêler l'amour, parcequ'il a toujours beaucoup d'agrément, et peut servir de fondement à ces intérêts, et à ces autres passions dont je parle ; mais il faut qu'il se contente du second rang dans le poëme, et leur laisse le premier.

Cette maxime semblera nouvelle d'abord ; elle est

---

[1] Nous avons eu déja occasion de remarquer qu'on écrivait alors *intrique*, au lieu de *intrigue*, et qu'on donnait à ce mot le genre masculin. (PAR.)

[2] Nous sommes entièrement de l'avis de Corneille. *Bérénice* ne nous paraît pas une tragédie ; l'élégant et habile Racine trouva, à la vérité, le secret de faire de ce sujet une pièce très intéressante ; mais ce n'est pas une tragédie : c'est, si l'on veut, une comédie héroïque, une idylle, une églogue entre des princes, un dialogue admirable d'amour, une très belle paraphrase de Sapho, et non pas de Sophocle, une élégie charmante ; ce sera tout ce qu'on voudra, mais ce n'est point, encore une fois, une tragédie. (V.)

toutefois de la pratique des anciens, chez qui nous ne voyons aucune tragédie où il n'y aye qu'un intérêt d'amour à démêler. Au contraire, ils l'en bannissoient souvent; et ceux qui voudront considérer les miennes reconnoîtront qu'à leur exemple je ne lui ai jamais laissé y prendre le pas devant, et que dans le Cid même, qui est sans contredit la pièce la plus remplie d'amour que j'aye faite, le devoir de la naissance et le soin de l'honneur l'emportent sur toutes les tendresses qu'il inspire aux amants que j'y fais parler.

Je dirai plus. Bien qu'il y aye de grands intérêts d'état dans un poëme, et que le soin qu'une personne royale doit avoir de sa gloire fasse taire sa passion, comme en *Don Sanche*, s'il ne s'y rencontre point de péril de vie, de perte d'états, ou de bannissement, je ne pense pas qu'il aye droit de prendre un nom plus relevé que celui de comédie; mais, pour répondre aucunement à la dignité des personnes dont celui-là représente les actions, je me suis hasardé d'y ajouter l'épithète d'héroïque, pour le distinguer d'avec les comédies ordinaires. Cela est sans exemple parmi les anciens; mais aussi il est sans exemple parmi eux de mettre des rois sur le théâtre sans quelqu'un de ces grands périls. Nous ne devons pas nous attacher si servilement à leur imitation, que nous n'osions essayer quelque chose de nous-mêmes, quand cela ne renverse point les règles de l'art; ne fût-ce que pour mériter cette louange que donnoit Horace aux poëtes de son temps :

> Nec minimum meruere decus, vestigia græca
> Ausi deserere ;

et n'avoir point de part en ce honteux éloge,

> O imitatores, servum pecus !

« Ce qui nous sert maintenant d'exemple, dit Tacite,
« a été autrefois sans exemple, et ce que nous faisons
« sans exemple en pourra servir un jour. »

La comédie diffère donc en cela de la tragédie, que celle-ci veut pour son sujet une action illustre, extraordinaire, sérieuse; celle-là s'arrête à une action commune et enjouée : celle-ci demande de grands périls pour ses héros ; celle-là se contente de l'inquiétude et des déplaisirs de ceux à qui elle donne le premier rang parmi ses acteurs. Toutes les deux ont cela de commun, que cette action doit être complète et achevée; c'est-à-dire que dans l'événement qui la termine le spectateur doit être si bien instruit des sentiments de tous ceux qui y ont eu quelque part, qu'il sorte l'esprit en repos, et ne soit plus en doute de rien. Cinna conspire contre Auguste, sa conspiration est découverte, Auguste le fait arrêter. Si le poëme en demeuroit là, l'action ne seroit pas complète, parceque l'auditeur sortiroit dans l'incertitude de ce que cet empereur auroit ordonné de cet ingrat favori. Ptolomée craint que César, qui vient en Égypte, ne favorise sa sœur dont il est amoureux, et ne le force à lui rendre sa part du royaume, que son père lui a laissée par testament : pour attirer la faveur de son côté par un grand service, il lui immole Pompée; ce n'est pas assez, il faut voir comment César recevra ce grand sacrifice. Il arrive, il s'en fâche, il menace Ptolomée, il le veut obliger d'immoler les conseillers de cet attentat à cet illustre mort; ce roi, surpris de cette réception si peu attendue, se résout à prévenir César, et conspire contre lui, pour éviter, par sa perte, le malheur dont il se voit menacé. Ce n'est pas encore assez; il faut savoir ce qui réussira de cette conspiration. César en a l'avis, et Ptolomée, périssant dans un combat avec ses ministres, laisse Cléopâtre en paisible possession du royaume dont elle demandoit la moitié, et César hors de péril ; l'auditeur n'a plus rien à demander, et sort satisfait, parceque l'action est complète.

Je connois des gens d'esprit [1], et des plus savants en l'art poétique, qui m'imputent d'avoir négligé d'achever *le Cid*, et quelques autres de mes poëmes, parceque je n'y conclus pas précisément le mariage des premiers acteurs, et que je ne les envoie point marier au sortir du théâtre. A quoi il est aisé de répondre que le mariage n'est point un achèvement nécessaire pour la tragédie heureuse, ni même pour la comédie. Quant à la première, c'est le péril d'un héros qui la constitue ; et lorsqu'il en est sorti, l'action est terminée. Bien qu'il aye de l'amour, il n'est point besoin qu'il parle d'épouser sa maîtresse quand la bienséance ne le permet pas ; et il suffit d'en donner l'idée après en avoir levé tous les empêchements, sans lui en faire déterminer le jour. Ce seroit une chose insupportable que Chimène en convînt avec Rodrigue dès le lendemain qu'il a tué son père ; et Rodrigue seroit ridicule, s'il faisoit la moindre démonstration de le desirer. Je dis la même chose d'Antiochus. Il ne pourroit

---

[1] Ces savants en l'art poétique ne paraissent pas savants dans la connaissance du cœur humain. Corneille en savait beaucoup plus qu'eux. Ce qui nous paraît ici de plus extraordinaire, c'est que, dans les premiers temps si tumultueux de la grande réputation du *Cid*, les ennemis de Corneille lui reprochaient d'avoir marié Chimène avec le meurtrier de son père le propre jour de sa mort, ce qui n'était pas vrai : au contraire, la pièce finit par ce beau vers :

Laisse faire le temps, ta vaillance, et ton roi. (V.)

dire de douceurs à Rodogune qui ne fussent de mauvaise grace, dans l'instant que sa mère se vient d'empoisonner à leurs yeux, et meurt dans la rage de n'avoir pu les faire périr avec elle. Pour la comédie, Aristote ne lui impose point d'autre devoir pour conclusion *que de rendre amis ceux qui étoient ennemis.* Ce qu'il faut entendre un peu plus généralement que les termes ne semblent porter, et l'étendre à la réconciliation de toute sorte de mauvaise intelligence; comme quand un fils rentre aux bonnes graces d'un père qu'on a vu en colère contre lui pour ses débauches, ce qui est une fin assez ordinaire aux anciennes comédies; ou que deux amants, séparés par quelque fourbe qu'on leur a faite, ou par quelque pouvoir dominant, se réunissent par l'éclaircissement de cette fourbe, ou par le consentement de ceux qui y mettoient obstacle; ce qui arrive presque toujours dans les nôtres, qui n'ont que très rarement une autre fin que des mariages. Nous devons toutefois prendre garde que ce consentement ne vienne pas par un simple changement de volonté, mais par un événement qui en fournisse l'occasion. Autrement il n'y auroit pas grand artifice au dénouement d'une pièce, si, après l'avoir soutenue, durant quatre actes, sur l'autorité d'un père qui n'approuve point les inclinations amoureuses de son fils ou de sa fille, il y consentoit tout d'un coup au cinquième, par cette seule raison que c'est le cinquième, et que l'auteur n'oseroit en faire six. Il faut un effet considérable qui l'y oblige, comme si l'amant de sa fille lui sauvoit la vie en quelque rencontre où il fût près d'être assassiné par ses ennemis; ou que, par quelque accident inespéré, il fût reconnu pour être de plus grande condition, et mieux dans la fortune qu'il ne paroissoit.

Comme il est nécessaire que l'action soit complète, il faut aussi n'ajouter rien au-delà ; parceque, quand l'effet est arrivé, l'auditeur ne souhaite plus rien, et s'ennuie de tout le reste. Ainsi les sentiments de joie qu'ont deux amants qui se voient réunis après de longues traverses doivent être bien courts ; et je ne sais pas quelle grace a eue chez les Athéniens la contestation de Ménélas et de Teucer pour la sépulture d'Ajax, que Sophocle fait mourir au quatrième acte ; mais je sais bien que, de notre temps, la dispute du même Ajax et d'Ulysse pour les armes d'Achille après sa mort lassa fort les oreilles, bien qu'elle partît d'une bonne main. Je ne puis déguiser même que j'ai peine encore à comprendre comment on a pu souffrir le cinquième acte de *Mélite* et de *la Veuve*. On n'y voit les premiers acteurs que réunis ensemble, et ils n'y ont plus d'intérêt qu'à savoir les auteurs de la fausseté ou de la violence qui les a séparés. Cependant ils en pouvoient être déja instruits, si je l'eusse voulu, et semblent n'être plus sur le théâtre que pour servir de témoins au mariage de ceux du second ordre ; ce qui fait languir toute cette fin, où ils n'ont point de part. Je n'ose attribuer le bonheur qu'eurent ces deux comédies à l'ignorance des préceptes, qui étoit assez générale en ce temps-là, d'autant que ces mêmes préceptes, bien ou mal observés, doivent faire leur effet, bon ou mauvais, sur ceux mêmes qui, faute de les savoir, s'abandonnent au courant des sentiments naturels : mais je ne puis que je n'avoue du moins que la vieille habitude qu'on avoit alors à ne voir rien de mieux ordonné a été cause qu'on ne s'est point indigné contre ces défauts, et que la nouveauté d'un genre de comédie très agréable, et qui jusque-là n'avoit point paru sur la scène, a fait qu'on a voulu trouver belles toutes les parties d'un corps qui plaisoit à la vue, bien qu'il n'eût pas toutes ses proportions dans leur justesse.

La comédie et la tragédie se ressemblent encore en ce que l'action qu'elles choisissent pour imiter « doit « avoir une juste grandeur, c'est-à-dire [1] qu'elle ne doit « être, ni si petite qu'elle échappe à la vue comme un « atome, ni si vaste qu'elle confonde la mémoire de l'au- « diteur et égare son imagination. » C'est ainsi qu'Aristote explique cette condition du poëme, et ajoute que « pour être d'une juste grandeur, elle doit avoir un « commencement, un milieu, et une fin. » Ces termes sont si généraux, qu'ils semblent ne signifier rien ; mais, à les bien entendre, ils excluent les actions momentanées qui n'ont point ces trois parties. Telle est peut-être la mort de la sœur d'Horace, qui se fait tout d'un coup sans aucune préparation dans les trois actes qui la précèdent ; et je m'assure que si Cinna attendoit au cinquième à conspirer contre Auguste, et qu'il consumât les quatre autres en protestations d'amour à Æmilie, ou en jalousies contre Maxime, cette conspiration surprenante feroit bien des révoltes dans les esprits, à qui ces quatre premiers auroient fait attendre tout autre chose.

Il faut donc qu'une action, pour être d'une juste grandeur, aye un commencement, un milieu, et une

---

[1] Tout ce qu'ont dit Aristote et Corneille sur ce commencement, ce milieu et cette fin, est incontestable. Et la remarque de Corneille sur le meurtre de Camille par Horace est très fine ; on ne peut trop estimer la candeur et le génie d'un homme qui recherche un défaut dans un de ses ouvrages, étincelant des plus grandes beautés, qui trouve la cause de ce défaut, et qui l'explique. (V.)

fin. Cinna conspire contre Auguste, et rend compte de sa conspiration à Æmilie, voilà le commencement; Maxime en fait avertir Auguste, voilà le milieu; Auguste lui pardonne, voilà la fin. Ainsi dans les comédies de ce premier volume, j'ai presque toujours établi deux amants en bonne intelligence; je les ai brouillés ensemble par quelque fourbe, et les ai réunis par l'éclaircissement de cette même fourbe qui les séparoit.

A ce que je viens de dire de la juste grandeur de l'action j'ajoute un mot touchant celle de sa représentation, que nous bornons d'ordinaire à un peu moins de deux heures. Quelques-uns réduisent le nombre des vers qu'on y récite à quinze cents [1], et veulent que les pièces de théâtre ne puissent aller jusqu'à dix-huit, sans laisser un chagrin capable de faire oublier les plus belles choses. J'ai été plus heureux que leur règle ne me le permet, en ayant donné pour l'ordinaire deux mille aux comédies, et un peu plus de dix-huit cents aux tragédies, sans avoir sujet de me plaindre que

---

[1] Deux mille vers, dix-huit cents, quinze cents, douze cents; il n'importe : ce ne sera pas trop de deux mille vers, s'ils sont bien faits, s'ils sont intéressants; ce sera trop de douze cents, s'ils ennuient. Il est vrai que, depuis l'excellent Racine, nous avons eu des tragédies très longues, et généralement très mal écrites, qui ont eu de grands succès, soit par la force du sujet, soit par des vers heureux qui brillaient à travers la barbarie du style, soit encore par des cabales qui ont tant d'influence au théâtre; mais il demeure toujours très vrai que douze cents bons vers valent mieux que dix-huit cents vers obscurs, enflés, pleins de solécismes ou de lieux communs pires que des solécismes. Ils peuvent passer sur le théâtre à la faveur d'une déclamation imposante; mais ils sont à jamais réprouvés par tous les lecteurs judicieux. (V.)

mon auditoire ait montré trop de chagrin pour cette longueur.

C'est assez parlé du sujet de la comédie, et des conditions qui lui sont nécessaires. La vraisemblance en est une dont je parlerai en un autre lieu; il y a, de plus, que les événements en doivent toujours être heureux, ce qui n'est pas une obligation de la tragédie, où nous avons le choix de faire un changement de bonheur en malheur, ou de malheur en bonheur. Cela n'a pas besoin de commentaire. Je viens à la seconde partie du poëme, qui sont les mœurs.

Aristote leur prescrit quatre conditions : *qu'elles soient bonnes, convenables, semblables, et égales.* Ce sont des termes qu'il a si peu expliqués, qu'il nous laisse grand lieu de douter de ce qu'il veut dire.

Je ne puis comprendre comment on a voulu[1] entendre par ce mot de *bonnes* qu'il faut qu'elles soient vertueuses. La plupart des poëmes, tant anciens que modernes, demeureroient en un pitoyable état, si l'on en retranchoit tout ce qui s'y rencontre de personnages méchants, ou vicieux, ou tachés de quelque foiblesse qui s'accorde mal avec la vertu. Horace a pris soin de

---

[1] Quand on dispute sur un mot, c'est une preuve que l'auteur ne s'est pas servi du mot propre. La plupart des disputes en tout genre ont roulé sur des équivoques. Si Aristote avait dit, *il faut que les mœurs soient vraies,* au lieu de dire, *il faut que les mœurs soient bonnes,* on l'aurait très bien entendu. On ne niera jamais que Louis XI doive être peint violent, fourbe, et superstitieux, soutenant ses imprudences par des cruautés; Louis XII, juste envers ses sujets, faible avec les étrangers; François Ier, brave, ami des arts et des plaisirs; Catherine de Médicis, intrigante, perfide, cruelle. L'histoire, la tragédie, les discours publics doivent représenter les mœurs des hommes telles qu'elles ont été. (V.)

décrire en général les mœurs de chaque âge, et leur attribue plus de défauts que de perfections; et quand il nous prescrit de peindre Médée fière et indomptable, Ixion perfide, Achille emporté de colère, jusqu'à maintenir que les lois ne sont pas faites pour lui, et ne vouloir prendre droit que par les armes[1], il ne nous donne pas de grandes vertus à exprimer. Il faut donc trouver une bonté compatible avec ces sortes de mœurs; et s'il m'est permis de dire mes conjectures sur ce qu'Aristote nous demande par-là, je crois que c'est le caractère brillant et élevé d'une habitude vertueuse ou criminelle, selon qu'elle est propre et convenable à la personne qu'on introduit. Cléopâtre, dans *Rodogune*, est très méchante; il n'y a point de parricide qui lui fasse horreur, pourvu qu'il la puisse conserver sur un trône qu'elle préfère à toutes choses, tant son attachement à la domination est violent; mais tous ses crimes sont accompagnés d'une grandeur d'ame qui a quelque chose de si haut, qu'en même temps qu'on déteste ses actions on admire la source dont elles partent. J'ose dire la même chose du *Menteur*. Il est hors de doute que c'est une habitude vicieuse que de mentir; mais il débite ses menteries avec une telle présence d'esprit et tant de vivacité, que cette imperfection a bonne grace en sa personne, et fait confesser aux spectateurs que le talent de mentir ainsi est un vice dont les sots ne sont point capables. Pour troisième exemple, ceux qui voudront examiner la manière dont Horace décrit la colère

---

[1] . . . . Si forte reponis Achillem,
 . . . iracundus. . . . .
Jura neget sibi nata, nihil non arroget armis;
Sit Medea ferox, invictaque. . . . .
Perfidus Ixion . . . .
 HORAT., *de Arte poët.*, v. 120 et seq.

SUR LE POEME DRAMATIQUE.   277

d'Achille ne s'éloigneront pas de ma pensée. Elle a pour fondement un passage d'Aristote, qui suit d'assez près celui que je tâche d'expliquer. « La poésie, dit-il, est « une imitation de gens meilleurs[1] qu'ils n'ont été ; et « comme les peintres font souvent des portraits flattés, « qui sont plus beaux que l'original, et conservent toute-« fois la ressemblance, ainsi les poëtes, représentant « des hommes colères ou fainéants, doivent tirer une « haute idée de ces qualités qu'ils leur attribuent, en « sorte qu'il s'y trouve un bel exemplaire d'équité ou de « dureté ; et c'est ainsi qu'Homère a fait Achille bon. » Ce dernier mot est à remarquer, pour faire voir qu'Homère a donné aux emportements de la colère d'Achille cette bonté nécessaire aux mœurs, que je fais consister en cette élévation de leur caractère, et dont Robortel parle ainsi : *Unumquodque genus per se supremos quosdam habet decoris gradus, et absolutissimam recipit formam, non tamen degenerans à sua natura et effigie pristina.*

Ce texte d'Aristote, que je viens de citer, peut faire de la peine, en ce qu'il porte « que les mœurs des hom-« mes colères ou fainéants[2] doivent être peintes dans

---

[1] *Meilleurs* est encore ici une équivoque d'Aristote ; il entend qu'il faut un peu exagérer dans la poésie, que les hommes y doivent paraître plus grands, plus brillants qu'ils n'ont été ; il faut frapper l'imagination. Voilà pourquoi, dans la sculpture, on donnait aux héros une taille au-dessus du commun des hommes.

Il se pourrait que les mots grecs qui répondent, chez Aristote, à *bon* et à *meilleur*, ne signifiassent pas précisément ce que nous leur faisons signifier. Il n'y avait peut-être pas d'équivoque dans le texte grec, et il y en a dans le français. (V.)

[2] Corneille n'a-t-il pas grande raison de traduire par *débonnaire* le mot grec si mal traduit par *fainéant*? En effet, le carac-

« un tel degré d'excellence, qu'il s'y rencontre un haut « exemplaire d'équité ou de dureté. » Il y a du rapport de la dureté à la colère; et c'est ce qu'attribue Horace à celle d'Achille en ce vers :

. . . . Iracundus, inexorabilis, acer.

Mais il n'y en a point de l'équité à la fainéantise, et je ne puis voir quelle part elle peut avoir en son caractère. C'est ce qui me fait douter si le mot grec ῥᾳθύμους a été rendu dans le sens d'Aristote par les interprètes latins que j'ai suivis. Pacius le tourne *desides;* Victorius, *inertes;* Heinsius, *segnes;* et le mot de *fainéants,* dont je me suis servi pour le mettre en notre langue, répond assez à ces trois versions; mais Castelvetro le rend en la sienne par celui de *mansueti, débonnaires,* ou *pleins de mansuétude;* et non seulement ce mot a une opposition plus juste à celui de *colère,* mais aussi il s'accorderoit mieux avec cette habitude qu'Aristote appelle ἐπιείκειαν, dont il nous demande un bel exemplaire. Ces trois interprètes traduisent ce mot grec par celui d'*équité* ou de *probité*, qui répondroit mieux au *mansueti* de l'italien qu'à leurs *segnes, desides, inertes,* pourvu qu'on n'entendît par-là qu'une bonté naturelle, qui ne se fâche que malaisément : mais j'aimerois mieux encore celui de *piacevolezza,* dont l'autre se sert pour l'exprimer en sa langue; et je crois que, pour lui laisser sa force en la nôtre, on le pourroit tourner par celui de *condescendance,* ou *facilité équitable d'approuver, excuser, et supporter tout ce qui arrive.* Ce n'est pas que je

---

tère de *mansuétude,* de *débonnaireté,* est opposé à *colère; fainéant* est opposé à *laborieux.*

Avouons ici que toutes ces dissertations ne valent pas deux bons vers du *Cid,* des *Horaces,* de *Cinna.* (V.)

me veuille faire juge entre de si grands hommes ; mais je ne puis dissimuler que la version italienne de ce passage me semble avoir quelque chose de plus juste que ces trois latines. Dans cette diversité d'interprétations chacun est en liberté de choisir, puisque même on a droit de les rejeter toutes, quand il s'en présente une nouvelle qui plaît davantage, et que les opinions des plus savants ne sont pas des lois pour nous.

Il me vient encore une autre conjecture, touchant ce qu'entend Aristote par cette bonté de mœurs qu'il leur impose pour première condition. C'est qu'elles doivent être vertueuses tant qu'il se peut, en sorte que nous n'exposions point de vicieux ou de criminels sur le théâtre, si le sujet que nous traitons n'en a besoin. Il donne lieu lui-même à cette pensée, lorsque, voulant marquer un exemple d'une faute contre cette règle, il se sert de celui de Ménélas dans l'*Oreste* d'Euripide, dont le défaut ne consiste pas en ce qu'il est injuste, mais en ce qu'il l'est sans nécessité.

Je trouve dans Castelvetro une troisième explication qui pourroit ne déplaire pas, qui est que cette bonté de mœurs ne regarde que le premier personnage, qui doit toujours se faire aimer, et par conséquent être vertueux, et non pas ceux qui le persécutent, ou le font périr ; mais comme c'est restreindre à un seul ce qu'Aristote dit en général, j'aimerois mieux m'arrêter, pour l'intelligence de cette première condition, à cette élévation ou perfection de caractère dont j'ai parlé, qui peut convenir à tous ceux qui paroissent sur la scène ; et je ne pourrois suivre cette dernière interprétation sans condamner *le Menteur*, dont l'habitude est vicieuse, bien qu'il tienne le premier rang dans la comédie qui porte ce titre.

En second lieu, les mœurs doivent être convenables. Cette condition est plus aisée à entendre que la première. Le poëte doit considérer l'âge, la dignité, la naissance, l'emploi, et le pays de ceux qu'il introduit : il faut qu'il sache ce qu'on doit à sa patrie, à ses parents, à ses amis, à son roi ; quel est l'office d'un magistrat, ou d'un général d'armée, afin qu'il puisse y conformer ceux qu'il veut faire aimer aux spectateurs, et en éloigner ceux qu'il leur veut faire haïr ; car c'est une maxime infaillible que, pour bien réussir, il faut intéresser l'auditoire pour les premiers acteurs. Il est bon de remarquer encore que ce qu'Horace dit des mœurs de chaque âge n'est pas une règle dont on ne se puisse dispenser sans scrupule. Il fait les jeunes gens prodigues et les vieillards avares : le contraire arrive tous les jours sans merveille ; mais il ne faut pas que l'un agisse à la manière de l'autre, bien qu'il aye quelquefois des habitudes et des passions qui conviendroient mieux à l'autre. C'est le propre d'un jeune homme d'être amoureux, et non pas d'un vieillard ; cela n'empêche pas qu'un vieillard ne le devienne : les exemples en sont assez souvent devant nos yeux ; mais il passeroit pour fou s'il vouloit faire l'amour en jeune homme, et s'il prétendoit se faire aimer par les bonnes qualités de sa personne. Il peut espérer qu'on l'écoutera, mais cette espérance doit être fondée sur son bien, ou sur sa qualité, et non pas sur ses mérites ; et ses prétentions ne peuvent être raisonnables, s'il ne croit avoir affaire à une ame assez intéressée pour déférer tout à l'éclat des richesses, ou à l'ambition du rang.

La qualité de *semblables*, qu'Aristote demande aux mœurs, regarde particulièrement les personnes que l'histoire ou la fable nous fait connoître, et qu'il faut toujours peindre telles que nous les y trouvons. C'est ce que veut dire Horace par ce vers :

> Sit Medea ferox invictaque.

Qui peindroit Ulysse en grand guerrier, ou Achille en grand discoureur, ou Médée en femme fort soumise, s'exposeroit à la risée publique. Ainsi ces deux qualités, dont quelques interprètes ont beaucoup de peine à trouver la différence qu'Aristote veut qui soit entre elles, sans la désigner, s'accorderont aisément, pourvu qu'on les sépare, et qu'on donne celle de *convenables* aux personnes imaginées, qui n'ont jamais eu d'être que dans l'esprit du poëte, en réservant l'autre pour celles qui sont connues par l'histoire ou par la fable, comme je le viens de dire.

Il reste à parler de l'*égalité*, qui nous oblige à conserver jusqu'à la fin à nos personnages les mœurs que nous leur avons données au commencement :

> Servetur ad imum
> Qualis ab incepto processerit, et sibi constet.

L'inégalité y peut toutefois entrer sans défaut, non seulement quand nous introduisons des personnes d'un esprit léger et inégal, mais encore lorsqu'en conservant l'égalité au-dedans, nous donnons l'inégalité au-dehors, selon l'occasion. Telle est celle de Chimène, du côté de l'amour ; elle aime toujours fortement Rodrigue dans son cœur ; mais cet amour agit autrement en la présence du roi, autrement en celle de l'infante, et autrement en celle de Rodrigue ; et c'est ce qu'Aristote appelle des mœurs inégalement égales.

Il se présente une difficulté à éclaircir sur cette matière, touchant ce qu'entend Aristote, lorsqu'il dit « que

« la tragédie se peut faire sans mœurs[1], et que la plu-
« part de celles des modernes de son temps n'en ont
« point. » Le sens de ce passage est assez malaisé à concevoir, vu que, selon lui-même, c'est par les mœurs
qu'un homme est méchant ou homme de bien, spirituel ou stupide, timide ou hardi, constant ou irrésolu,
bon ou mauvais politique, et qu'il est impossible qu'on
en mette aucun sur le théâtre qui ne soit bon ou méchant, et qu'il n'aye quelqu'une de ces autres qualités.
Pour accorder ces deux sentiments qui semblent opposés l'un à l'autre, j'ai remarqué que ce philosophe dit
ensuite que « si un poëte a fait de belles narrations
« morales et des discours bien sententieux, il n'a fait
« encore rien par-là qui concerne la tragédie. » Cela m'a
fait considérer que les mœurs ne sont pas seulement
le principe des actions, mais aussi du raisonnement.
Un homme de bien agit et raisonne en homme de bien,
un méchant agit et raisonne en méchant, et l'un et
l'autre étalent diverses maximes de morale suivant

---

[1] Peut-être qu'Aristote entendait, par des tragédies sans
mœurs, des pièces fondées uniquement sur des aventures funestes qui peuvent arriver à tous les personnages, soit qu'ils
aient des passions ou qu'ils n'en aient pas, soit qu'ils aient un
caractère frappant ou non. Le malheur d'Œdipe, par exemple,
peut arriver à tout homme, indépendamment de son caractère
et de ses mœurs.

Qu'une princesse, ayant appris la mort de son mari, tué sur
le rivage de la mer, aille lui dresser un tombeau, et qu'elle voie
le corps de son fils étendu mort sur le même rivage, cela est
déplorable et tragique, mais n'a aucun rapport à la conduite et
aux mœurs de cette princesse.

Au contraire, les destinées d'Émilie, de Roxane, de Phèdre,
d'Hermione, dépendent de leurs mœurs. Aussi les pièces de
caractère sont bien supérieures à celles qui ne représentent que
des aventures fatales. (V.)

cette diverse habitude. C'est donc de ces maximes, que cette habitude produit, que la tragédie peut se passer, et non pas de l'habitude même, puisqu'elle est le principe des actions, et que les actions sont l'ame de la tragédie, où l'on ne doit parler qu'en agissant et pour agir. Ainsi, pour expliquer ce passage d'Aristote par l'autre, nous pouvons dire que, quand il parle d'une tragédie sans mœurs, il entend une tragédie où les acteurs énoncent simplement leurs sentiments, ou ne les appuient que sur des raisonnements tirés du fait, comme Cléopâtre, dans le second acte de *Rodogune*, et non pas sur des maximes de morale ou de politique, comme *Rodogune*, dans son premier acte. Car, je le répète encore, faire un poëme de théâtre où aucun des acteurs ne soit ni bon ni méchant, prudent ni imprudent, cela est absolument impossible.

Après les mœurs viennent les sentiments, par où l'acteur fait connoître ce qu'il veut ou ne veut pas, en quoi il peut se contenter d'un simple témoignage de ce qu'il se propose de faire, sans le fortifier de raisonnements moraux, comme je le viens de dire. Cette partie a besoin de la rhétorique pour peindre les passions et les troubles de l'esprit, pour consulter, délibérer, exagérer ou exténuer; mais il y a cette différence pour ce regard[1] entre le poëte dramatique et l'orateur, que celui-ci peut étaler son art, et le rendre remarquable avec pleine liberté, et que l'autre doit le cacher avec

---

[1] Grande règle, toujours observée par Racine et par Molière, rarement par d'autres. Il faut au théâtre, comme dans la société, savoir s'oublier soi-même. Corneille, qui aimait à disserter, rend quelquefois ses personnages trop dissertateurs ; et, surtout dans ses dernières pièces, il met le raisonnement à la place du sentiment. (V.)

soin, parceque ce n'est jamais lui qui parle, et que ceux qu'il fait parler ne sont pas des orateurs.

La diction dépend de la grammaire [1]. Aristote lui attribue les figures, que nous ne laissons pas d'appeler communément figures de rhétorique. Je n'ai rien à dire là-dessus, sinon que le langage doit être net, les figures placées à propos et diversifiées, et la versification aisée et élevée au-dessus de la prose, mais non pas jusqu'à l'enflure du poëme épique, puisque ceux que le poëte fait parler ne sont pas des poëtes.

Le retranchement que nous avons fait des chœurs a retranché la musique de nos poëmes. Une chanson y a quelquefois bonne grace [2], et dans les pièces de machines cet ornement est redevenu nécessaire pour remplir les oreilles de l'auditeur pendant que les machines descendent.

La décoration du théâtre a besoin de trois arts pour la rendre belle, de la peinture, de l'architecture, et de la perspective. Aristote prétend que cette partie, non plus que la précédente, ne regarde pas le poëte; et comme il ne la traite point, je me dispenserai d'en dire plus qu'il ne m'en a appris.

Pour achever ce discours, je n'ai plus qu'à parler des parties de quantité, qui sont le prologue, l'épisode, l'exode, et le chœur. Le prologue est *ce qui se récite*

---

[1] Oui; et encore plus du génie, témoin les beaux vers de Corneille, dans ses premières tragédies. (V.)

[2] Cela fut écrit avant que l'opéra fût à la mode en France. Depuis ce temps, il s'est fait de grands changements. La musique s'est introduite avec beaucoup de succès dans de petites comédies; et ce nouveau genre de spectacle a pris le nom d'opéra comique. (V.)

avant le premier chant du chœur[1] : l'épisode, *ce qui se récite entre les chants du chœur;* et l'exode, *ce qui se récite après le dernier chant du chœur.* Voilà tout ce que nous en dit Aristote, qui nous marque plutôt la situation de ces parties, et l'ordre qu'elles ont entre elles dans la représentation, que la part de l'action qu'elles doivent contenir. Ainsi, pour les appliquer à notre usage, le prologue est notre premier acte, l'épisode fait les trois suivants, et l'exode le dernier.

Je dis que le prologue est ce qui se récite devant le premier chant du chœur, bien que la version ordinaire porte, *devant la première entrée du chœur,* ce qui nous embarrasseroit fort, vu que, dans beaucoup de tragédies grecques, le chœur parle le premier; et ainsi elles manqueroient de cette partie, ce qu'Aristote n'eût pas manqué de remarquer. Pour m'enhardir à changer ce terme, afin de lever la difficulté, j'ai considéré qu'encore que le mot grec πάροδος, dont se sert ici ce philosophe, signifie communément l'entrée en un chemin ou place publique, qui étoit le lieu ordinaire où nos anciens faisoient parler leurs acteurs, en cet endroit toutefois il ne peut signifier que le premier chant du chœur. C'est ce qu'il m'apprend lui-même un peu

---

[1] Il est difficile d'appliquer à notre usage le prologue, l'épisode, l'exode, et le chœur des Grecs. Les Anglais ont un prologue et un épilogue, qui sont deux petites pièces de vers détachées : dans la première, on demande l'indulgence des spectateurs pour la tragédie ou la comédie qu'on va jouer; dans la seconde, on fait des plaisanteries, et surtout des allusions à tout ce qui a pu, dans la pièce, avoir quelque rapport aux mœurs de la nation et aux aventures de Londres. C'est une espèce de farce récitée par un seul acteur. Cette facétie n'est pas admise en France, et pourra l'être, tant on aime depuis quelque temps à prendre les modes anglaises. (V.)

après en disant que le πάροδος du chœur est la première chose que dit tout le chœur ensemble. Or, quand le chœur entier disoit quelque chose, il chantoit; et quand il parloit sans chanter, il n'y avoit qu'un de ceux dont il étoit composé qui parlât au nom de tous. La raison en est que le chœur tenoit alors lieu d'acteur, et que ce qu'il disoit servoit à l'action, et devoit par conséquent être entendu ; ce qui n'eût pas été possible, si tous ceux qui le composoient, et qui étoient quelquefois jusqu'au nombre de cinquante, eussent parlé ou chanté tous à-la-fois. Il faut donc rejeter ce premier πάροδος du chœur, qui est la borne du prologue, à la première fois qu'il demeuroit seul sur le théâtre, et chantoit : jusque-là il n'y étoit introduit que parlant avec un acteur par une seule bouche; ou s'il y demeuroit seul sans chanter, il se séparoit en deux demi-chœurs, qui ne parloient non plus chacun de leur côté que par un seul organe, afin que l'auditeur pût entendre ce qu'ils disoient, et s'instruire de ce qu'il falloit qu'il apprît pour l'intelligence de l'action.

Je réduis ce prologue à notre premier acte, suivant l'intention d'Aristote; et, pour suppléer en quelque façon à ce qu'il ne nous a pas dit, ou que les années nous ont dérobé de son livre, je dirai qu'il doit contenir les semences de tout ce qui doit arriver, tant pour l'action principale que pour les épisodiques; en sorte qu'il n'entre aucun acteur dans les actes suivants qui ne soit connu par ce premier, ou du moins appelé par quelqu'un qui y aura été introduit [1]. Cette maxime est

[1] Cette maxime nouvelle, établie par Corneille, était très judicieuse. Non seulement il est utile pour l'intelligence parfaite d'une pièce de théâtre que tous les personnages essentiels soient annoncés dès le premier acte, mais cette sage précaution con-

nouvelle et assez sévère, et je ne l'ai pas toujours gardée; mais j'estime qu'elle sert beaucoup à fonder une véritable unité d'action, par la liaison de toutes celles qui concurrent[1] dans le poëme. Les anciens s'en sont fort écartés, particulièrement dans les agnitions, pour lesquelles ils se sont presque toujours servis de gens qui survenoient par hasard au cinquième acte, et ne seroient arrivés qu'au dixième, si la pièce en eût eu dix. Tel est ce vieillard de Corinthe dans l'*OEdipe* de Sophocle et de Sénèque, où il semble tomber des nues par miracle, en un temps où les acteurs ne sauroient plus par où en prendre, ni quelle posture tenir, s'il arrivoit une heure plus tard. Je ne l'ai introduit qu'au cinquième acte non plus qu'eux; mais j'ai préparé sa venue dès le premier, en faisant dire à OEdipe qu'il attend dans le jour la nouvelle de la mort de son père. Ainsi dans *la Veuve*, bien que Célidan ne paroisse qu'au troisième, il y est amené par Alcidon qui est du premier. Il n'en est pas de même des Maures dans *le Cid*, pour lesquels il n'y a aucune préparation au premier acte. Le plaideur de Poitiers, dans *le Menteur*, avoit le même défaut; mais j'ai trouvé le moyen d'y remédier

---

tribue à augmenter l'intérêt. Le spectateur en attend avec plus d'émotion l'acteur qui doit servir au nœud, ou à le redoubler, ou à le dénouer, ne fût-il qu'un subalterne. Rien ne fait mieux voir combien Corneille avait approfondi tous les secrets de son art.

Molière, si admirable par la peinture des mœurs, par les tableaux de la vie humaine, par la bonne plaisanterie, a manqué à cette règle de Corneille dans la plupart de ses dénouements; les personnages ne sont pas assez annoncés, assez préparés. (V.)

[1] Du latin *concurrere* on a fait d'abord *concurrer*, qu'on a depuis changé en *concourir*, en retenant toutefois *concurrent* et *concurrence*, qui en dérivent. (Par.)

en cette édition, où le dénouement se trouve préparé par Philiste, et non plus par lui.

Je voudrois donc que le premier acte contînt le fondement de toutes les actions, et fermât la porte à tout ce qu'on voudroit introduire d'ailleurs dans le reste du poëme. Encore que souvent il ne donne pas toutes les lumières nécessaires pour l'entière intelligence du sujet, et que tous les acteurs n'y paroissent pas, il suffit qu'on y parle d'eux, ou que ceux qu'on y fait paroître ayent besoin de les aller chercher pour venir à bout de leurs intentions. Ce que je dis ne se doit entendre que des personnages qui agissent dans la pièce par quelque propre intérêt considérable, ou qui apportent une nouvelle importante qui produit un notable effet. Un domestique qui n'agit que par l'ordre de son maître, un confident qui reçoit le secret de son ami, et le plaint dans son malheur; un père qui ne se montre que pour consentir ou contredire le mariage de ses enfants; une femme qui console et conseille son mari; en un mot, tous ces gens sans action n'ont point besoin d'être insinués au premier acte; et, quand je n'y aurois point parlé de Livie, dans *Cinna*[1], j'aurois pu la faire entrer au quatrième, sans pécher contre cette règle. Mais je souhaiterois qu'on l'observât inviolablement quand on fait concurrer deux actions différentes,

---

[1] Il eût été mieux de ne point du tout faire paraître Livie. Elle ne sert qu'à dérober à Auguste le mérite et la gloire d'une belle action. Corneille n'introduisit Livie que pour se conformer à l'histoire, ou plutôt à ce qui passait pour l'histoire; car cette aventure ne fut d'abord écrite que dans une déclamation de Sénèque, sur la clémence. Il n'était pas dans la vraisemblance qu'Auguste eût donné le consulat à un homme très peu considérable dans la république, pour avoir voulu l'assassiner. (V.)

bien qu'ensuite elles se mêlent ensemble. La conspiration de Cinna, et la consultation d'Auguste avec lui et Maxime, n'ont aucune liaison entre elles, et ne font que concurrer d'abord, bien que le résultat de l'une produise de beaux effets pour l'autre, et soit cause que Maxime en fait découvrir le secret à cet empereur[1]. Il a été besoin d'en donner l'idée dès le premier acte, où Auguste mande Cinna et Maxime. On n'en sait pas la cause ; mais enfin il les mande, et cela suffit pour faire une surprise très agréable, de le voir délibérer s'il quittera l'empire ou non, avec deux hommes qui ont conspiré contre lui. Cette surprise auroit perdu la moitié de ses graces s'il ne les eût point mandés dès le premier acte, ou si on n'y eût point connu Maxime pour un des chefs de ce grand dessein. Dans *Don Sanche*, le choix que la reine de Castille doit faire d'un mari, et le rappel de celle d'Aragon dans ses états, sont deux choses tout-à-fait différentes : aussi sont-elles proposées toutes deux au premier acte ; et quand on introduit deux sortes d'amour il ne faut jamais y manquer.

Ce premier acte s'appeloit prologue du temps d'Aristote, et communément on y faisoit l'ouverture du sujet, pour instruire le spectateur de tout ce qui s'étoit passé avant le commencement de l'action qu'on alloit

---

[1] C'est un grand coup de l'art en effet, c'est une des beautés les plus théâtrales, qu'au moment où Cinna vient de rendre compte à Émilie de la conspiration, lorsqu'il a inspiré tant d'horreur contre les cruautés d'Auguste, lorsqu'on ne désire que la mort de ce triumvir, lorsque chaque spectateur semble devenir lui-même un des conjurés, tout-à-coup Auguste mande Cinna et Maxime, les chefs de la conspiration. On craint que tout ne soit découvert ; on tremble pour eux. Et c'est là cette terreur qui produit dans la tragédie un effet si admirable et si nécessaire. (V.)

représenter, et de tout ce qu'il falloit qu'il sût pour comprendre ce qu'il alloit voir. La manière de donner cette intelligence a changé suivant les temps. Euripide[1] en a usé assez grossièrement, en introduisant tantôt un dieu dans une machine, par qui les spectateurs recevoient cet éclaircissement, et tantôt un de ses principaux personnages qui les en instruisoit lui-même ; comme dans son *Iphigénie*, et dans son *Hélène*, où ces deux héroïnes racontent d'abord toute leur histoire, et l'apprennent à l'auditeur, sans avoir aucun acteur avec elles à qui adresser leur discours.

Ce n'est pas que je veuille dire que quand un acteur parle seul, il ne puisse instruire l'auditeur de beaucoup de choses ; mais il faut que ce soit par les sentiments d'une passion qui l'agite, et non pas par une simple narration. Le monologue d'Æmilie, qui ouvre le théâtre dans *Cinna*, fait assez connoître qu'Auguste a fait mourir son père, et que pour venger sa mort elle engage son amant à conspirer contre lui ; mais c'est par le trouble et la crainte que le péril où elle expose Cinna

---

[1] Toutes les tragédies d'Euripide commencent ou par un acteur principal qui dit son nom au public, et qui lui apprend le sujet de la pièce, ou par une divinité qui descend du ciel pour jouer ce rôle, comme Vénus dans *Phèdre et Hippolyte*.
Iphigénie elle-même, dans la pièce d'*Iphigénie en Tauride*, explique d'abord le sujet du drame, et remonte jusqu'à Tantale, dont elle fait l'histoire. Corneille a bien raison de dire que cet artifice est grossier. Ce qui est surprenant, c'est que ce défaut, qui semblerait venir de l'enfance de l'art, ne se trouve point dans Sophocle, un peu antérieur à Euripide. Ce sont toujours, dans les tragédies de Sophocle, les principaux acteurs qui expliquent le sujet de la pièce sans paraître vouloir l'expliquer ; leurs desseins, leurs intérêts, leurs passions s'annoncent de la manière la plus naturelle. Le dialogue porte l'émotion dans l'ame dès la première scène. (V.)

jette dans son ame, que nous en avons la connoissance. Sur-tout le poëte se doit souvenir que, quand un acteur est seul sur le théâtre, il est présumé ne faire que s'entretenir en lui-même, et ne parle qu'afin que le spectateur sache de quoi il s'entretient, et à quoi il pense. Ainsi ce seroit une faute insupportable si un autre acteur apprenoit par-là ses secrets. On excuse cela dans une passion si violente, qu'elle force d'éclater, bien qu'on n'aye personne à qui la faire entendre; et je ne le voudrois pas condamner en un autre, mais j'aurois de la peine à me le souffrir.

Plaute[1] a cru remédier à ce désordre d'*Euripide* en introduisant un prologue détaché, qui se récitoit par un personnage qui n'avoit quelquefois autre nom que celui de prologue, et n'étoit point du tout du corps de la pièce. Aussi ne parloit-il qu'aux spectateurs pour les instruire de ce qui avoit précédé, et amener le sujet jusques au premier acte, où commençoit l'action.

Térence[2], qui est venu depuis lui, a gardé ces pro-

[1] Plaute fait encore pis : non seulement il fait paraître d'abord Mercure dans l'*Amphitryon*, pour annoncer le sujet de sa tragi-comédie, pour prévenir les spectateurs sur tout ce qu'il fera dans la pièce, mais, au troisième acte, il dépouille Jupiter de son rôle d'acteur. Ce Jupiter adresse la parole au public, l'instruit de tout, et lui annonce le dénouement. C'est prendre assurément bien de la peine pour ôter aux spectateurs tout leur plaisir. Cependant la pièce plut beaucoup aux Romains, malgré ce défaut énorme, et malgré les basses plaisanteries qu'Horace condamne dans Plaute : tant le sujet d'*Amphitryon* est piquant, intéressant, et comique par lui-même. (V.)

[2] Les prologues de Térence sont dans un goût qui est encore imité par les Anglais. C'est un discours en vers adressé aux spectateurs, pour se les rendre favorables. Ce discours était prononcé d'ordinaire par l'entrepreneur de la troupe. Aujourd'hui, en Angleterre, ces prologues sont toujours composés par un

logues, et en a changé la matière. Il les a employés à faire son apologie contre ses envieux, et, pour ouvrir son sujet, il a introduit une nouvelle sorte de personnages, qu'on a appelés protatiques, parcequ'ils ne paroissent que dans la protase, où se doit faire la proposition et l'ouverture du sujet. Ils en écoutoient l'histoire, qui leur étoit racontée par un autre acteur; et, par ce récit qu'on leur en faisoit, l'auditeur demeuroit instruit de ce qu'il devoit savoir, touchant les intérêts des premiers acteurs, avant qu'ils parussent sur le théâtre. Tels sont Sosie, dans son *Andrienne*, et Davus, dans son *Phormion*, qu'on ne revoit plus après la narration, et qui ne servent qu'à l'écouter. Cette méthode est fort artificieuse; mais je voudrois, pour sa perfection, que ces mêmes personnages servissent encore à quelque autre chose dans la pièce, et qu'ils y fussent introduits par quelque autre occasion que celle d'écouter ce récit. Pollux, dans *Médée*, est de cette nature. Il passe par Corinthe en allant au mariage de sa sœur, et s'étonne d'y rencontrer Jason qu'il croyoit en Thessalie; il apprend de lui sa fortune et son divorce avec Médée, pour épouser Créuse, qu'il aide ensuite à sauver des mains d'Ægée, qui l'avoit fait enlever, et raisonne avec le roi sur la défiance qu'il doit avoir des présents de Médée. Toutes les pièces n'ont pas besoin de ces éclaircissements, et par conséquent on se peut passer souvent de ces personnages, dont Térence ne s'est servi que ces deux fois dans les six comédies que nous avons de lui.

ami de l'auteur. Térence employa presque toujours ses prologues à se plaindre de ses envieux, qui se servaient contre lui des mêmes armes. Une telle guerre est honteuse pour les beaux-arts. (V.)

Notre siècle a inventé une autre espèce de prologue pour les pièces de machines, qui ne touche point au sujet, et n'est qu'une louange adroite du prince, devant qui ces poëmes doivent être représentés. Dans l'*Andromède*, Melpomène emprunte au soleil ses rayons pour éclairer son théâtre en faveur du roi, pour qui elle a préparé un spectacle magnifique. Le prologue de *la Toison d'Or*, sur le mariage de Sa Majesté et la paix avec l'Espagne, a quelque chose encore de plus éclatant. Ces prologues doivent avoir beaucoup d'invention; et je ne pense pas qu'on y puisse raisonnablement introduire que des dieux imaginaires de l'antiquité, qui ne laissent pas toutefois de parler des choses de notre temps, par une fiction poétique[1], qui fait un grand accommodement de théâtre.

L'épisode, selon Aristote, en cet endroit, sont nos trois actes du milieu; mais, comme il applique ce nom ailleurs aux actions qui sont hors de la principale, et qui lui servent d'un ornement dont elle se pourroit passer, je dirai que, bien que ces trois actes s'appellent épisode, ce n'est pas à dire qu'ils ne soient composés que d'épisodes. La consultation d'Auguste au second de *Cinna*, les remords de cet ingrat, ce qu'il en découvre à Æmilie, et l'effort que fait Maxime pour persuader à cet objet de son amour caché de s'enfuir avec

---

[1] Il reste à savoir si ces fictions poétiques font au théâtre un accommodement si heureux. Le prologue de la Nuit et de Mercure dans l'*Amphitryon* de Molière réussit autant que la pièce même; mais c'est qu'il est plein d'esprit, de graces, et de bonnes plaisanteries. Le prologue d'*Amadis* fut regardé comme un chef-d'œuvre; on admira l'art avec lequel Quinault sut joindre l'éloge de Louis XIV avec le sujet de la pièce, la beauté des vers et celle de la musique. Le siècle de grandeur et de prospérité qui produisait ces brillants spectacles augmentait encore leur prix. (V.)

lui, ne sont que des épisodes ; mais l'avis que fait donner Maxime par Euphorbe à l'empereur, les irrésolutions de ce prince, et les conseils de Livie, sont de l'action principale; et, dans *Héraclius*, ces trois actes ont plus d'action principale que d'épisodes. Ces épisodes sont de deux sortes, et peuvent être composés des actions particulières des principaux acteurs, dont toutefois l'action principale pourroit se passer, ou des intérêts des seconds amants qu'on introduit, et qu'on appelle communément des personnages épisodiques. Les uns et les autres doivent avoir leur fondement dans le premier acte, et être attachés à l'action principale, c'est-à-dire y servir de quelque chose; et particulièrement ces personnages épisodiques doivent s'embarrasser si bien avec les premiers, qu'un seul intrique brouille les uns et les autres. Aristote blâme fort les épisodes détachés [1], et dit « que les mauvais poëtes en font par « ignorance, et les bons en faveur des comédiens, pour « leur donner de l'emploi. » L'Infante du *Cid* est de ce nombre, et on la pourra condamner, ou lui faire grace par ce texte d'Aristote, suivant le rang qu'on voudra me donner parmi nos modernes.

Je ne dirai rien de l'exode, qui n'est autre chose que notre cinquième acte. Je pense en avoir expliqué le principal emploi, quand j'ai dit que l'action du poëme dramatique doit être complète. Je n'y ajouterai que ce mot: qu'il faut, s'il se peut, lui réserver toute la catastrophe, et même la reculer vers la fin, autant qu'il est

---

[1] Un épisode inutile à la pièce est toujours mauvais; et en aucun genre ce qui est hors d'œuvre ne peut plaire ni aux yeux, ni aux oreilles, ni à l'esprit. Nous avons dit ailleurs que *le Cid* réussit malgré l'infante, et non pas à cause de l'infante. Corneille parle ici en homme modeste et supérieur. (V.)

possible. Plus on la diffère, plus les esprits demeurent
suspendus, et l'impatience qu'ils ont de savoir de quel
côté elle tournera est cause qu'ils la reçoivent avec plus
de plaisir : ce qui n'arrive pas quand elle commence
avec cet acte. L'auditeur qui la sait trop tôt n'a plus
de curiosité; et son attention languit durant tout le
reste, qui ne lui apprend rien de nouveau. Le contraire
s'est vu dans la *Mariamne*, dont la mort, bien qu'arrivée dans l'intervalle qui sépare le quatrième acte du
cinquième, n'a pas empêché que les déplaisirs d'Hérode, qui occupent tout ce dernier, n'ayent plu extraordinairement; mais je ne conseillerois à personne de
s'assurer sur cet exemple. Il ne se fait pas des miracles
tous les jours; et, quoique son auteur eût bien mérité
ce beau succès par le grand effort d'esprit qu'il avoit
fait à peindre les désespoirs de ce monarque, peut-être
que l'excellence de l'acteur, qui en soutenoit le personnage[1], y contribuoit beaucoup.

Voilà ce qui m'est venu en pensée touchant le but,
les utilités, et les parties du poëme dramatique. Quelques personnes de condition, qui peuvent tout sur moi,
ont voulu que je donnasse mes sentiments au public
sur les règles d'un art qu'il y a si long-temps que je
pratique assez heureusement. Pour observer quelque
ordre, j'ai séparé les principales matières en trois discours. Dans le premier, j'ai traité de l'utilité et des
parties du poëme dramatique; je parle au second des
conditions particulières de la tragédie, des qualités

---

[1] La *Mariamne* de Tristan eut en effet longtemps une très
grande réputation. Nous avons entendu dire au comédien Baron
que, lorsqu'il voulut débuter, Louis XIV lui faisait quelquefois
réciter des vers de *Mariamne* : les belles pièces de Corneille la
firent enfin oublier. (V.)

des personnes et des événements qui lui peuvent fournir de sujet, et de la manière de le traiter selon le vraisemblable ou le nécessaire. Je m'explique dans le troisième sur les trois unités, d'action, de jour, et de lieu.

Cette entreprise méritoit une longue et très exacte étude de tous les poëmes qui nous restent de l'antiquité, et de tous ceux qui ont commenté les traités qu'Aristote et Horace ont faits de l'art poétique, ou qui en ont écrit en particulier : mais je n'ai pu me résoudre à en prendre le loisir; et je m'assure que beaucoup de mes lecteurs me pardonneront aisément cette paresse, et ne seront pas fâchés que je donne à des productions nouvelles le temps qu'il m'eût fallu consumer à des remarques sur celles des autres siècles. J'y fais quelques courses et y prends des exemples quand ma mémoire m'en peut fournir. Je n'en cherche de modernes que chez moi, tant parceque je connois mieux mes ouvrages que ceux des autres, et en suis plus le maître, que parceque je ne veux pas m'exposer au péril de déplaire à ceux que je reprendrois en quelque chose, ou que je ne louerois pas assez en ce qu'ils ont fait d'excellent. J'écris sans ambition et sans esprit de contestation; je l'ai déja dit. Je tâche de suivre toujours le sentiment d'Aristote dans les matières qu'il a traitées; et, comme peut-être je l'entends à ma mode, je ne suis point jaloux qu'un autre l'entende à la sienne. Le commentaire dont je m'y sers le plus est l'expérience du théâtre et les réflexions sur ce que j'ai vu y plaire ou déplaire. J'ai pris pour m'expliquer un style simple, et me contente d'une expression nue de mes opinions, bonnes ou mauvaises, sans y chercher aucun enrichissement d'éloquence. Il me suffit de me faire entendre. Je ne prétends pas qu'on admire ici ma façon d'écrire, et ne fais point de scrupule de m'y servir souvent des mêmes termes, ne fût-ce que pour épargner le temps d'en chercher d'autres, dont peut-être la variété ne diroit pas si justement ce que je veux dire. J'ajoute à ces trois discours généraux l'examen de chacun de mes poëmes en particulier, afin de voir en quoi ils s'écartent ou se conforment aux règles que j'établis. Je n'en dissimulerai point les défauts, et en revanche je me donnerai la liberté de remarquer ce que j'y trouverai de moins imparfait. Balzac accorde ce privilége à une certaine espèce de gens, et soutient qu'ils peuvent dire d'eux-mêmes par franchise ce que d'autres diroient par vanité. Je ne sais si j'en suis; mais je veux avoir assez bonne opinion de moi pour n'en désespérer pas.

SECOND DISCOURS.

DE LA TRAGÉDIE

ET

DES MOYENS DE LA TRAITER SELON LE VRAISEMBLABLE
OU LE NÉCESSAIRE.

Outre les trois utilités du poëme dramatique dont j'ai parlé dans le discours précédent, la tragédie a celle-ci de particulière que *par la pitié et la crainte elle purge* [1] *de semblables passions.* Ce sont les termes dont

---

[1] Nous avons dit un mot de cette prétendue médecine des passions dans le commentaire sur le premier discours. Nous pensons avec Racine, qui a pris le *phobos* et l'*eleos* pour sa devise, que, pour qu'un acteur intéresse, il faut qu'on craigne pour lui, et qu'on soit touché de pitié pour lui : voilà tout. Que le spectateur fasse ensuite quelque retour sur lui-même; qu'il examine ou non quels seraient ses sentiments, s'il se trouvait dans la situation du personnage qui l'intéresse; qu'il soit purgé ou qu'il ne soit pas purgé; c'est, selon nous, une question fort oiseuse.

Paul Beny peut rapporter quinze opinions sur un sujet aussi frivole, et en ajouter encore une seizième. Cela n'empêchera pas que tout le secret ne consiste à faire de ces vers charmants tels qu'on en trouve dans *le Cid* :

> Va, je ne te hais point. — Tu le dois. — Je ne puis....
> Tu vas mourir ! Don Sanche est-il si redoutable ?....
> Sors vainqueur d'un combat dont Chimène est le prix....

Il n'y a point là de purgation. Le spectateur ne réfléchit point s'il aura besoin d'être purgé. S'il réfléchissait, le poëte aurait manqué son coup.

> Et quocumque volent animum auditoris agunto. (V.)

Aristote se sert dans sa définition, et qui nous apprennent deux choses : l'une, qu'elle excite la pitié et la crainte ; l'autre, que par leur moyen elle purge de semblables passions. Il explique la première assez au long, mais il ne dit pas un mot de la dernière ; et de toutes les conditions qu'il emploie en cette définition, c'est la seule qu'il n'éclaircit point. Il témoigne toutefois dans le dernier chapitre de ses Politiques un dessein d'en parler fort au long dans ce traité, et c'est ce qui fait que la plupart de ses interprètes veulent que nous ne l'ayons pas entier, parceque nous n'y voyons rien du tout sur cette matière. Quoi qu'il en puisse être, je crois qu'il est à propos de parler de ce qu'il a dit, avant que de faire effort pour deviner ce qu'il a voulu dire. Les maximes qu'il établit pour l'un pourront nous conduire à quelques conjectures pour l'autre, et sur la certitude de ce qui nous demeure, nous pourrons fonder une opinion probable de ce qui n'est point venu jusqu'à nous.

« Nous avons pitié, dit-il, de ceux que nous voyons « souffrir un malheur qu'ils ne méritent pas, et nous « craignons qu'il ne nous en arrive un pareil, quand « nous le voyons souffrir à nos semblables. » Ainsi la pitié embrasse l'intérêt de la personne que nous voyons souffrir, la crainte qui la suit regarde le nôtre, et ce passage seul nous donne assez d'ouverture pour trouver la manière dont se fait la purgation des passions dans la tragédie. La pitié d'un malheur où nous voyons tomber nos semblables nous porte à la crainte d'un pareil pour nous ; cette crainte, au desir de l'éviter ; et ce desir, à purger, modérer, rectifier, et même déraciner en nous la passion qui plonge à nos yeux dans ce malheur les personnes que nous plaignons, par cette raison commune, mais naturelle et indubitable, que pour éviter l'effet il faut retrancher la cause. Cette explication ne plaira pas à ceux qui s'attachent aux commentateurs de ce philosophe. Ils se gênent sur ce passage, et s'accordent si peu l'un avec l'autre, que Paul Beny marque jusqu'à douze ou quinze opinions diverses, qu'il réfute avant que de nous donner la sienne. Elle est conforme à celle-ci pour le raisonnement, mais elle diffère en ce point, qu'elle n'en applique l'effet qu'aux rois et aux princes, peut-être par cette raison que la tragédie ne peut nous faire craindre que les maux que nous voyons arriver à nos semblables, et que, n'en faisant arriver qu'à des rois et à des princes, cette crainte ne peut faire d'effet que sur des gens de cette condition. Mais sans doute il a entendu trop littéralement ce mot de *nos semblables*, et n'a pas assez considéré qu'il n'y avoit point de rois à Athènes, où se représentoient les poëmes dont Aristote tire ses exemples, et sur lesquels il forme ses règles. Ce philosophe n'avoit garde d'avoir cette pensée qu'il lui attribue, et n'eût pas employé dans la définition de la tragédie une chose dont l'effet pût arriver si rarement, et dont l'utilité se fût restreinte à si peu de personnes. Il est vrai qu'on n'introduit d'ordinaire que des rois pour premiers acteurs dans la tragédie, et que les auditeurs n'ont point de sceptres par où leur ressembler, afin d'avoir lieu de craindre les malheurs qui leur arrivent : mais ces rois sont hommes comme les auditeurs, et tombent dans ces malheurs par l'emportement des passions dont les auditeurs sont capables. Ils prêtent même un raisonnement aisé à faire du plus grand au moindre; et le spectateur peut concevoir avec facilité que si un roi, pour trop s'abandonner à l'ambition, à l'amour, à la haine, à la vengeance, tombe dans un malheur si grand qu'il lui fait pitié, à plus forte raison lui qui n'est qu'un homme du commun doit tenir la bride à de telles passions, de peur qu'elles ne l'abyment dans un pareil malheur. Outre que ce n'est pas une nécessité de ne mettre que les infortunes des rois sur le théâtre. Celles des autres hommes y trouveroient place, s'il leur en arrivoit d'assez illustres et d'assez extraordinaires pour la mériter, et que l'histoire prît assez [1] de soin d'eux pour nous les apprendre. Scédase n'étoit qu'un paysan de Leuctres, et je ne tiendrois pas la sienne indigne d'y paroître, si la pureté de notre scène pouvoit souffrir qu'on y parlât du violement effectif de ses deux filles, après que l'idée de la prostitution n'y a pu être soufferte dans la personne d'une sainte qui en fut garantie.

Pour nous faciliter les moyens de faire naître cette pitié et cette crainte, où Aristote semble nous obliger, il nous aide à choisir les personnes et les événements

[1] Rois, empereurs, princes, généraux d'armées, principaux chefs de républiques, il n'importe; mais il faut toujours dans la tragédie des hommes élevés au-dessus du commun, non seulement parceque le destin des états dépend du sort de ces personnages importants, mais parceque les malheurs des hommes illustres exposés aux regards des nations font sur nous une impression plus profonde que les infortunes du vulgaire.

Je doute beaucoup qu'un paysan de Leuctres, nommé Scédase, dont on a violé deux filles, fût un aussi beau sujet de tragédie que *Cinna* et *Iphigénie*. Le viol d'ailleurs a toujours quelque chose de ridicule, et n'est guère fait pour être joué que dans le beau lieu où l'on prétend que sainte Théodore fut envoyée, supposé que cette Théodore ait jamais existé, et que jamais les Romains aient condamné les dames à cette espèce de supplice; ce qui n'était assurément ni dans leurs lois ni dans leurs mœurs. (V.)

qui peuvent exciter l'une et l'autre. Sur quoi je suppose, ce qui est très véritable, que notre auditoire n'est composé ni de méchants, ni de saints, mais de gens d'une probité commune, et qui ne sont pas si sévèrement retranchés dans l'exacte vertu, qu'ils ne soient susceptibles des passions, et capables des périls où elles engagent ceux qui leur défèrent trop. Cela supposé, examinons ceux que ce philosophe exclut de la tragédie, pour en venir avec lui à ceux dans lesquels il fait consister sa perfection.

En premier lieu, il ne veut point [1] « qu'un homme « fort vertueux y tombe de la félicité dans le malheur, » et soutient que « cela ne produit ni pitié, ni crainte, « parceque c'est un événement tout-à-fait injuste. » Quelques interprètes poussent la force de ce mot grec μιαρόν, qu'il fait servir d'épithète à cet événement, jusqu'à le rendre par celui d'*abominable;* à quoi j'ajoute

[1] S'il était permis de chercher un exemple dans nos livres saints, nous dirions que l'histoire de Job est une espèce de drame, et qu'un homme très vertueux y tombe dans les plus grands malheurs; mais c'est pour l'éprouver; et le drame finit par rendre Job plus heureux qu'il n'a jamais été.

Dans la tragédie de *Britannicus*, si ce jeune prince n'est pas un modèle de vertu, il est du moins entièrement innocent; cependant il périt d'une mort cruelle; son empoisonneur triomphe. *Cet événement est tout-à-fait injuste.* Pourquoi donc *Britannicus* a-t-il eu enfin un si grand succès, surtout auprès des connaisseurs et des hommes d'état? c'est par la beauté des détails, c'est par la peinture la plus vraie d'une cour corrompue. Cette tragédie, à la vérité, ne fait point verser de larmes, mais elle attache l'esprit, elle intéresse; et le charme du style entraine tous les suffrages, quoique le nœud de la pièce soit très petit, et que la fin, un peu froide, n'excite que l'indignation. Ce sujet était le plus difficile de tous à traiter, et ne pouvait réussir que par l'éloquence de Racine. (V.)

qu'un tel succès excite plus d'indignation et de haine contre celui qui fait souffrir, que de pitié pour celui qui souffre, et qu'ainsi ce sentiment, qui n'est pas le propre de la tragédie, à moins que d'être bien ménagé, peut étouffer celui qu'elle doit produire, et laisser l'auditeur mécontent par la colère qu'il remporte, et qui se mêle à la compassion, qui lui plairoit s'il la remportoit seule.

Il ne veut pas non plus [1] « qu'un méchant homme « passe du malheur à la félicité, parceque non seule- « ment il ne peut naître d'un tel succès aucune pitié, « ni crainte, mais il ne peut pas même nous toucher « par ce sentiment naturel de joie dont nous remplit la « prospérité d'un premier acteur, à qui notre faveur « s'attache. » La chute d'un méchant dans le malheur a de quoi nous plaire par l'aversion que nous prenons pour lui; mais comme ce n'est qu'une juste punition, elle ne nous fait point de pitié, et ne nous imprime aucune crainte, d'autant que nous ne sommes pas si méchants que lui, pour être capables de ses crimes, et en appréhender une aussi funeste issue.

Il reste donc à trouver un milieu entre ces deux extrémités, par le choix d'un homme qui ne soit ni tout-à-fait bon, ni tout-à-fait méchant, et qui, par une faute, ou foiblesse humaine, tombe dans un malheur

---

[1] Il y a de grands exemples de tragédies qui ont eu des succès permanents, et dans lesquelles cependant le vertueux périt indignement, et le criminel est au comble de la gloire; mais au moins il est puni par ses remords. La tragédie est le tableau de la vie des grands. Ce tableau n'est que trop ressemblant quand le crime est heureux. Il faut autant d'art, autant de ressources, autant d'éloquence dans ce genre de tragédie, et peut-être plus que dans tout autre. (V.)

qu'il ne mérite pas. Aristote en donne pour exemples OEdipe et Thyeste, en quoi véritablement je ne comprends point sa pensée. Le premier me semble ne faire aucune faute, bien qu'il tue son père, parcequ'il ne le connoît pas, et qu'il ne fait que disputer le chemin en homme de cœur contre un inconnu qui l'attaque avec avantage. Néanmoins, comme la signification du mot grec ἁμάρτημα peut s'étendre à une simple erreur de méconnoissance, telle qu'étoit la sienne, admettons-le avec ce philosophe, bien que je ne puisse voir quelle passion il nous donne à purger, ni de quoi nous pouvons nous corriger sur son exemple. Mais pour Thyeste, je n'y puis découvrir cette probité commune, ni cette faute sans crime qui le plonge dans son malheur. Si nous le regardons avant la tragédie qui porte son nom, c'est un incestueux qui abuse de la femme de son frère : si nous le considérons dans la tragédie, c'est un homme de bonne foi qui s'assure sur la parole de son frère, avec qui il s'est réconcilié. En ce premier état il est très criminel ; en ce dernier, très homme de bien. Si nous attribuons son malheur à son inceste, c'est un crime dont l'auditoire n'est point capable, et la pitié qu'il prendra de lui n'ira point jusqu'à cette crainte qui purge, parcequ'il ne lui ressemble point. Si nous imputons son désastre à sa bonne foi, quelque crainte pourra suivre la pitié que nous en aurons ; mais elle ne purgera qu'une facilité de confiance sur la parole d'un ennemi réconcilié, qui est plutôt une qualité d'honnête homme qu'une vicieuse habitude ; et cette purgation ne fera que bannir la sincérité des réconciliations. J'avoue donc avec franchise que je n'entends point l'application de cet exemple.

J'avouerai plus. Si la purgation des passions se fait

dans la tragédie, je tiens qu'elle se doit faire de la manière que je l'explique; mais je doute si elle s'y fait jamais, et dans celles-là même qui ont les conditions que demande Aristote. Elles se rencontrent dans *le Cid*, et en ont causé le grand succès : Rodrigue et Chimène y ont cette probité sujette aux passions, et ces passions font leur malheur, puisqu'ils ne sont malheureux qu'autant qu'ils sont passionnés l'un pour l'autre. Ils tombent dans l'infélicité par cette foiblesse humaine dont nous sommes capables comme eux; leur malheur fait pitié, cela est constant, et il en a coûté assez de larmes aux spectateurs pour ne le point contester. Cette pitié nous doit donner une crainte de tomber dans un pareil malheur, et purger en nous ce trop d'amour qui cause leur infortune, et nous les fait plaindre; mais je ne sais si elle nous la donne, ni si elle le purge; et j'ai bien peur que le raisonnement d'Aristote sur ce point ne soit qu'une belle idée, qui n'aye jamais son effet dans la vérité. Je m'en rapporte à ceux qui en ont vu les représentations : ils peuvent en demander compte au secret de leur cœur, et repasser sur ce qui les a touchés au théâtre, pour reconnoître s'ils en sont venus par-là jusqu'à cette crainte réfléchie, et si elle a rectifié en eux la passion qui a causé la disgrace qu'ils ont plainte. Un des interprètes d'Aristote veut qu'il n'aye parlé de cette purgation des passions dans la tragédie que parcequ'il écrivoit après Platon, qui bannit les poëtes tragiques de sa république, parcequ'ils les remuent trop fortement [1]. Comme il écri-

---

[1] Après tout ce qu'a dit judicieusement Corneille sur les caractères vertueux ou méchants, ou mêlés de bien et de mal, nous penchons vers l'opinion de cet interprète d'Aristote, qui pense que ce philosophe n'imagina son galimatias de la purga-

voit pour le contredire, et montrer qu'il n'est pas a propos de les bannir des états bien policés, il a voulu trouver cette utilité dans ces agitations de l'ame, pour les rendre recommandables par la raison même sur qui l'autre se fonde pour les bannir. Le fruit qui peut naître des impressions que fait la force de l'exemple lui manquoit : la punition des méchantes actions, et la récompense des bonnes, n'étoient pas de l'usage de son siècle, comme nous les avons rendues de celui du nôtre; et n'y pouvant trouver une utilité solide, hors celle des sentences et des discours didactiques, dont la tragédie se peut passer selon son avis, il en a substitué une qui peut-être n'est qu'imaginaire. Du moins, si pour la produire il faut les conditions qu'il demande, elles se rencontrent si rarement, que Robortel ne les trouve que dans le seul *OEdipe*, et soutient que ce philosophe ne nous les prescrit pas comme si nécessaires que leur manquement rende un ouvrage défectueux, mais seulement comme des idées de la perfection des tragédies. Notre siècle les a vues dans *le Cid*[1], mais je ne sais s'il les a vues en beaucoup d'autres; et, si nous voulons rejeter un coup d'œil sur cette règle, nous avouerons que le succès a justifié beaucoup de pièces où elle n'est pas observée.

tion des passions que pour ruiner le galimatias de Platon, qui veut chasser la tragédie et la comédie, et le poëme épique, de sa république imaginaire. Platon, en rendant les femmes communes dans son Utopie, et en les envoyant à la guerre, croyait empêcher qu'on ne fît des poëmes pour une Hélène; et Aristote, attribuant aux poëmes une utilité qu'ils n'ont peut-être pas, imaginait sa purgation des passions. Que résulte-t-il de cette vaine dispute? qu'on court à *Cinna* et à *Andromaque* sans se soucier d'être purgé. (V.)

[1] *Le Cid*, comme nous l'avons dit, n'est beau que parcequ'il est très touchant. (V.)

L'exclusion des personnes tout-à-fait vertueuses qui tombent dans le malheur bannit les martyrs de notre théâtre[1]. Polyeucte y a réussi contre cette maxime, et Héraclius et Nicomède y ont plu, bien qu'ils n'impriment que de la pitié, et ne nous donnent rien à craindre, ni aucune passion à purger, puisque nous les y voyons opprimés et près de périr, sans aucune faute de leur part dont nous puissions nous corriger sur leur exemple.

Le malheur d'un homme fort méchant n'excite ni pitié, ni crainte, parcequ'il n'est pas digne de la première, et que les spectateurs ne sont pas méchants comme lui pour concevoir l'autre à la vue de sa punition. Mais il seroit à propos de mettre quelque distinction entre les crimes ; il en est dont les honnêtes gens sont capables par une violence de passion, dont le mauvais succès peu faire effet dans l'ame de l'auditeur. Un honnête homme ne va pas voler au coin d'un bois, ni faire un assassinat de sang-froid ; mais, s'il est bien amoureux, il peut faire une supercherie à son rival, il peut s'emporter de colère et tuer dans un premier mouvement, et l'ambition le peut engager dans un crime ou dans une action blâmable[2]. Il est peu de mères qui voulussent assassiner ou empoisonner leurs enfants de peur de leur rendre leur bien, comme Cléopâtre dans *Rodogune :* mais il en est assez qui pren-

---

[1] Un martyr qui ne serait que martyr serait très vénérable, et figurerait très bien dans la *Vie des Saints,* mais assez mal au théâtre. Sans Sévère et Pauline, *Polyeucte* n'aurait point eu de succès. (V.)

[2] On s'intéresse pour un jeune criminel que la passion emporte, et qui avoue ses fautes ; témoin Venceslas et Rhadamiste. (V.)

nent goût à en jouir, et ne s'en dessaisissent qu'à regret et le plus tard qu'il leur est possible. Bien qu'elles ne soient pas capables d'une action si noire et si dénaturée que celle de cette reine de Syrie, elles ont en elles quelque teinture du principe qui l'y porta; et la vue de la juste punition qu'elle en reçoit leur peut faire craindre, non pas un pareil malheur, mais une infortune proportionnée à ce qu'elles sont capables de commettre. Il en est ainsi de quelques autres crimes qui ne sont pas de la portée de nos auditeurs. Le lecteur en pourra faire l'examen et l'application sur cet exemple.

Cependant, quelque difficulté qu'il y aye à trouver cette purgation effective et sensible des passions par le moyen de la pitié et de la crainte, il est aisé de nous accommoder avec Aristote. Nous n'avons qu'à dire que, par cette façon de s'énoncer, il n'a pas entendu que ces deux moyens y servissent toujours ensemble; et qu'il suffit, selon lui, de l'un des deux pour faire cette purgation, avec cette différence toutefois que la pitié n'y peut arriver sans la crainte, et que la crainte peut y parvenir sans la pitié. La mort du comte n'en fait aucune dans *le Cid*, et peut toutefois mieux purger en nous cette sorte d'orgueil envieux de la gloire d'autrui, que toute la compassion que nous avons de Rodrigue et de Chimène ne purge les attachements de ce violent amour qui les rend à plaindre l'un et l'autre. L'auditeur peut avoir de la commisération pour Antiochus, pour Nicomède, pour Héraclius; mais s'il en demeure là, et qu'il ne puisse craindre de tomber dans un pareil malheur, il ne guérira d'aucune passion. Au contraire, il n'en a point pour Cléopâtre, ni pour Prusias, ni pour Phocas; mais la crainte d'une infortune semblable ou approchante peut purger en une mère l'opiniâtreté à ne se point dessaisir du bien de ses enfants, en un mari le trop de déférence à une seconde femme au préjudice de ceux de son premier lit, en tout le monde l'avidité d'usurper le bien ou la dignité d'autrui par la violence; et tout cela proportionnément à la condition d'un chacun et à ce qu'il est capable d'entreprendre. Les déplaisirs et les irrésolutions d'Auguste dans *Cinna* peuvent faire ce dernier effet par la pitié et la crainte jointes ensemble; mais, comme je l'ai déjà dit, il n'arrive pas toujours que ceux que nous plaignons soient malheureux par leur faute. Quand ils sont innocents, la pitié que nous en prenons ne produit aucune crainte; et, si nous en concevons quelqu'une qui purge nos passions, c'est par le moyen d'une autre personne que de celle qui nous fait pitié, et nous la devons toute à la force de l'exemple.

Cette explication se trouvera autorisée par Aristote même, si nous voulons bien peser la raison qu'il rend de l'exclusion de ces événements qu'il désapprouve dans la tragédie. Il ne dit jamais : « Celui-là n'y est pas « propre, parcequ'il n'excite que la pitié et ne fait point « naître de crainte; et cet autre n'y est pas supportable, « parcequ'il n'excite que de la crainte et ne fait point « naître de pitié; mais il les rebute, parce, dit-il, qu'ils « n'excitent ni pitié ni crainte; » et nous donne à connoître par-là que c'est par le manque de l'une et de l'autre qu'ils ne lui plaisent pas, et que, s'ils produisoient l'une des deux, il ne leur refuseroit point son suffrage. L'exemple d'OEdipe qu'il allègue me confirme dans cette pensée. Si nous l'en croyons, il a toutes les conditions requises en la tragédie; néanmoins son malheur n'excite que de la pitié, et je ne pense pas qu'à le voir représenter, aucun de ceux qui le plaignent s'avise de craindre de tuer son père ou d'épouser sa mère. Si sa représentation nous peut imprimer quelque crainte, et que cette crainte soit capable de purger en nous quelque inclination blâmable ou vicieuse, elle y purgera la curiosité de savoir l'avenir, et nous empêchera d'avoir recours à des prédictions, qui ne servent d'ordinaire qu'à nous faire choir dans le malheur qu'on nous prédit par les soins mêmes que nous prenons de l'éviter; puisqu'il est certain qu'il n'eût jamais tué son père, ni épousé sa mère, si son père et sa mère, à qui l'oracle avoit prédit que cela arriveroit, ne l'eussent fait exposer de peur que cela n'arrivât. Ainsi, non seulement ce seront Laïus et Jocaste qui feront naître cette crainte, mais elle ne naîtra que de l'image d'une faute qu'ils ont faite quarante ans avant l'action qu'on représente, et ne s'imprimera en nous que par un autre acteur que le premier, et par une action hors de la tragédie.

Pour recueillir ce discours, avant que de passer à une autre matière, établissons pour maxime que la perfection de la tragédie consiste bien à exciter de la pitié et de la crainte par le moyen d'un premier acteur, comme peut faire Rodrigue dans *le Cid*, et Placide[1] dans *Théodore*, mais que cela n'est pas d'une nécessité si absolue qu'on ne se puisse servir de divers personnages pour faire naître ces deux sentiments, comme dans *Rodogune*; et même ne porter l'auditeur qu'à l'un des deux, comme dans *Polyeucte*, dont la représentation n'imprime que de la pitié sans aucune crainte[2].

[1] Il est triste de mettre Placide à côté du Cid. (V.)

[2] PHRASE SUPPRIMÉE : « Je ne dis pas la même chose de la crainte

Cela posé, trouvons quelque modération à la rigueur de ces règles du philosophe, ou du moins quelque favorable interprétation, pour n'être pas obligés de condamner beaucoup de poëmes que nous avons vu réussir sur nos théâtres.

Il ne veut point qu'un homme tout-à-fait innocent tombe dans l'infortune, parceque, cela étant abominable, il excite plus d'indignation contre celui qui le persécute que de pitié pour son malheur; il ne veut pas non plus qu'un très méchant y tombe, parcequ'il ne peut donner de pitié par un malheur qu'il mérite, ni en faire craindre un pareil à des spectateurs qui ne lui ressemblent pas : mais quand ces deux raisons cessent, en sorte qu'un homme de bien qui souffre excite plus de pitié pour lui que d'indignation contre celui qui le fait souffrir, ou que la punition d'un grand crime peut corriger en nous quelque imperfection qui a du rapport avec lui, j'estime qu'il ne faut point faire de difficulté d'exposer sur la scène des hommes très vertueux ou très méchants dans le malheur. En voici deux ou trois manières, que peut-être Aristote n'a su prévoir, parcequ'on n'en voyoit pas d'exemples sur les théâtres de son temps.

La première est, quand un homme très vertueux est persécuté par un très méchant, et qu'il échappe du péril où le méchant demeure enveloppé, comme dans *Rodogune* et dans *Héraclius*, qu'on n'auroit pu souffrir si Antiochus et Rodogune eussent péri dans la première, et Héraclius, Pulchérie, et Martian, dans l'autre, et que Cléopâtre et Phocas y eussent triomphé. Leur

sans la pitié, parceque je n'en sais point d'exemple, et n'en conçois point d'idée que je puisse croire agréable. » (*Édition de* 1663.)

malheur y donne une pitié qui n'est point étouffée par l'aversion qu'on a pour ceux qui les tyrannisent, parcequ'on espère toujours que quelque heureuse révolution les empêchera de succomber; et, bien que les crimes de Phocas et de Cléopâtre soient trop grands pour faire craindre l'auditeur d'en commettre de pareils, leur funeste issue peut faire sur lui les effets dont j'ai déja parlé. Il peut arriver d'ailleurs qu'un homme très vertueux soit persécuté, et périsse même par les ordres d'un autre, qui ne soit pas assez méchant pour attirer trop d'indignation sur lui, et qui montre plus de foiblesse que de crime dans la persécution qu'il lui fait. Si Félix fait périr son gendre Polyeucte, ce n'est pas par cette haine enragée contre les chrétiens qui nous le rendroit exécrable, mais seulement par une lâche timidité qui n'ose le sauver en présence de Sévère, dont il craint la haine et la vengeance après les mépris qu'il en a faits durant son peu de fortune. On prend bien quelque aversion pour lui, on désapprouve sa manière d'agir; mais cette aversion ne l'emporte pas sur la pitié qu'on a de Polyeucte, et n'empêche pas que sa conversion miraculeuse, à la fin de la pièce, ne le réconcilie pleinement avec l'auditoire[1]. On peut dire la même chose de Prusias dans *Nicomède*, et de Valens dans *Théodore*. L'un maltraite son fils, bien que très vertueux ; et l'autre est cause de la perte du sien, qui ne l'est pas moins : mais tous les deux n'ont que des foiblesses qui ne vont point jusques au crime; et, loin d'exciter une indignation qui étouffe la pitié qu'on a pour ces fils généreux, la lâcheté de leur abaisse-

---

[1] La conversion miraculeuse de Félix le réconcilie sans doute avec le ciel, mais point du tout avec le parterre. (V.)

ment sous des puissances qu'ils redoutent, et qu'ils devroient braver pour bien agir, fait qu'on a quelque compassion d'eux-mêmes et de leur honteuse politique.

Pour nous faciliter les moyens d'exciter cette pitié, qui fait de si beaux effets sur nos théâtres, Aristote nous donne une lumière. « Toute action, dit-il, se passe, « ou entre des amis, ou entre des ennemis, ou entre « des gens indifférents l'un pour l'autre. Qu'un ennemi « tue ou veuille tuer son ennemi, cela ne produit au- « cune commisération, sinon en tant qu'on s'émeut « d'apprendre ou de voir la mort d'un homme, quel « qu'il soit. Qu'un indifférent tue un indifférent, cela « ne touche guère davantage, d'autant qu'il n'excite « aucun combat dans l'ame de celui qui fait l'action[1]; « mais quand les choses arrivent entre des gens que la « naissance ou l'affection attache aux intérêts l'un de « l'autre, comme alors qu'un mari tue ou est prêt de « tuer sa femme, une mère ses enfants, un frère sa « sœur; c'est ce qui convient merveilleusement à la tra- « gédie. » La raison en est claire. Les oppositions des sentiments de la nature aux emportements de la passion, ou à la sévérité du devoir, forment de puissantes agitations, qui sont reçues de l'auditeur avec plaisir; et il se porte aisément à plaindre un malheureux opprimé ou poursuivi par une personne qui devroit s'intéresser à sa conservation, et qui quelquefois ne poursuit sa perte qu'avec déplaisir, ou du moins avec répugnance. Horace et Curiace ne seroient point à plaindre, s'ils n'étoient point amis et beaux-frères; ni Rodrigue, s'il étoit poursuivi par un autre que par sa maîtresse;

[1] Aristote montre ici un jugement bien sain, et une grande connaissance du cœur de l'homme. Presque toute tragédie est froide sans les combats des passions. (V.)

et le malheur d'Antiochus toucheroit beaucoup moins, si un autre que sa mère lui demandoit le sang de sa maîtresse, ou qu'un autre que sa maîtresse lui demandât celui de sa mère; ou si, après la mort de son frère, qui lui donne sujet de craindre un pareil attentat sur sa personne, il avoit à se défier d'autres que de sa mère et de sa maîtresse.

C'est donc un grand avantage, pour exciter la commisération, que la proximité du sang, et les liaisons d'amour ou d'amitié entre le persécutant et le persécuté, le poursuivant et le poursuivi, celui qui fait souffrir et celui qui souffre; mais il y a quelque apparence que cette condition n'est pas d'une nécessité plus absolue que celle dont je viens de parler, et qu'elle ne regarde que les tragédies parfaites, non plus que celle-là. Du moins les anciens ne l'ont pas toujours observée; je ne la vois point dans l'*Ajax* de Sophocle, ni dans son *Philoctète*; et qui voudra parcourir ce qui nous reste d'Æschyle et d'Euripide y pourra rencontrer quelques exemples à joindre à ceux-ci. Quand je dis que ces deux conditions ne sont que pour les tragédies parfaites, je n'entends pas dire que celles où elles ne se rencontrent point soient imparfaites : ce seroit les rendre d'une nécessité absolue, et me contredire moi-même. Mais, par ce mot de tragédies parfaites, j'entends celles du genre le plus sublime et le plus touchant; en sorte que celles qui manquent de l'une de ces deux conditions, ou de toutes les deux, pourvu qu'elles soient régulières, à cela près, ne laissent pas d'être parfaites en leur genre, bien qu'elles demeurent dans un rang moins élevé, et n'approchent pas de la beauté et de l'éclat des autres, si elles n'en empruntent de la pompe des vers, ou de la magnificence du spectacle, ou de quelque autre agrément qui vienne d'ailleurs que du sujet.

Dans ces actions tragiques, qui se passent entre proches, il faut considérer si celui qui veut faire périr l'autre le connoît, ou ne le connoît pas, et s'il achève, ou n'achève pas. La diverse combination[1] de ces deux manières d'agir forme quatre sortes de tragédies, à qui notre philosophe attribue divers degrés de perfection. « On connoît celui qu'on veut perdre, et on le « fait périr en effet, comme Médée tue ses enfants, Cly- « temnestre son mari, Oreste sa mère ; » et la moindre espèce est celle-là. « On le fait périr sans le connoître, « et on le reconnoît avec déplaisir après l'avoir perdu ; « et cela, dit-il, ou avant la tragédie, comme OEdipe, « ou dans la tragédie, comme l'*Alcmæon* d'Astydamas, « et Télégonus dans *Ulysse blessé*, » qui sont deux pièces que le temps n'a pas laissé venir jusqu'à nous; et cette seconde espèce a quelque chose de plus élevé, selon lui, que la première. La troisième est dans le haut degré d'excellence, « quand on est prêt de faire périr un « de ses proches sans le connoître, et qu'on le recon- « noît assez tôt pour le sauver, comme Iphigénie recon- « noît Oreste pour son frère, lorsqu'elle devoit le sacri- « fier à Diane, et s'enfuit avec lui. » Il en cite encore deux autres exemples, de Mérope dans *Cresphonte*, et de Hellé, dont nous ne connoissons ni l'un ni l'autre. Il condamne entièrement la quatrième espèce de ceux qui connoissent, entreprennent et n'achèvent pas, qu'il dit *avoir quelque chose de méchant, et rien de tragique*, et en donne pour exemple Æmon qui tire l'épée contre son père dans l'*Antigone*, et ne s'en sert

---

[1] Le mot *combinaison* n'était pas encore formé. (Par.)

que pour se tuer lui-même. Mais si cette condamnation n'étoit modifiée, elle s'étendroit un peu loin, et envelopperoit non seulement *le Cid*, mais *Cinna*, *Rodogune*, *Héraclius*, et *Nicomède*.

Disons donc qu'elle ne doit s'entendre que de ceux qui connoissent la personne qu'ils veulent perdre, et s'en dédisent par un simple changement de volonté, sans aucun événement notable qui les y oblige, et sans aucun manque de pouvoir de leur part[1]. J'ai déja marqué cette sorte de dénouement pour vicieux; mais quand ils y font de leur côté tout ce qu'ils peuvent, et qu'ils sont empêchés d'en venir à l'effet par quelque puissance supérieure, ou par quelque changement de fortune qui les fait périr eux-mêmes, ou les réduit sous le pouvoir de ceux qu'ils vouloient perdre, il est hors de doute que cela fait une tragédie d'un genre peut-être plus sublime que les trois qu'Aristote avoue; et que, s'il n'en a point parlé, c'est qu'il n'en voyoit point d'exemples sur les théâtres de son temps, où ce n'étoit pas la mode de sauver les bons par la perte des méchants, à moins que de les souiller eux-mêmes de quelque crime, comme Électre, qui se délivre d'oppression par la mort de sa mère, où elle encourage son frère et lui en facilite les moyens.

L'action de Chimène n'est donc pas défectueuse pour

---

[1] Il nous semble qu'on ne peut mieux expliquer ce qu'Aristote a dû entendre. Si un homme commence une action funeste, et ne l'achève pas sans avoir un motif supérieur et tragique qui le force, il n'est alors qu'inconstant et pusillanime; il n'inspire que le mépris. Il faut, ou que la nature ou la gloire l'arrête, et un tel dénouement peut faire un très bel effet; ou bien le crime commencé par lui est puni avant d'être achevé, et le spectateur est encore plus content. (V.)

ne perdre pas Rodrigue après l'avoir entrepris, puisqu'elle y fait son possible, et que tout ce qu'elle peut obtenir de la justice de son roi, c'est un combat où la victoire de ce déplorable amant lui impose silence. Cinna et son Æmilie ne pèchent point contre la règle en ne perdant point Auguste, puisque la conspiration découverte les en met dans l'impuissance, et qu'il faudroit qu'ils n'eussent aucune teinture d'humanité, si une clémence si peu attendue ne dissipoit toute leur haine. Qu'épargne Cléopâtre pour perdre Rodogune ? Qu'oublie Phocas pour se défaire d'Héraclius ? Et si Prusias demeuroit le maître, Nicomède n'iroit-il pas servir d'otage à Rome, ce qui lui seroit un plus rude supplice que la mort ? Les deux premiers reçoivent la peine de leurs crimes, et succombent dans leurs entreprises sans s'en dédire ; et ce dernier est forcé de reconnoître son injustice après que le soulèvement de son peuple, et la générosité de ce fils qu'il vouloit agrandir aux dépens de son aîné, ne lui permettent plus de la faire réussir.

Ce n'est pas démentir Aristote que de l'expliquer ainsi favorablement, pour trouver dans cette quatrième manière d'agir qu'il rebute une espèce de nouvelle tragédie plus belle que les trois qu'il recommande, et qu'il leur eût sans doute préférée, s'il l'eût connue. C'est faire honneur à notre siècle, sans rien retrancher de l'autorité de ce philosophe ; mais je ne sais comment faire pour lui conserver cette autorité, et renverser l'ordre de la préférence qu'il établit entre ces trois espèces. Cependant je pense être bien fondé sur l'expérience à douter si celle qu'il estime la moindre des trois n'est point la plus belle, et si celle qu'il tient la plus belle n'est point la moindre : la raison est que celle-ci ne peut exciter de pitié. Un père y veut perdre son fils sans le connoître, et ne le regarde que comme indifférent, et peut-être comme ennemi : soit qu'il passe pour l'un ou pour l'autre, son péril n'est digne d'aucune commisération, selon Aristote même, et ne fait naître en l'auditeur qu'un certain mouvement de trépidation intérieure, qui le porte à craindre que ce fils ne périsse avant que l'erreur soit découverte, et à souhaiter qu'elle se découvre assez tôt pour l'empêcher de périr; ce qui part de l'intérêt qu'on ne manque jamais à prendre dans la fortune d'un homme assez vertueux pour se faire aimer; et, quand cette reconnaissance arrive, elle ne produit qu'un sentiment de conjouissance, de voir arriver la chose comme on le souhaitoit.

Quand elle ne se fait qu'après la mort de l'inconnu, la compassion qu'excitent les déplaisirs de celui qui le fait périr ne peut avoir grande étendue, puisqu'elle est reculée et renfermée dans la catastrophe; mais lorsqu'on agit à visage découvert, et qu'on sait à qui on en veut, le combat des passions contre la nature, ou du devoir contre l'amour, occupe la meilleure partie du poëme; et de là naissent les grandes et fortes émotions qui renouvellent à tous moments et redoublent la commisération. Pour justifier ce raisonnement par l'expérience, nous voyons que Chimène et Antiochus en excitent beaucoup plus que ne fait OEdipe de sa personne. Je dis de sa personne, parceque le poëme entier en excite peut-être autant que *le Cid* ou que *Rodogune;* mais il en doit une partie à Dircé[1], et ce qu'elle en fait naître n'est qu'une pitié empruntée d'un épisode.

---

[1] Il est toujours étonnant que Corneille ait cru que sa Dircé ait pu faire quelque sensation dans son *OEdipe*. (V.)

Je sais que l'*agnition* est un grand ornement dans les tragédies : Aristote le dit ; mais il est certain qu'elle a ses incommodités. Les Italiens l'affectent en la plupart de leurs poëmes, et perdent quelquefois, par l'attachement qu'ils y ont, beaucoup d'occasions de sentiments pathétiques qui auroient des beautés plus considérables. Cela se voit manifestement en la *Mort de Crispe*[1], faite par un de leurs plus beaux esprits, Jean-Baptiste Ghirardelli, et imprimée à Rome en l'année 1653. Il n'a pas manqué d'y cacher sa naissance à Constantin, et d'en faire seulement un grand capitaine, qu'il ne reconnoît pour son fils qu'après qu'il l'a fait mourir. Toute cette pièce est si pleine d'esprit et de beaux sentiments, qu'elle eut assez d'éclat pour obliger à écrire contre son auteur, et à la censurer sitôt qu'elle parut. Mais combien cette naissance cachée sans besoin, et contre la vérité d'une histoire connue, lui a-t-elle dérobé de choses plus belles que les brillants dont il a semé cet ouvrage ! les ressentiments, le trouble, l'irrésolution et les déplaisirs de Constantin auroient été bien autres à prononcer un arrêt de mort contre son fils que contre un soldat de fortune. L'injustice de sa préoccupation auroit été bien plus sensible à Crispe de la part d'un père que de la part d'un maître ; et la qualité de fils, augmentant la grandeur du crime qu'on lui imposoit, eût en même temps augmenté la douleur d'en voir un père persuadé : Fauste même auroit eu

---

[1] On ne connaît plus guère *la Mort de Crispe il Costantino*, de Jean-Baptiste-Philippe Ghirardelli, et pas davantage celle du jésuite Stéphonius ; mais il est clair qu'il n'y a presque rien de tragique dans cette pièce, si Constantin ne connaît pas son fils, s'il n'y a point dans son cœur de combats entre la nature et la vengeance. (V.)

plus de combats intérieurs pour entreprendre un inceste que pour se résoudre à un adultère ; ses remords en auroient été plus animés, et ses désespoirs plus violents. L'auteur a renoncé à tous ces avantages pour avoir dédaigné de traiter ce sujet comme l'a traité de notre temps le père Stéphonius, jésuite, et comme nos anciens ont traité celui d'*Hippolyte ;* et, pour avoir cru l'élever d'un étage plus haut selon la pensée d'Aristote, je ne sais s'il ne l'a point fait tomber au-dessous de ceux que je viens de nommer.

Il y a grande apparence que ce qu'a dit ce philosophe de ces divers degrés de perfection pour la tragédie avoit une entière justesse de son temps, et en la présence de ses compatriotes ; je n'en veux point douter : mais aussi je ne puis m'empêcher de dire que le goût de notre siècle n'est point celui du sien sur cette préférence d'une espèce à l'autre, ou du moins que ce qui plaisoit au dernier point à ses Athéniens ne plaît pas également à nos François ; et je ne sais point d'autre moyen de trouver mes doutes supportables, et de demeurer tout ensemble dans la vénération que nous devons à tout ce qu'il a écrit de la poétique.

Avant que de quitter cette matière, examinons son sentiment sur deux questions touchant ces sujets entre des personnes proches : l'une, si le poëte les peut inventer ; l'autre, s'il ne peut rien changer en ce qu'il tire de l'histoire ou de la fable.

Pour la première, il est indubitable que les anciens en prenoient si peu de liberté, qu'ils arrêtoient leurs tragédies autour de peu de familles, parceque ces sortes d'actions étoient arrivées en peu de familles ; ce qui fait dire à ce philosophe que la fortune leur fournissoit des sujets, et non pas l'art. Je pense l'avoir dit en l'autre discours. Il semble toutefois qu'il en accorde un plein pouvoir aux poëtes par ces paroles : *Ils doivent bien user de ce qui est reçu, ou inventer eux-mêmes.* Ces termes décideroient la question, s'ils n'étoient point si généraux; mais, comme il a posé trois espèces de tragédie, selon les divers temps de connoître et les diverses façons d'agir, nous pouvons faire une revue sur toutes les trois, pour juger s'il n'est point à propos d'y faire quelque distinction qui resserre cette liberté. J'en dirai mon avis d'autant plus hardiment, qu'on ne pourra m'imputer de contredire Aristote, pourvu que je la laisse entière à quelqu'une des trois.

J'estime donc, en premier lieu, qu'en celles où l'on se propose de faire périr quelqu'un que l'on connoît, soit qu'on achève, soit qu'on soit empêché d'achever, il n'y a aucune liberté d'inventer la principale action, mais qu'elle doit être tirée de l'histoire ou de la fable[1].

---

[1] C'est ici une grande question, s'il est permis d'inventer le sujet d'une tragédie. Pourquoi non ? puisqu'on invente toujours les sujets de comédie. Nous avons beaucoup de tragédies de pure invention qui ont eu des succès durables à la représentation et à la lecture. Peut-être même ces sortes de pièces sont plus difficiles à faire que les autres. On n'y est pas soutenu par cet intérêt qu'inspirent les grands noms connus dans l'histoire, par le caractère des héros déjà tracé dans l'esprit du spectateur ; il est au fait avant qu'on ait commencé. Vous n'avez nul besoin de l'instruire ; et, s'il voit que vous lui donniez une copie fidèle du portrait qu'il a déjà dans la tête, il vous en tient compte. Mais, dans une tragédie où tout est inventé, il faut annoncer les lieux, les temps, et les héros ; il faut intéresser pour des personnages dont votre auditoire n'a aucune connaissance. La peine est double ; et, si votre ouvrage ne transporte pas l'ame, vous êtes doublement condamné. Il est vrai que le spectateur peut vous dire : Si l'événement que vous me présentez était arrivé, les

Ces entreprises contre des proches ont toujours quelque chose de si criminel et de si contraire à la nature, qu'elles ne sont pas croyables, à moins que d'être appuyées sur l'une ou sur l'autre ; et jamais elles n'ont cette vraisemblance sans laquelle ce qu'on invente ne peut être de mise.

Je n'ose décider si absolument de la seconde espèce. Qu'un homme prenne querelle avec un autre, et que, l'ayant tué, il vienne à le reconnoître pour son père ou pour son frère, et en tombe au désespoir, cela n'a rien que de vraisemblable, et par conséquent on le peut inventer ; mais d'ailleurs cette circonstance de tuer son père ou son frère, sans le connoître, est si extraordinaire et si éclatante, qu'on a quelque droit de dire que l'histoire n'ose manquer à s'en souvenir, quand elle arrive entre des personnes illustres, et de refuser toute croyance à de tels événements, quand elle ne les marque point. Le théâtre ancien ne nous en fournit aucun exemple qu'*OEdipe*; et je ne me souviens point d'en avoir vu aucun autre chez nos historiens. Je sais que cet événement sent plus la fable que l'histoire, et que par conséquent il peut avoir été inventé, ou en tout, ou en partie ; mais la fable et l'histoire de l'antiquité sont si mêlées ensemble, que, pour n'être pas en péril

historiens en auraient parlé. Mais il peut en dire autant de toutes les tragédies historiques dont les événements lui sont inconnus ; ce qui est ignoré, et ce qui n'a jamais été écrit, sont pour lui la même chose ; il ne s'agit ici que d'intéresser :

Inventez des ressorts qui puissent m'attacher.

Il ne faut pas sans doute choquer l'histoire connue, encore moins les mœurs des peuples qu'on met sur la scène. Peignez ces mœurs, rendez votre fable vraisemblable ; qu'elle soit touchante et tragique ; que le style soit pur ; que les vers soient beaux, et je vous réponds que vous réussirez. (V.)

d'en faire un faux discernement, nous leur donnons une égale autorité sur nos théâtres. Il suffit que nous n'inventions pas ce qui de soi n'est point vraisemblable, et qu'étant inventé de longue main, il soit devenu si bien de la connoissance de l'auditeur, qu'il ne s'effarouche point à le voir sur la scène. Toute la métamorphose d'Ovide est manifestement d'invention; on peut en tirer des sujets de tragédies, mais non pas inventer sur ce modèle, si ce n'est des épisodes de même trempe : la raison en est que, bien que nous ne devions rien inventer que de vraisemblable, et que ces sujets fabuleux, comme Andromède et Phaéton, ne le soient point du tout, inventer des épisodes, ce n'est pas tant inventer qu'ajouter à ce qui est déja inventé; et ces épisodes trouvent une espèce de vraisemblance dans leur rapport avec l'action principale; en sorte qu'on peut dire que, supposé que cela se soit pu faire, il s'est pu faire comme le poëte le décrit.

De tels épisodes toutefois ne seroient pas propres à un sujet historique, ou de pure invention, parcequ'ils manqueroient de rapport avec l'action principale, et seroient moins vraisemblables qu'elle. Les apparitions de Vénus et d'Æole ont eu bonne grace dans *Andromède*[1]; mais, si j'avois fait descendre Jupiter pour réconcilier Nicomède avec son père, ou Mercure pour révéler à Auguste la conspiration de Cinna, j'aurois fait révolter tout mon auditoire, et cette merveille au toit détruit toute la croyance que le reste de l'action auroit obtenue. Ces dénouements par des dieux de machine sont fort fréquents chez les Grecs, dans des tragédies qui paroissent historiques, et qui sont vrai-

---

[1] Pas si bonne grace! (V.)

semblables, à cela près : aussi Aristote ne les condamne pas tout-à-fait, et se contente de leur préférer ceux qui viennent du sujet. Je ne sais ce qu'en décidoient les Athéniens, qui étoient leurs juges; mais les deux exemples que je viens de citer montrent suffisamment qu'il seroit dangereux pour nous de les imiter en cette sorte de licence. On me dira que ces apparitions n'ont garde de nous plaire, parceque nous en savons manifestement la fausseté, et qu'elles choquent notre religion; ce qui n'arrivoit pas chez les Grecs : j'avoue qu'il faut s'accommoder aux mœurs de l'auditeur, et, à plus forte raison, à sa croyance; mais aussi doit-on m'accorder que nous avons du moins autant de foi pour l'apparition des anges et des saints que les anciens en avoient pour celle de leur Apollon et de leur Mercure : cependant qu'auroit-on dit, si, pour démêler Héraclius d'avec Martian, après la mort de Phocas, je me fusse servi d'un ange [1]? Ce poëme est entre des chrétiens, et cette apparition y auroit eu autant de justesse que celle des dieux de l'antiquité dans ceux des Grecs; c'eût été néanmoins un secret infaillible de

---

[1] Nous avouons ingénument que nous aimerions presque autant un ange descendant du ciel que le froid procès par écrit qui suit la mort de Phocas, et qu'on débrouille à peine par une ancienne lettre de l'impératrice Constantine, lettre qui pourrait encore produire bien des contestations.

Louis Racine, fils du grand Racine, a très bien remarqué les défauts de ce dénouement d'*Héraclius*, et de cette reconnaissance qui se fait après la catastrophe. Nous avons toujours été de son avis sur ce point; nous avons toujours pensé qu'un dénouement doit être clair, naturel, touchant; qu'il doit être, s'il se peut, la plus belle situation de la pièce. Toutes ces beautés sont réunies dans *Cinna*. Heureuses les pièces où tout parle au cœur, qui commencent naturellement, et qui finissent de même ! (**V.**)

rendre celui-là ridicule, et il ne faut qu'avoir un peu de sens commun pour en demeurer d'accord. Qu'on me permette donc de dire avec Tacite : *Non omnia apud priores meliora, sed nostra quoque ætas multa laudis et artium imitanda posteris tulit.*

Je reviens aux tragédies de cette seconde espèce, où l'on ne connoît un père ou un fils qu'après l'avoir fait périr; et, pour conclure en deux mots après cette digression, je ne condamnerai jamais personne pour en avoir inventé [1]; mais je ne me le permettrai jamais.

Celles de la troisième espèce ne reçoivent aucune difficulté : non seulement on les peut inventer, puisque tout y est vraisemblable, et suit le train commun des affections naturelles, mais je doute même si ce ne seroit point les bannir du théâtre que d'obliger les poëtes à en prendre les sujets dans l'histoire. Nous n'en voyons point de cette nature chez les Grecs, qui n'ayent la mine d'avoir été inventés par leurs auteurs : il se peut faire que la fable leur en aye prêté quelques-uns. Je n'ai pas les yeux assez pénétrants pour percer de si épaisses obscurités, et déterminer si l'Iphigénie *in Tauris* est de l'invention d'Euripide, comme son *Hélène* et son *Ion*, ou s'il l'a prise d'un autre; mais je crois pouvoir dire qu'il est très malaisé d'en trouver dans l'histoire, soit que de tels événements n'arrivent que très rarement, soit qu'ils n'ayent pas assez d'éclat pour y mériter une place : celui de Thésée, reconnu par le roi d'Athènes, son père, sur le point qu'il l'alloit

[1] Nous ne voyons pas pourquoi Corneille ne se serait pas permis une tragédie dans laquelle un père reconnaîtrait un fils après l'avoir fait périr. Il nous semble qu'un tel sujet pourrait produire un très beau cinquième acte : il inspirerait cette crainte et cette pitié qui sont l'ame du spectacle tragique. (V.)

faire périr, est le seul dont il me souvienne. Quoi qu'il en soit, ceux qui aiment à les mettre sur la scène peuvent les inventer sans crainte de la censure : ils pourront produire par-là quelque agréable suspension dans l'esprit de l'auditeur; mais il ne faut pas qu'ils se promettent de lui tirer beaucoup de larmes.

L'autre question, s'il est permis de changer quelque chose aux sujets qu'on emprunte de l'histoire ou de la fable, semble décidée en termes assez formels par Aristote, lorsqu'il dit « qu'il ne faut point changer les « sujets reçus [1], et que Clytemnestre ne doit point être « tuée par un autre qu'Oreste, ni Ériphyle par un autre « qu'Alcmæon. » Cette décision peut toutefois recevoir quelque distinction et quelque tempérament. Il est constant que les circonstances, ou, si vous l'aimez mieux, les moyens de parvenir à l'action, demeurent en notre pouvoir : l'histoire souvent ne les marque pas, ou en rapporte si peu, qu'il est besoin d'y suppléer pour remplir le poëme; et même il y a quelque apparence de présumer que la mémoire de l'auditeur qui les aura lues autrefois ne s'y sera pas si fort attachée qu'il s'aperçoive assez du changement que nous y aurons fait, pour nous accuser de mensonge; ce qu'il ne manqueroit pas de faire s'il voyoit que nous changeassions l'action principale. Cette falsification seroit cause qu'il n'ajouteroit aucune foi à tout le reste; comme au contraire il croit aisément tout ce reste quand il le voit servir d'acheminement à l'effet qu'il sait véritable, et dont l'histoire lui a laissé une plus forte

---

[1] Nous pensons qu'on pourrait changer quelque circonstance principale dans les sujets reçus, pourvu que ces circonstances changées augmentassent l'intérêt, loin de le diminuer :

Quidlibet audendi semper fuit æqua potestas. (V.)

impression. L'exemple de la mort de Clytemnestre peut servir de preuve à ce que je viens d'avancer; Sophocle et Euripide l'ont traitée tous deux, mais chacun avec un nœud et un dénouement tout-à-fait différents l'un de l'autre; et c'est cette différence qui empêche que ce ne soit la même pièce, bien que ce soit le même sujet, dont ils ont conservé l'action principale. Il faut donc la conserver comme eux; mais il faut examiner en même temps si elle n'est point si cruelle ou si difficile à représenter qu'elle puisse diminuer quelque chose de la croyance que l'auditeur doit à l'histoire, et qu'il veut bien donner à la fable en se mettant à la place de ceux qui l'ont prise pour une vérité. Lorsque cet inconvénient est à craindre, il est bon de cacher l'événement à la vue, et de le faire savoir par un récit qui frappe moins que le spectacle, et nous impose plus aisément.

C'est par cette raison qu'Horace ne veut pas que Médée tue ses enfants, ni qu'Atrée fasse rôtir ceux de Thyeste à la vue du peuple. L'horreur de ces actions engendre une répugnance à les croire, aussi bien que la métamorphose de Progné en oiseau et de Cadmus en serpent, dont la représentation, presque impossible, excite la même incrédulité quand on la hasarde aux yeux du spectateur :

<pre>Quodcumque ostendis mihi sic, incredulus odi [1].</pre>

Je passe plus outre : et, pour exténuer ou retrancher

---

[1] Médée ne doit point tuer ses enfants devant des mères, qui s'enfuiraient d'horreur ; un tel spectacle révolterait des cannibales et des inquisiteurs même. Cadmus ne peut guère être changé en serpent qu'à l'Opéra. Nous aurions souhaité qu'Horace eût dit *aversor, et odi*, au lieu de *incredulus odi* ; car le sujet

cette horreur dangereuse d'une action historique, je voudrois la faire arriver sans la participation du premier acteur, pour qui nous devons toujours ménager la faveur de l'auditoire. Après que Cléopâtre eut tué Séleucus, elle présenta du poison à son autre fils Antiochus, à son retour de la chasse; et ce prince, soupçonnant ce qui en étoit, la contraignit de le prendre, et la força à s'empoisonner. Si j'eusse fait voir cette action sans y rien changer, c'eût été punir un parricide par un autre parricide; on eût pris aversion pour Antiochus, et il a été bien plus doux de faire qu'elle-même, voyant que sa haine et sa noire perfidie alloient être découvertes, s'empoisonne dans son désespoir, à dessein d'envelopper ces deux amants dans sa perte, en leur ôtant tout sujet de défiance. Cela fait deux effets. La punition de cette impitoyable mère laisse un plus fort exemple, puisqu'elle devient un effet de la justice du ciel, et non pas de la vengeance des hommes; d'autre côté, Antiochus ne perd rien de la compassion et de l'amitié qu'on avoit pour lui, qui redoublent plutôt qu'elles ne diminuent; et enfin l'action historique s'y trouve conservée malgré ce changement, puisque Cléopâtre périt par le même poison qu'elle présente à Antiochus.

Phocas étoit un tyran, et sa mort n'étoit pas un

de ces pièces étant connu et reçu de tout le monde, la fable passant pour une vérité, le spectateur n'est point *incredulus* : mais il est révolté, il recule, il fuit à l'aspect de deux figures d'enfants qu'on met à la broche. A l'égard de la métamorphose de Cadmus en serpent, et de Progné en hirondelle, c'étaient encore des fables qui tenaient lieu d'histoire; mais l'exécution de ces prodiges serait d'une telle difficulté, et l'exécution même la plus heureuse serait si puérile et si ridicule, qu'elle ne pourrait amuser que des enfants et de vieilles imbéciles. (V.)

crime; cependant il a été sans doute plus à propos de la faire arriver par la main d'Exupère que par celle d'Héraclius. C'est un soin que nous devons prendre de préserver nos héros du crime tant qu'il se peut, et les exempter même de tremper leurs mains dans le sang, si ce n'est en un juste combat. J'ai beaucoup osé dans Nicomède : Prusias son père l'avoit voulu faire assassiner dans son armée : sur l'avis qu'il en eut par les assassins mêmes, il entra dans son royaume, s'en empara, et réduisit ce malheureux père à se cacher dans une caverne, où il le fit-assassiner lui-même. Je n'ai pas poussé l'histoire jusque-là; et, après l'avoir peint trop vertueux pour l'engager dans un parricide, j'ai cru que je pouvois me contenter de le rendre maître de la vie de ceux qui le persécutoient, sans le faire passer plus avant.

Je ne saurois dissimuler une délicatesse que j'ai sur la mort de Clytemnestre, qu'Aristote nous propose pour exemple des actions qui ne doivent point être changées : je veux bien avec lui qu'elle ne meure que de la main de son fils Oreste; mais je ne puis souffrir chez Sophocle que ce fils la poignarde de dessein formé cependant qu'elle est à genoux devant lui, et le conjure de lui laisser la vie. Je ne puis même pardonner à Électre, qui passe pour une vertueuse opprimée dans le reste de la pièce, l'inhumanité dont elle encourage son frère à ce parricide. C'est un fils qui venge son père, mais c'est sur sa mère qu'il le venge. Séleucus et Antiochus avoient droit d'en faire autant dans *Rodogune*, mais je n'ai osé leur en donner la moindre pensée : aussi notre maxime de faire aimer nos principaux acteurs n'étoit pas de l'usage des anciens; et ces républicains avoient une si forte haine des rois, qu'ils voyoient avec plaisir des crimes dans les plus innocents de leur race. Pour rectifier ce sujet à notre mode, il faudroit qu'Oreste n'eût dessein que contre Ægisthe; qu'un reste de tendresse respectueuse pour sa mère lui en fît remettre la punition aux dieux; que cette reine s'opiniâtrât à la protection de son adultère, et qu'elle se mît entre son fils et lui si malheureusement qu'elle reçût le coup que ce prince voudroit porter à cet assassin de son père : ainsi elle mourroit de la main de son fils, comme le veut Aristote, sans que la barbarie d'Oreste nous fît horreur, comme dans Sophocle, ni que son action méritât des furies vengeresses pour le tourmenter, puisqu'il demeureroit innocent.

Le même Aristote nous autorise à en user de cette manière, lorsqu'il nous apprend que « le poëte n'est « pas obligé de traiter les choses comme elles se sont « passées, mais comme elles ont pu ou dû se passer, « selon le vraisemblable ou le nécessaire [1]. » Il répète

---

[1] Tout ce que dit ici Corneille, sur l'art de traiter des sujets terribles sans les rendre trop atroces, est digne du père et du législateur du théâtre; et ce qu'il propose sur la manière de sauver l'horreur du parricide d'Oreste et d'Électre est si judicieux, que les poëtes qui, depuis lui, ont manié ce sujet, si cher à l'antiquité, se sont absolument conformés aux conseils qu'il donne.

A l'égard du conseil d'Aristote, de représenter les événements *selon le vraisemblable ou le nécessaire,* voici comment nous entendons ces paroles :

Choisissez la manière la plus vraisemblable, pourvu qu'elle soit tragique, et non révoltante; et, si vous ne pouvez concilier ces deux choses, choisissez la manière dont la catastrophe doit arriver nécessairement par tout ce qui aura été annoncé dans les premiers actes.

Par exemple, vous mettez sur le théâtre le malheur d'Œdipe : il faut que ce malheur arrive; voilà le nécessaire. Un vieillard

souvent ces derniers mots, et ne les explique jamais : je tâcherai d'y suppléer au moins mal qu'il me sera possible, et j'espère qu'on me pardonnera si je m'abuse.

Je dis donc premièrement que cette liberté qu'il nous laisse d'embellir les actions historiques par des inventions vraisemblables n'emporte aucune défense de nous écarter du vraisemblable dans le besoin. C'est un privilége qu'il nous donne, et non pas une servitude qu'il nous impose : cela est clair par ses paroles mêmes. Si nous pouvons traiter les choses selon le vraisemblable ou selon le nécessaire, nous pouvons quitter le vraisemblable pour suivre le nécessaire; et cette alternative met en notre choix de nous servir de celui des deux que nous jugerons le plus à propos.

Cette liberté du poëte se trouve encore en termes plus formels dans le vingt et cinquième chapitre, qui contient les excuses ou plutôt les justifications dont il se peut servir contre la censure : «Il faut, dit-il, qu'il «suive un de ces trois moyens de traiter les choses, «et qu'il les représente ou comme elles ont été, ou «comme on dit qu'elles ont été, ou comme elles ont «dû être : » par où il lui donne le choix, ou de la vérité historique, ou de l'opinion commune sur quoi la fable est fondée, ou de la vraisemblance. Il ajoute ensuite : «Si on le reprend de ce qu'il n'a pas écrit les choses «dans la vérité, qu'il réponde qu'il les a écrites comme «elles ont dû être : si on lui impute de n'avoir fait ni «l'un ni l'autre, qu'il se défende sur ce qu'en publie «l'opinion commune, comme en ce qu'on raconte des «dieux, dont la plus grande partie n'a rien de véri-

---

lui apprend qu'il est incestueux et parricide, et lui en donne de funestes preuves ; voilà le vraisemblable. (V.)

« table. » Et un peu plus bas : « Quelquefois ce n'est pas « le meilleur qu'elles se soient passées de la manière « qu'il les décrit; néanmoins elles se sont passées effec- « tivement de cette manière, » et par conséquent il est hors de faute. Ce dernier passage montre que nous ne sommes point obligés de nous écarter de la vérité pour donner une meilleure forme aux actions de la tragédie par les ornements de la vraisemblance, et le montre d'autant plus fortement, qu'il demeure pour constant, par le second de ces trois passages, que l'opinion commune suffit pour nous justifier quand nous n'avons pas pour nous la vérité, et que nous pourrions faire quelque chose de mieux que ce que nous faisons, si nous recherchions les beautés de cette vraisemblance. Nous courons par-là quelques risques d'un plus foible succès; mais nous ne péchons que contre le soin que nous devons avoir de notre gloire, et non pas contre les règles du théâtre.

Je fais une seconde remarque sur ces termes de *vraisemblable* et de *nécessaire*, dont l'ordre se trouve quelquefois renversé chez ce philosophe, qui tantôt dit, *selon le nécessaire ou le vraisemblable*, et tantôt *selon le vraisemblable ou le nécessaire*. D'où je tire une conséquence qu'il y a des occasions où il faut préférer le vraisemblable au nécessaire, et d'autres où il faut préférer le nécessaire au vraisemblable. La raison en est que ce qu'on emploie le dernier dans les propositions alternatives y est placé comme pis-aller, dont il faut se contenter quand on ne peut arriver à l'autre, et qu'on doit faire effort pour le premier avant que de se réduire au second, où l'on n'a droit de recourir qu'au défaut de ce premier.

Pour éclaircir cette préférence mutuelle du vraisemblable au nécessaire, et du nécessaire au vraisemblable, il faut distinguer deux choses dans les actions qui composent la tragédie. La première consiste en ces actions mêmes, accompagnées des inséparables circonstances du temps et du lieu; et l'autre en la liaison qu'elles ont ensemble, qui les fait naître l'une de l'autre. En la première, le vraisemblable est à préférer au nécessaire; et le nécessaire au vraisemblable, dans la seconde.

Il faut placer les actions où il est plus facile et mieux séant qu'elles arrivent, et les faire arriver dans un loisir raisonnable, sans les presser extraordinairement, si la nécessité de les renfermer dans un lieu et dans un jour ne nous y oblige. J'ai déja fait voir en l'autre discours que, pour conserver l'unité de lieu, nous faisons parler souvent des personnes dans une place publique, qui vraisemblablement s'entretiendroient dans une chambre; et je m'assure que si on racontoit dans un roman ce que je fais arriver dans *le Cid*, dans *Polyeucte*, dans *Pompée*, ou dans *le Menteur*, on lui donneroit un peu plus d'un jour pour l'étendue de sa durée. L'obéissance que nous devons aux règles de l'unité de jour et de lieu nous dispense alors du vraisemblable, bien qu'elle ne nous permette pas l'impossible; mais nous ne tombons pas toujours dans cette nécessité; et *la Suivante*, *Cinna*, *Théodore*, et *Nicomède*, n'ont point eu besoin de s'écarter de la vraisemblance à l'égard du temps, comme ces autres poëmes.

Cette réduction de la tragédie au roman est la pierre de touche pour démêler les actions nécessaires d'avec les vraisemblables. Nous sommes gênés au théâtre par le lieu, par le temps, et par les incommodités de la représentation, qui nous empêchent d'exposer à la vue beaucoup de personnages tout à-la-fois, de peur que les uns ne demeurent sans action, ou ne troublent celle des autres. Le roman n'a aucune de ces contraintes : il donne aux actions qu'il décrit tout le loisir qu'il leur faut pour arriver; il place ceux qu'il fait parler, agir ou rêver, dans une chambre, dans une forêt, en place publique, selon qu'il est plus à propos pour leur action particulière; il a pour cela tout un palais, toute une ville, tout un royaume, toute la terre, où les promener; et s'il fait arriver ou raconter quelque chose en présence de trente personnes, il en peut décrire les divers sentiments l'un après l'autre. C'est pourquoi il n'a jamais aucune liberté de se départir de la vraisemblance, parcequ'il n'a jamais aucune raison ni excuse légitime pour s'en écarter.

Comme le théâtre ne nous laisse pas tant de facilité de réduire tout dans le vraisemblable, parcequ'il ne nous fait rien savoir que par des gens qu'il expose à la vue de l'auditeur en peu de temps, il nous en dispense aussi plus aisément. On peut soutenir que ce n'est pas tant nous en dispenser, que nous permettre une vraisemblance plus large; mais puisque Aristote nous autorise à y traiter les choses selon le nécessaire, j'aime mieux dire que tout ce qui s'y passe d'une autre façon qu'il ne se passeroit dans un roman n'a point de vraisemblance, à le bien prendre, et se doit ranger entre les actions nécessaires.

L'*Horace* en peut fournir quelques exemples : l'unité de lieu y est exacte, tout s'y passe dans une salle. Mais si on en faisoit un roman avec les mêmes particularités de scène en scène que j'y ai employées, feroit-on tout passer dans cette salle? A la fin du premier acte, Curiace et Camille sa maîtresse vont rejoindre le reste de la famille, qui doit être dans un autre appartement ; entre les deux actes, ils y reçoivent la nouvelle de l'érection des trois Horaces ; à l'ouverture du second, Curiace paroît dans cette même salle pour l'en congratuler : dans le roman, il auroit fait cette congratulation au même lieu où l'on en reçoit la nouvelle, en présence de toute la famille, et il n'est point vraisemblable qu'ils s'écartent eux deux pour cette conjouissance ; mais il est nécessaire pour le théâtre : et, à moins que cela, les sentiments des trois Horaces, de leur père, de leur sœur, de Curiace, et de Sabine, se fussent présentés à faire paroître tous à-la-fois. Le roman, qui ne fait rien voir, en fût aisément venu à bout : mais sur la scène il a fallu les séparer, pour y mettre quelque ordre, et les prendre l'un après l'autre, en commençant par ces deux-ci que j'ai été forcé de ramener dans cette salle sans vraisemblance. Cela passé, le reste de l'acte est tout-à-fait vraisemblable, et n'a rien qu'on fût obligé de faire arriver d'une autre manière dans le roman. A la fin de cet acte, Sabine et Camille, outrées de déplaisir, se retirent de cette salle avec un emportement de douleur, qui vraisemblablement va renfermer leurs larmes dans leur chambre, où le roman les feroit demeurer et y recevoir la nouvelle du combat. Cependant, par la nécessité de les faire voir aux spectateurs, Sabine quitte sa chambre au commencement du troisième acte, et revient entretenir ses douloureuses inquiétudes dans cette salle, où Camille la vient trouver. Cela fait, le reste de cet acte est vraisemblable comme en l'autre ; et, si vous voulez examiner avec cette rigueur les premières scènes des deux derniers, vous trouverez peut-être la même chose, et que le roman placeroit ses personnages ailleurs qu'en cette salle, s'ils en étoient une fois sortis, comme ils en sortent à la fin de chaque acte.

Ces exemples peuvent suffire pour expliquer comme on peut traiter une action selon le nécessaire, quand on ne la peut traiter selon le vraisemblable, qu'on doit toujours préférer au nécessaire lorsqu'on ne regarde que les actions en elles-mêmes.

Il n'en va pas ainsi de leur liaison qui les fait naître l'une et l'autre : le nécessaire y est à préférer au vraisemblable, non que cette liaison ne doive toujours être vraisemblable, mais parcequ'elle est beaucoup meilleure quand elle est vraisemblable et nécessaire tout ensemble. La raison en est aisée à concevoir. Lorsqu'elle n'est que vraisemblable sans être nécessaire, le poëme s'en peut passer, et elle n'y est pas de grande importance; mais quand elle est vraisemblable et nécessaire, elle devient une partie essentielle du poëme, qui ne peut subsister sans elle. Vous trouverez dans *Cinna* des exemples de ces deux sortes de liaisons; j'appelle ainsi la manière dont une action est produite par l'autre. Sa conspiration contre Auguste est causée nécessairement par l'amour qu'il a pour Æmilie, parcequ'il la veut épouser, et qu'elle ne veut se donner à lui qu'à cette condition. De ces deux actions, l'une est vraie, l'autre est vraisemblable, et leur liaison est nécessaire. La bonté d'Auguste donne des remords et de l'irrésolution à Cinna : ces remords et cette irrésolution ne sont causés que vraisemblablement par cette bonté, et n'ont qu'une liaison vraisemblable avec elle, parceque Cinna pouvoit demeurer dans la fermeté et arriver à son but, qui est d'épouser Æmilie. Il la consulte dans cette irrésolution : cette consultation n'est que vraisemblable, mais elle est un effet nécessaire de son amour, parceque s'il eût rompu la conjuration sans son aveu, il ne fût jamais arrivé à ce but qu'il s'étoit proposé; et par conséquent voilà une liaison nécessaire entre deux actions vraisemblables, ou, si vous l'aimez mieux, une production nécessaire d'une action vraisemblable par une autre pareillement vraisemblable.

Avant que d'en venir aux définitions et divisions du vraisemblable et du nécessaire, je fais encore une réflexion sur les actions qui composent la tragédie, et trouve que nous pouvons y en faire entrer de trois sortes, selon que nous le jugeons à propos : les unes suivent l'histoire, les autres ajoutent à l'histoire, les troisièmes falsifient l'histoire. Les premières sont vraies, les secondes quelquefois vraisemblables et quelquefois nécessaires, et les dernières doivent toujours être nécessaires.

Lorsqu'elles sont vraies, il ne faut point se mettre en peine de la vraisemblance, elles n'ont pas besoin de son secours. « Tout ce qui s'est fait manifestement « s'est pu faire, dit Aristote, parceque s'il ne s'étoit pu « faire, il ne se seroit pas fait. » Ce que nous ajoutons à l'histoire, comme il n'est pas appuyé de son autorité, n'a pas cette prérogative. « Nous avons une pente natu- « relle, ajoute ce philosophe, à croire que ce qui ne « s'est point fait n'a pu encore se faire; » et c'est pour quoi ce que nous inventons a besoin de la vraisemblance la plus exacte qu'il est possible pour le rendre croyable.

A bien peser ces deux passages, je crois ne m'éloigner point de sa pensée quand j'ose dire, pour définir le vraisemblable, que c'est « une chose manifestement « possible dans la bienséance, et qui n'est ni manifes- « tement vraie ni manifestement fausse. » On en peut faire deux divisions, l'une en vraisemblable général et particulier, l'autre en ordinaire et extraordinaire.

Le vraisemblable général est ce que peut faire et qu'il est à propos que fasse un roi, un général d'armée, un amant, un ambitieux, etc. Le particulier est ce qu'a pu ou dû faire Alexandre, César, Alcibiade, compatible avec ce que l'histoire nous apprend de ses actions. Ainsi, tout ce qui choque l'histoire sort de cette vraisemblance, parcequ'il est manifestement faux; et il n'est pas vraisemblable que César, après la bataille de Pharsale, se soit remis en bonne intelligence avec Pompée, ou Auguste avec Antoine après celle d'Actium, bien qu'à parler en termes généraux il soit vraisemblable que, dans une guerre civile, après une grande bataille, les chefs des partis contraires se réconcilient, principalement lorsqu'ils sont généreux l'un et l'autre.

Cette fausseté manifeste, qui détruit la vraisemblance, se peut rencontrer même dans les pièces qui sont toutes d'invention : on n'y peut falsifier l'histoire, puisqu'elle n'y a aucune part; mais il y a des circonstances, des temps et des lieux qui peuvent convaincre un auteur de fausseté quand il prend mal ses mesures. Si j'introduisois un roi de France ou d'Espagne sous un nom imaginaire, et que je choisisse pour le temps de mon action un siècle dont l'histoire eût marqué les véritables rois de ces deux royaumes, la fausseté seroit toute visible; et c'en seroit une encore plus palpable si je plaçois Rome à deux lieues de Paris, afin qu'on pût y aller et revenir en un même jour. Il y a des choses sur qui le poëte n'a jamais aucun droit : il peut prendre quelque licence sur l'histoire, en tant qu'elle regarde les actions des particuliers, comme celle de César ou d'Auguste, et leur attribuer des actions qu'ils n'ont pas faites, ou les faire arriver d'une autre manière qu'ils ne les ont faites; mais il ne peut pas renverser la chronologie pour faire vivre Alexandre du temps de César, et moins encore changer la situation des lieux, ou les noms des royaumes, des provinces, des villes, des montagnes, et des fleuves remarquables. La raison est que ces provinces, ces montagnes, ces rivières, sont des choses permanentes. Ce que nous savons de leur situation étoit dès le commencement du monde; nous devons présumer qu'il n'y a point eu de changement, à moins que l'histoire ne le marque; et la géographie nous en apprend tous les noms anciens et modernes. Ainsi un homme seroit ridicule d'imaginer que, du temps d'Abraham, Paris fût au pied des Alpes, ou que la Seine traversât l'Espagne, et de mêler de pareilles grotesques dans une pièce d'invention. Mais l'histoire est des choses qui passent, et qui, succédant les unes aux autres, n'ont que chacune un moment pour leur durée, dont il en échappe beaucoup à la connoissance de ceux qui l'écrivent : aussi n'en peut-on montrer aucune qui contienne tout ce qui s'est passé dans les lieux dont elle parle, ni tout ce qu'ont fait ceux dont elle décrit la vie. Je n'en excepte pas même les *Commentaires de César*, qui écrivoit sa propre histoire, et devoit la savoir tout entière. Nous savons quels pays arrosoient le Rhône et la Seine avant qu'il vînt dans les Gaules; mais nous ne savons que fort peu de chose, et peut-être rien du tout, de ce qui s'y est passé avant sa venue. Ainsi nous pouvons bien y placer des actions que nous feignons arrivées avant ce temps-là, mais non pas, sous ce prétexte de fiction poétique et d'éloignement des temps, y changer la distance naturelle d'un lieu à l'autre. C'est de cette façon que Barclay en a usé dans son *Argénis*, où il ne nomme aucune ville ni fleuve de Sicile, ni de nos provinces, que par des noms véritables, bien que ceux de toutes les personnes qu'il y met sur le tapis soient entièrement de son invention aussi bien que leurs actions.

Aristote semble plus indulgent sur cet article, puisqu'il « trouve le poëte excusable quand il pèche contre « un autre art que le sien, comme contre la médecine « ou contre l'astrologie. » A quoi je réponds « qu'il ne « l'excuse que sous cette condition qu'il arrive par-là « au but de son art, auquel il n'auroit pu arriver au- « trement : encore avoue-t-il qu'il pèche en ce cas, et « qu'il est meilleur de ne pécher point du tout. » Pour moi, s'il faut recevoir cette excuse, je ferois distinction entre les arts qu'il peut ignorer sans honte, parcequ'il lui arrive rarement des occasions d'en parler sur son théâtre, tels que sont la médecine et l'astrologie que je viens de nommer, et les arts sans la connoissance desquels, ou en tout ou en partie, il ne sauroit établir de justesse dans aucune pièce, tels que sont la géographie et la chronologie. Comme il ne sauroit représenter aucune action sans la placer en quelque lieu et en quelque temps, il est inexcusable s'il fait paroître de l'ignorance dans le choix de ce lieu et de ce temps où il la place.

Je viens à l'autre division du vraisemblable en ordinaire et extraordinaire : l'ordinaire est une action qui arrive plus souvent, ou du moins aussi souvent que sa contraire ; l'extraordinaire est une action qui arrive, à la vérité, moins souvent que sa contraire, mais qui ne laisse pas d'avoir sa possibilité assez aisée pour n'aller point jusqu'au miracle, ni jusqu'à ces événements singuliers qui servent de matière aux tragédies sanglantes par l'appui qu'ils ont de l'histoire ou de l'opinion commune, et qui ne se peuvent tirer en exemple que pour les épisodes de la pièce dont ils font le corps, parcequ'ils ne sont pas croyables à moins que d'avoir cet appui. Aristote donne deux idées ou exemples généraux de ce vraisemblable extraordinaire : l'un d'un homme subtil et adroit qui se trouve trompé par un moins subtil que lui ; l'autre d'un foible qui se bat contre un plus fort que lui et en demeure victorieux, ce qui sur-tout ne manque jamais à être bien reçu quand la cause du plus simple ou du plus foible est la plus équitable. Il semble alors que la justice du ciel ait présidé au succès, qui trouve d'ailleurs une croyance d'autant plus facile qu'il répond aux souhaits de l'auditoire qui s'intéresse toujours pour ceux dont le procédé est le meilleur. Ainsi la victoire du Cid contre le comte se trouveroit dans la vraisemblance extraordinaire quand elle ne seroit pas vraie. « Il est vraisemblable, dit notre « docteur, que beaucoup de choses arrivent contre le « vraisemblable ; » et, puisqu'il avoue par-là que ces effets extraordinaires arrivent contre la vraisemblance, j'aimerois mieux les nommer simplement croyables, et les ranger sous le nécessaire, attendu qu'on ne s'en doit jamais servir sans nécessité.

On peut m'objecter que le même philosophe dit « qu'au regard de la poésie on doit préférer l'impossible « croyable au possible incroyable [1], » et conclure de là

---

[1] Il nous semble que Corneille aurait pu s'épargner toutes les peines qu'il prend pour concilier Aristote avec lui-même. Nous n'entendons point ce que c'est que *l'impossible croyable*, et *le possible incroyable*. On a beau donner la torture à son esprit, l'impossible ne sera jamais croyable ; l'impossible, selon la force du mot, est ce qui ne peut jamais arriver. C'est abuser de son esprit

que j'ai peu de raison d'exiger du vraisemblable par la définition que j'en ai faite, qu'il soit manifestement possible pour être croyable, puisque, selon Aristote, il y a des choses impossibles qui sont croyables.

Pour résoudre cette difficulté, et trouver de quelle nature est cet impossible croyable dont il ne donne aucun exemple, je réponds qu'il y a des choses impossibles en elles-mêmes qui paroissent aisément possibles, et par conséquent croyables quand on les envisage d'une autre manière. Telles sont toutes celles où nous falsifions l'histoire. Il est impossible qu'elles se soient passées comme nous les représentons, puisqu'elles se sont passées autrement, et qu'il n'est pas au pouvoir de Dieu même de rien changer au passé; mais elles paroissent manifestement possibles quand elles sont dans la vraisemblance générale, pourvu qu'on les regarde détachées de l'histoire, et qu'on veuille oublier pour quelque temps ce qu'elle dit de contraire à ce que nous inventons. Tout ce qui se passe dans *Nicomède* est impossible, puisque l'histoire porte qu'il fit mourir son père sans le voir, et que ses frères du second lit étoient en otage à Rome lorsqu'il s'empara du royaume. Tout ce qui arrive dans *Héraclius* ne l'est pas moins, puisqu'il n'étoit pas fils de Maurice, et que, bien loin de passer pour celui de Phocas et être nourri comme tel chez ce tyran, il vint fondre sur lui à force ouverte des

que d'établir de telles propositions; c'est en abuser encore de vouloir les expliquer; c'est vouloir plaisanter de dire que, quand une chose est faite, il est impossible qu'elle ne soit pas faite, et qu'on n'y peut rien changer. Ces questions sont de la nature de celles qu'on agitait dans les écoles : Si Dieu pouvait se changer en citrouille, et si, en montant à une échelle, il pouvait se casser le cou. (V.)

bords de l'Afrique, dont il étoit gouverneur, et ne le vit peut-être jamais. On ne prend point néanmoins pour incroyables les incidents de ces deux tragédies; et ceux qui savent le désaveu qu'en fait l'histoire la mettent aisément à quartier pour se plaire à leur représentation, parcequ'ils sont dans la vraisemblance générale, bien qu'ils manquent de la particulière.

Tout ce que la fable nous dit de ces dieux et de ses métamorphoses est encore impossible, et ne laisse pas d'être croyable par l'opinion commune, et par cette vieille traditive qui nous a accoutumés à en ouïr parler. Nous avons droit d'inventer même sur ce modèle, et de joindre des incidents également impossibles à ceux que ces anciennes erreurs nous prêtent. L'auditeur n'est point trompé dans son attente quand le titre du poëme le prépare à n'y rien voir que d'impossible en effet : il y trouve tout croyable; et cette première supposition faite qu'il est des dieux, et qu'ils prennent intérêt et font commerce avec les hommes, à quoi il vient tout résolu, il n'a aucune difficulté à se persuader du reste.

Après avoir tâché d'éclaircir ce que c'est que le vraisemblable, il est temps que je hasarde une définition du nécessaire dont Aristote parle tant, et qui seul nous peut autoriser à changer l'histoire et à nous écarter de la vraisemblance. Je dis donc que le nécessaire, en ce qui regarde la poésie, n'est autre chose que *le besoin du poëte pour arriver à son but ou pour y faire arriver ses acteurs*. Cette définition a son fondement sur les diverses acceptions du mot grec ἀναγκαῖον, qui ne signifie pas toujours ce qui est absolument nécessaire, mais aussi quelquefois ce qui est seulement utile à parvenir à quelque chose.

Le but des acteurs est divers, selon les divers desseins que la variété des sujets leur donne. Un amant a celui de posséder sa maîtresse; un ambitieux, de s'emparer d'une couronne; un homme offensé, de se venger; et ainsi des autres : les choses qu'ils ont besoin de faire pour y arriver constituent ce nécessaire, qu'il faut préférer au vraisemblable, ou, pour parler plus juste, qu'il faut ajouter au vraisemblable dans la liaison des actions, et leur dépendance l'une de l'autre. Je pense m'être déja assez expliqué là-dessus; je n'en dirai pas davantage.

Le but du poëte est de plaire selon les règles de son art : pour plaire, il a besoin quelquefois de rehausser l'éclat des belles actions et d'exténuer l'horreur des funestes; ce sont des nécessités d'embellissement où il peut bien choquer la vraisemblance particulière par quelque altération de l'histoire, mais non pas se dispenser de la générale, que rarement, et pour des choses qui soient de la dernière beauté, et si brillantes, qu'elles éblouissent : sur-tout il ne doit jamais les pousser au-delà de la vraisemblance extraordinaire, parceque ces ornements qu'il ajoute de son invention ne sont pas d'une nécessité absolue, et qu'il fait mieux de s'en passer tout-à-fait que d'en parer son poëme contre toute sorte de vraisemblance. Pour plaire selon les règles de son art, il a besoin de renfermer son action dans l'unité de jour et de lieu; et, comme cela est d'une nécessité absolue et indispensable, il lui est beaucoup plus permis sur ces deux articles que sur celui des embellissements.

Il est si malaisé qu'il se rencontre dans l'histoire ni dans l'imagination des hommes quantité de ces événements illustres et dignes de la tragédie, dont les délibérations et leurs effets puissent arriver en un même lieu et en un même jour, sans faire un peu de violence à l'ordre commun des choses, que je ne puis croire cette sorte de violence tout-à-fait condamnable, pourvu qu'elle n'aille pas jusqu'à l'impossible : il est de beaux sujets où on ne la peut éviter ; et un auteur scrupuleux se priveroit d'une belle occasion de gloire, et le public de beaucoup de satisfaction, s'il n'osoit s'enhardir à les mettre sur le théâtre, de peur de se voir forcé à les faire aller plus vite que la vraisemblance ne le permet. Je lui donnerois, en ce cas, un conseil que peut-être il trouveroit salutaire : c'est de ne marquer aucun temps préfix dans son poëme, ni aucun lieu déterminé où il pose ses acteurs. L'imagination de l'auditeur auroit plus de liberté de se laisser aller au courant de l'action, si elle n'étoit point fixée par ces marques ; et il pourroit ne s'apercevoir pas de cette précipitation, si elles ne l'en faisoient souvenir, et n'y appliquoient son esprit malgré lui. Je me suis toujours repenti d'avoir fait dire au roi, dans *le Cid*, qu'il vouloit que Rodrigue se délassât une heure ou deux après la défaite des Maures avant que de combattre don Sanche : je l'avois fait pour montrer que la pièce étoit dans les vingt-quatre heures; et cela n'a servi qu'à avertir les spectateurs de la contrainte avec laquelle je l'y ai réduite. Si j'avois fait résoudre ce combat sans en désigner l'heure, peut-être n'y auroit-on pas pris garde.

Je ne pense pas que, dans la comédie, le poëte ait cette liberté de presser son action, par la nécessité de la réduire dans l'unité de jour. Aristote veut que toutes les actions qu'il y fait entrer soient vraisemblables, et n'ajoute point ce mot, *ou nécessaires*, comme pour la tragédie. Aussi la différence est assez grande entre les actions de l'une et celles de l'autre : celles de la comédie partent de personnes communes, et ne consistent qu'en intriques d'amour et en fourberies, qui se développent si aisément en un jour, qu'assez souvent, chez Plaute et chez Térence, le temps de leur durée excède à peine celui de leur représentation : mais, dans la tragédie, les affaires publiques sont mêlées d'ordinaire avec les intérêts particuliers des personnes illustres qu'on y fait paroître ; il y entre des batailles, des prises de villes, de grands périls, des révolutions d'états ; et tout cela va malaisément avec la promptitude que la règle nous oblige de donner à ce qui se passe sur la scène.

Si vous me demandez jusqu'où peut s'étendre cette liberté qu'a le poëte d'aller contre la vérité et contre la vraisemblance par la considération du besoin qu'il en a, j'aurai de la peine à vous faire une réponse précise. J'ai fait voir qu'il y a des choses sur qui nous n'avons aucun droit ; et, pour celles où ce privilége peut avoir lieu, il doit être plus ou moins resserré, selon que les sujets sont plus ou moins connus[1]. Il m'étoit beaucoup moins permis dans *Horace* et dans *Pompée*, dont les histoires ne sont ignorées de personne, que dans *Rodogune* et dans *Nicomède*, dont peu de gens savoient les noms avant que je les eusse mis sur le théâtre. La seule mesure qu'on y peut prendre, c'est que tout ce qu'on y ajoute à l'histoire, et tous les chan-

---

[1] Voilà tout le précis de cette dissertation : ne changez rien d'important dans la mort de Pompée, parcequ'elle est connue de tout le monde ; changez, imaginez tout ce qu'il vous plaira dans l'histoire de Pertharite et de don Sanche d'Aragon, parceque ces gens-là ne sont connus de personne. (V.)

gements qu'on y apporte, ne soient jamais plus incroyables que ce qu'on en conserve dans le même poëme. C'est ainsi qu'il faut entendre ce vers d'Horace touchant les fictions d'ornement :

> Ficta voluptatis causa sint proxima veris ;

et non pas en porter la signification jusqu'à celles qui peuvent trouver quelque exemple dans l'histoire ou dans la fable, hors du sujet qu'on traite. Le même Horace décide la question, autant qu'on la peut décider, par cet autre vers avec lequel je finis ce discours :

> Dabiturque licentia sumpta pudenter.

Servons-nous-en donc avec retenue, mais sans scrupule; et, s'il se peut, ne nous en servons point du tout : il vaut mieux n'avoir point besoin de grace que d'en recevoir.

TROISIÈME DISCOURS.

DES TROIS UNITÉS,

D'ACTION, DE JOUR, ET DE LIEU.

Les deux discours précédents et l'examen de mes pièces de théâtre, que contiennent mes deux premiers volumes, m'ont fourni tant d'occasions d'expliquer ma pensée sur ces matières, qu'il m'en resteroit peu de chose à dire, si je me défendois absolument de répéter.

Je tiens donc, et je l'ai déja dit, que l'unité d'action consiste, dans la comédie, en l'unité d'intrique[1], ou

---

[1] Nous pensons que Corneille entend ici par unité d'action et d'intrigue une action principale, à laquelle les intérêts divers et les intrigues particulières sont subordonnés, un tout composé de plusieurs parties qui toutes tendent au même but; c'est un bel édifice dont l'œil embrasse toute la structure, et dont il voit avec plaisir les différents corps.

Il condamne avec une noble candeur la duplicité d'action dans ses *Horaces*, et la mort inattendue de Camille, qui forme une pièce nouvelle. Il pouvait ne pas citer *Théodore* : ce n'est pas la double action, la double intrigue qui rend *Théodore* une mauvaise tragédie; c'est le vice du sujet, c'est le vice de la diction et des sentiments, c'est le ridicule de la prostitution.

Il y a manifestement deux intrigues dans l'*Andromaque* de Racine : celle d'Hermione aimée d'Oreste et dédaignée de Pyrrhus; celle d'Andromaque qui voudrait sauver son fils et être fidèle aux mânes d'Hector. Mais ces deux intérêts, ces deux plans sont si heureusement rejoints ensemble, que si la pièce n'était pas un peu affaiblie par quelques scènes de coquetterie et d'amour, plus dignes de Térence que de Sophocle, elle serait la première tragédie du théâtre français.

Nous avons déja dit que, dans *la Mort de Pompée*, il y a trois à

SUR LES TROIS UNITÉS. 349

d'obstacle aux desseins des principaux acteurs, et en l'unité de péril dans la tragédie, soit que son héros y succombe, soit qu'il en sorte. Ce n'est pas que je prétende qu'on ne puisse admettre plusieurs périls dans l'une, et plusieurs intriques ou obstacles dans l'autre, pourvu que de l'un on tombe nécessairement dans l'autre; car alors la sortie du premier péril ne rend point l'action complète, puisqu'elle en attire un second; et l'éclaircissement d'un intrique ne met point les acteurs en repos, puisqu'il les embarrasse dans un nouveau. Ma mémoire ne me fournit point d'exemples anciens de cette multiplicité de périls attachés l'un à l'autre qui ne détruit point l'unité d'action; mais j'en ai marqué la duplicité indépendante pour un défaut dans *Horace* et dans *Théodore*, dont il n'est point besoin que le premier tue sa sœur au sortir de sa victoire, ni que l'autre s'offre au martyre après avoir échappé à la prostitution; et je me trompe fort si la mort de Polyxène et celle d'Astyanax, dans *la Troade* de Sénèque, ne font la même irrégularité.

En second lieu, ce mot d'unité d'action ne veut pas dire que la tragédie n'en doive faire voir qu'une sur

quatre actions, trois à quatre espèces d'intrigues mal réunies; mais ce défaut est peu de chose en comparaison des autres qui rendent cette tragédie trop irrégulière. Le célèbre *Caton* d'Addison pèche par la multiplicité des actions et des intrigues, mais encore plus par l'insipidité des froids amours et d'une conspiration en masque : sans cela Addison aurait pu, par l'éloquence de son style noble et sage, réformer le théâtre anglais.

Corneille a raison de dire qu'il ne doit y avoir qu'une action complète. Nous doutons qu'on ne puisse y parvenir que par plusieurs autres actions imparfaites. Il nous semble qu'une seule action sans aucun épisode, à peu près comme dans *Athalie*, serait la perfection de l'art. (V.)

le théâtre. Celle que le poëte choisit pour son sujet doit avoir un commencement, un milieu, et une fin ; et ces trois parties non seulement sont autant d'actions qui aboutissent à la principale, mais en outre chacune d'elles en peut contenir plusieurs avec la même subordination. Il n'y doit avoir qu'une action complète, qui laisse l'esprit de l'auditeur dans le calme ; mais elle ne peut le devenir que par plusieurs autres imparfaites qui lui servent d'acheminement, et tiennent cet auditeur dans une agréable suspension. C'est ce qu'il faut pratiquer à la fin de chaque acte pour rendre l'action continue. Il n'est pas besoin qu'on sache précisément tout ce que font les acteurs durant les intervalles qui les séparent, ni même qu'ils agissent lorsqu'ils ne paroissent point sur le théâtre ; mais il est nécessaire que chaque acte laisse une attente de quelque chose qui se doive faire dans celui qui le suit.

Si vous me demandiez ce que fait Cléopâtre dans *Rodogune* depuis qu'elle a quitté ses deux fils au second acte jusqu'à ce qu'elle rejoigne Antiochus au quatrième, je serois bien empêché à vous le dire, et je ne crois pas être obligé à en rendre compte : mais la fin de ce second prépare à voir un effort de l'amitié des deux frères pour régner, et dérober Rodogune à la haine envenimée de leur mère ; on en voit l'effet dans le troisième, dont la fin prépare encore à voir un autre effort d'Antiochus pour regagner ces deux ennemies l'une après l'autre, et à ce que fait Séleucus dans le quatrième, qui oblige cette mère dénaturée à résoudre et faire attendre ce qu'elle tâche d'exécuter au cinquième.

Dans *le Menteur*, tout l'intervalle du troisième au quatrième vraisemblablement se consume à dormir par tous les acteurs; leur repos n'empêche pas toutefois la continuité d'action entre ces deux actes, parceque ce troisième n'en a point de complète : Dorante le finit par le dessein de chercher les moyens de regagner l'esprit de Lucrèce; et, dès le commencement de l'autre, il se présente pour tâcher de parler à quelqu'un de ses gens, et prendre l'occasion de l'entretenir elle-même si elle se montre.

Quand je dis qu'il n'est pas besoin de rendre compte de ce que font les acteurs pendant qu'ils n'occupent point la scène, je n'entends pas dire qu'il ne soit quelquefois fort à propos de le rendre, mais seulement qu'on n'y est pas obligé; et qu'il n'en faut prendre le soin que quand ce qui s'est fait derrière le théâtre sert à l'intelligence de ce qui se doit faire devant les spectateurs. Ainsi je ne dis rien de ce qu'a fait Cléopâtre depuis le second acte jusqu'au quatrième, parceque, durant tout ce temps-là, elle a pu ne rien faire d'important pour l'action principale que je prépare : mais je fais connoître, dès le premier vers du cinquième, qu'elle a employé tout l'intervalle d'entre ces deux derniers à tuer Séleucus, parceque cette mort fait une partie de l'action. C'est ce qui me donne lieu de remarquer que le poëte n'est pas tenu d'exposer à la vue toutes les actions particulières qui amènent à la principale : il doit choisir celles qui lui sont les plus avantageuses à faire voir, soit par la beauté du spectacle, soit par l'éclat et la véhémence des passions qu'elles produisent, soit par quelque autre agrément qui leur soit attaché, et cacher les autres derrière la scène, pour les faire connoître au spectateur, ou par une narration, ou par quelque autre adresse de l'art; surtout il doit se souvenir que les unes et les autres doivent avoir une telle liaison ensemble, que les dernières soient produites par celles qui les précèdent, et que toutes aient leur source dans la protase que doit fermer le premier acte. Cette règle, que j'ai établie dès le premier discours, bien qu'elle soit nouvelle, et contre l'usage des anciens, a son fondement sur deux passages d'Aristote; en voici le premier : « Il y a grande « différence, dit-il, entre les événements qui viennent « les uns après les autres, et ceux qui viennent les uns « à cause des autres[1]. » Les Maures viennent dans *le Cid* après la mort du comte, et non pas à cause de la mort du comte; et le pêcheur vient dans *Don Sanche* après qu'on soupçonne Carlos d'être le prince d'Aragon, et non pas à cause qu'on l'en soupçonne; ainsi tous les deux sont condamnables. Le second passage est encore plus formel, et porte en termes exprès, « que « tout ce qui se passe dans la tragédie doit arriver né- « cessairement ou vraisemblablement de ce qui l'a pré- « cédé. »

La liaison des scènes qui unit toutes les actions particulières de chaque acte l'une avec l'autre, et dont j'ai parlé en l'examen de *la Suivante*, est un grand ornement dans un poëme[2], et qui sert beaucoup à former une continuité d'action par la continuité de la représentation; mais enfin ce n'est qu'un ornement, et non pas une règle. Les anciens ne s'y sont pas toujours assujettis, bien que la plupart de leurs actes ne soient chargés que de deux ou trois scènes; ce qui la

---

[1] Cette maxime d'Aristote marque un esprit juste, profond, et clair. Ce ne sont pas là des sophismes et des chimères à la Platon; ce ne sont pas là des idées archétypes. (V.)

[2] Cet ornement de la tragédie est devenu une règle, parcequ'on a senti combien il était devenu nécessaire. (V.)

rendoit bien plus facile pour eux que pour nous, qui leur en donnons quelquefois jusqu'à neuf ou dix. Je ne rapporterai que deux exemples du mépris qu'ils en ont fait : l'un est de Sophocle dans l'*Ajax*, dont le monologue, avant que de se tuer, n'a aucune liaison avec la scène qui le précède, ni avec celle qui le suit ; l'autre est du troisième acte de *l'Eunuque* de Térence, où celle d'Antiphon seul n'a aucune communication avec Chrémès et Pithias, qui sortent du théâtre quand il y entre. Les savants de notre siècle, qui les ont pris pour modèles dans les tragédies qu'ils nous ont laissées, ont encore plus négligé cette liaison qu'eux ; et il ne faut que jeter l'œil sur celles de Buchanan, de Grotius, et de Heinsius, dont j'ai parlé dans l'examen de *Polyeucte*, pour en demeurer d'accord. Nous y avons tellement accoutumé nos spectateurs, qu'ils ne sauroient plus voir une scène détachée sans la marquer pour un défaut : l'œil et l'oreille même s'en scandalisent avant que l'esprit y ait pu faire de réflexion. Le quatrième acte de *Cinna* demeure au-dessous des autres par ce manquement ; et ce qui n'étoit point une règle autrefois l'est devenu maintenant par l'assiduité de la pratique.

J'ai parlé de trois sortes de liaisons dans cet examen de *la Suivante* : j'ai montré aversion pour celles de bruit, indulgence pour celles de vue, estime pour celles de présence et de discours ; et, dans ces dernières, j'ai confondu deux choses qui méritent d'être séparées. Celles qui sont de présence et de discours ensemble ont sans doute toute l'excellence dont elles sont capables ; mais il en est de discours sans présence, et de présence sans discours, qui ne sont pas dans le même degré. Un acteur qui parle à un autre d'un lieu caché, sans se montrer, fait une liaison de discours sans présence, qui ne laisse pas d'être fort bonne ; mais cela arrive fort rarement. Un homme qui demeure sur le théâtre, seulement pour entendre ce que diront ceux qu'il y voit entrer, fait une liaison de présence sans discours, qui souvent a mauvaise grace, et tombe dans une affectation mendiée, plutôt pour remplir ce nouvel usage qui passe en précepte, que pour aucun besoin qu'en puisse avoir le sujet. Ainsi, dans le troisième acte de *Pompée*, Achorée, après avoir rendu compte à Charmion de la réception que César a faite au roi quand il lui a présenté la tête de ce héros, demeure sur le théâtre, où il voit venir l'un et l'autre, seulement pour entendre ce qu'ils diront, et le rapporter à Cléopâtre. Ammon fait la même chose au quatrième d'*Andromède*, en faveur de Phinée, qui se retire à la vue du roi et de toute sa cour qu'il voit arriver. Ces personnages qui deviennent muets lient assez mal les scènes, où ils ont si peu de part qu'ils n'y sont comptés pour rien. Autre chose est quand ils se tiennent cachés pour s'instruire de quelque secret d'importance par le moyen de ceux qui parlent, et qui croient n'être entendus de personne ; car alors l'intérêt qu'ils ont à ce qui se dit, joint à une curiosité raisonnable d'apprendre ce qu'ils ne peuvent savoir d'ailleurs, leur donne grande part en l'action, malgré leur silence : mais, en ces deux exemples, Ammon et Achorée mêlent une présence si froide aux scènes qu'ils écoutent, qu'à ne rien déguiser, quelque couleur que je leur donne pour leur servir de prétexte, ils ne s'arrêtent que pour les lier avec celles qui les précèdent, tant l'une et l'autre pièce s'en peut aisément passer.

Bien que l'action du poëme dramatique doive avoir

son unité, il y faut considérer deux parties, le nœud et le dénouement. « Le nœud est composé, selon Aris-
« tote, en partie de ce qui s'est passé hors du théâtre
« avant le commencement de l'action qu'on y décrit, et
« en partie de ce qui s'y passe; le reste appartient au
« dénouement. Le changement d'une fortune en l'autre
« fait la séparation de ces deux parties. Tout ce qui le
« précède est de la première; et ce changement avec
« ce qui le suit regarde l'autre. » Le nœud dépend entièrement du choix et de l'imagination industrieuse du poëte; et l'on n'y peut donner de règle, sinon qu'il y doit ranger toutes choses selon le vraisemblable ou le nécessaire, dont j'ai parlé dans le second discours; à quoi j'ajoute un conseil, de s'embarrasser, le moins qu'il lui est possible, de choses arrivées avant l'action qui se représente. Ces narrations importunent d'ordinaire, parcequ'elles ne sont pas attendues, et qu'elles gênent l'esprit de l'auditeur, qui est obligé de charger sa mémoire de ce qui s'est fait dix ou douze ans auparavant, pour comprendre ce qu'il voit représenter : mais celles qui se font des choses qui arrivent et se passent derrière le théâtre, depuis l'action commencée, font toujours un meilleur effet, parcequ'elles sont attendues avec quelque curiosité, et font partie de cette action qui se représente. Une des raisons qui donne tant d'illustres suffrages à *Cinna* pour le mettre au-dessus de ce que j'ai fait, c'est qu'il n'y a aucune narration du passé, celle qu'il fait de sa conspiration à Æmilie étant plutôt un ornement qui chatouille l'esprit des spectateurs qu'une instruction nécessaire de particularités qu'ils doivent savoir et imprimer dans leur mémoire pour l'intelligence de la suite : Æmilie leur fait assez connoître, dans les deux premières scènes,

qu'il conspiroit contre Auguste en sa faveur : et quand Cinna lui diroit tout simplement que les conjurés sont prêts au lendemain, il avanceroit autant pour l'action que par les cent vers qu'il emploie à lui rendre compte, et de ce qu'il leur a dit, et de la manière dont ils l'ont reçu. Il y a des intriques qui commencent dès la naissance du héros, comme celui d'*Héraclius;* mais ces grands efforts d'imagination en demandent un extraordinaire à l'attention du spectateur, et l'empêchent souvent de prendre un plaisir entier aux premières représentations, tant ils le fatiguent!

Dans le dénouement je trouve deux choses à éviter, le simple changement de volonté, et la machine. Il n'y a pas grand artifice à finir un poëme, quand celui qui a fait obstacle au dessein des premiers acteurs, durant quatre actes, en désiste [1] au cinquième, sans aucun événement notable qui l'y oblige : j'en ai parlé au premier discours, et n'y ajouterai rien ici. La machine n'a pas plus d'adresse quand elle ne sert qu'à faire descendre un dieu pour accommoder toutes choses, sur le point que les acteurs ne savent plus comment les terminer. C'est ainsi qu'Apollon agit dans *Oreste*: ce prince et son ami Pylade, accusés par Tindare et Ménélas de la mort de Clytemnestre, et condamnés à leur poursuite, se saisissent d'Hélène et d'Hermione : ils tuent ou croient tuer la première, et menacent d'en faire autant de l'autre, si on ne révoque l'arrêt prononcé contre eux. Pour apaiser ces troubles, Euripide ne cherche point d'autre finesse que de faire descendre Apollon du ciel, qui, d'autorité absolue, or-

---

[1] *Désister* est aujourd'hui un verbe pronominal; on dirait *s'en désiste*. (P.an.)

donne qu'Oreste épouse Hermione, et Pylade Électre ; et de peur que la mort d'Hélène n'y servît d'obstacle, n'y ayant pas d'apparence qu'Hermione épousât Oreste qui venoit de tuer sa mère, il leur apprend qu'elle n'est pas morte, et qu'il l'a dérobée à leurs coups, et enlevée au ciel dans l'instant qu'ils pensoient la tuer. Cette sorte de machine est entièrement hors de propos, n'ayant aucun fondement sur le reste de la pièce, et fait un dénouement vicieux. Mais je trouve un peu de rigueur au sentiment d'Aristote, qui met en même rang le char dont Médée se sert pour s'enfuir de Corinthe après la vengeance qu'elle a prise de Créon : il me semble que c'en est un assez grand fondement que de l'avoir faite magicienne, et d'en avoir rapporté dans le poëme des actions autant au-dessus des forces de la nature que celle-là. Après ce qu'elle a fait pour Jason à Colchos, après qu'elle a rajeuni son père Æson depuis son retour, après qu'elle a attaché des feux invisibles au présent qu'elle a fait à Créuse, ce char volant n'est point hors de la vraisemblance ; et ce poëme n'a pas besoin d'autre préparation pour cet effet extraordinaire. Sénèque lui en donne une par ce vers, que Médée dit à sa nourrice,

> Tuum quoque ipsa corpus hinc mecum aveham ;

et moi, par celui-ci qu'elle dit à Égée,

> Je vous suivrai demain par un chemin nouveau.

Ainsi la condamnation d'Euripide, qui ne s'y est servi d'aucune précaution, peut être juste, et ne retomber ni sur Sénèque, ni sur moi ; et je n'ai point besoin de contredire Aristote pour me justifier sur cet article[1].

---

[1] Que devons-nous dire de tout ce morceau précédent ? Ap-

De l'action je passe aux actes, qui en doivent contenir chacun une portion, mais non pas si égale qu'on n'en réserve plus pour le dernier que pour les autres, et qu'on n'en puisse moins donner au premier qu'aux autres. On peut même ne faire aucune autre chose dans ce premier que peindre les mœurs des personnages, et marquer à quel point ils en sont de l'histoire qu'on va représenter. Aristote n'en prescrit point le nombre; Horace le borne à cinq[1]; et, bien qu'il défende d'y en mettre moins, les Espagnols s'opiniâtrent à l'arrêter à trois, et les Italiens font souvent la même chose. Les Grecs les distinguoient par le chant du chœur, et, comme je trouve lieu de croire qu'en quelques uns de leurs poëmes ils le faisoient chanter plus de quatre fois, je ne voudrois pas répondre qu'ils ne les poussassent jamais au delà de cinq. Cette manière de les distinguer étoit plus incommode que la nôtre; car, ou l'on prêtoit attention à ce que chantoit le chœur, ou l'on n'y en prêtoit point; si l'on y en prêtoit, l'esprit de l'auditeur étoit trop tendu, et n'avoit aucun moment pour se délasser; si l'on n'y en prêtoit point, son attention étoit trop dissipée par la longueur du chant, et, lorsqu'un autre acte commençoit, il avoit besoin d'un effort de mémoire pour rappeler en son imagina-

---

plaudir au bon sens de Corneille autant qu'à ses grands talents. (V.)

[1] Cinq actes nous paraissent nécessaires : le premier expose le lieu de la scène, la situation des héros de la pièce, leurs intérêts, leurs mœurs, leurs desseins; le second commence l'intrigue; elle se noue au troisième : le quatrième prépare le dénouement, qui se fait au cinquième. Moins de temps précipiterait trop l'action; plus d'étendue l'énerverait. Il en est comme d'un repas d'appareil : s'il dure trop peu, c'est une halte; s'il est trop long, il ennuie et il dégoûte. (V.)

tion ce qu'il avoit déja vu, et en quel point l'action étoit demeurée. Nos violons n'ont aucune de ces deux incommodités; l'esprit de l'auditeur se relâche durant qu'ils jouent, et réfléchit même sur ce qu'il a vu, pour le louer ou le blâmer, suivant qu'il lui a plu ou déplu; et le peu qu'on les laisse jouer lui en laisse les idées si récentes, que, quand les acteurs reviennent, il n'a point besoin de se faire d'effort pour rappeler et renouer son attention.

Le nombre des scènes dans chaque acte ne reçoit aucune règle : mais, comme tout l'acte doit avoir une certaine quantité de vers, qui proportionne sa durée à celle des autres, on y peut mettre plus ou moins de scènes, selon qu'elles sont plus ou moins longues, pour employer le temps que tout l'acte ensemble doit consumer. Il faut, s'il se peut, y rendre raison de l'entrée et de la sortie de chaque acteur [1]; sur-tout pour la sortie, je tiens cette règle indispensable, et il n'y a rien de si mauvaise grace qu'un acteur qui se retire du théâtre seulement parcequ'il n'a plus de vers à dire.

Je ne serois pas si rigoureux pour les entrées. L'auditeur attend l'acteur; et, bien que le théâtre représente la chambre ou le cabinet de celui qui parle, il ne peut toutefois s'y montrer qu'il ne vienne de derrière la tapisserie, et il n'est pas toujours aisé de rendre raison de ce qu'il vient de faire en ville avant que de rentrer chez lui, puisque même quelquefois il est vraisemblable qu'il n'en est pas sorti. Je n'ai vu personne

---

[1] La règle qu'un personnage ne doit ni entrer ni sortir sans raison est essentielle; cependant on y manque souvent. Il faut un dessein dans chaque scène, et que toutes augmentent l'intérêt, le nœud, et le trouble : rien n'est plus difficile et plus rare. (**V.**)

se scandaliser de voir Æmilie commencer *Cinna* sans dire pourquoi elle vient dans sa chambre : elle est présumée y être avant que la pièce commence, et ce n'est que la nécessité de la représentation qui la fait sortir derrière le théâtre pour y venir. Ainsi je dispenserois volontiers de cette rigueur toutes les premières scènes de chaque acte, mais non pas les autres, parcequ'un acteur occupant une fois le théâtre, aucun n'y doit entrer qui n'aye sujet de parler à lui, ou du moins qui n'ait lieu de prendre l'occasion quand elle s'offre. Sur-tout, lorsqu'un acteur entre deux fois dans un acte, soit dans la comédie, soit dans la tragédie, il doit absolument, ou faire juger qu'il reviendra bientôt quand il sort la première fois, comme Horace dans le second acte, et Julie dans le troisième de la même pièce, ou donner raison en rentrant pourquoi il revient si tôt.

Aristote veut que la tragédie bien faite soit belle et capable de plaire sans le secours des comédiens, et hors de la représentation [1]. Pour faciliter ce plaisir au

---

[1] Aristote avait donc beaucoup de goût. Pour qu'une pièce de théâtre plaise à la lecture, il faut que tout y soit naturel, et qu'elle soit parfaitement écrite. Il y a quelques défauts de style dans *Cinna*; on y a découvert aussi quelques défauts dans la conduite et dans les sentiments : mais, en général, il y règne une si noble simplicité, tant de naturel, tant de clarté, le style a tant de beautés, qu'on lira toujours cette pièce avec intérêt et avec admiration. Il n'en sera pas de même d'*Héraclius* et de *Rodogune*; elles réussiront toujours moins à la lecture qu'au théâtre. La diction, dans *Héraclius*, n'est souvent ni noble, ni correcte; l'intrigue fait peine à l'esprit; la pièce ne touche point le cœur. *Rodogune*, jusqu'au cinquième acte, fait peu d'effet sur un lecteur judicieux qui a du goût. Quelquefois une tragédie dénuée de vraisemblance et de raison charme à la lecture par la beauté continue du style, comme la tragédie d'*Esther*; on rit du sujet, et on admire l'auteur. Ce sujet, en effet, respectable dans

lecteur, il ne faut non plus gêner son esprit que celui du spectateur, parceque l'effort qu'il est obligé de se faire pour la concevoir et se la représenter lui-même dans son esprit diminue la satisfaction qu'il en doit recevoir. Ainsi, je serois d'avis que le poëte prît grand soin de marquer à la marge les menues actions qui ne méritent pas qu'il en charge ses vers, et qui leur ôteroient même quelque chose de leur dignité, s'il se ravaloit à les exprimer. Le comédien y supplée aisément sur le théâtre ; mais sur le livre on seroit assez souvent réduit à deviner, et quelquefois même on pourroit deviner mal, à moins que d'être instruit par-là de ces petites choses. J'avoue que ce n'est pas l'usage des anciens ; mais il faut m'avouer aussi que, faute de

nos saintes Écritures, révolte l'esprit partout ailleurs. Personne ne peut concevoir qu'un roi soit assez sot pour ne pas savoir, au bout d'un an, de quel pays est sa femme, et assez fou pour condamner toute une nation à la mort parcequ'on n'a pas fait la révérence à son ministre. L'ivresse de l'idolâtrie pour Louis XIV, et la bassesse de la flatterie pour madame de Maintenon, fascinèrent les yeux à Versailles : ils furent éclairés au théâtre de Paris. Mais le charme de la diction est si grand, que tous ceux qui aiment les vers en retiennent par cœur plusieurs de cette pièce ; c'est ce qui n'est arrivé à aucune des vingt dernières pièces de Corneille. Quelque chose qu'on écrive, soit vers, soit prose, soit tragédie ou comédie, soit fable ou sermon, la première loi est de bien écrire. (V.)

Il est difficile de n'être pas de l'avis de Voltaire, du moins à quelques égards, sur l'invraisemblance du sujet d'*Esther* ; mais il est si loin d'exagérer le mérite supérieur de la diction de ce bel ouvrage, que nous sommes persuadés que, si d'excellents acteurs se réunissoient pour le représenter, et qu'il y eût surtout une actrice qui joignît dans le rôle d'Esther, au charme d'une voix mélodieuse et sensible, une figure noble et intéressante, cette pièce, soutenue de son magnifique spectacle et du style admirable de l'auteur, auroit le plus grand succès. (P.)

l'avoir pratiqué, ils nous laissent beaucoup d'obscurités dans leurs poëmes, qu'il n'y a que les maîtres de l'art qui puissent développer; encore ne sais-je s'ils en viennent à bout toutes les fois qu'ils se l'imaginent. Si nous nous assujettissions à suivre entièrement leur méthode, il ne faudroit mettre aucune distinction d'actes ni de scènes, non plus que les Grecs. Ce manque est souvent cause que je ne sais combien il y a d'actes dans leurs pièces, ni si à la fin d'un acte un acteur se retire pour laisser chanter le chœur, ou s'il demeure sans action cependant qu'il chante, parceque ni eux ni leurs interprètes n'ont daigné nous en donner un mot d'avis à la marge.

Nous avons encore une autre raison particulière de ne pas négliger ce petit secours comme ils ont fait : c'est que l'impression met nos pièces entre les mains des comédiens qui courent les provinces, que nous ne pouvons avertir que par-là de ce qu'ils ont à faire, et qui feroient d'étranges contre-temps, si nous ne leur aidions par ces notes. Ils se trouveroient bien embarrassés au cinquième acte des pièces qui finissent heureusement, et où nous rassemblons tous les acteurs sur notre théâtre; ce que ne faisoient pas les anciens : ils diroient souvent à l'un ce qui s'adresse à l'autre, principalement quand il faut que le même acteur parle à trois ou quatre l'un après l'autre. Quand il y a quelque commandement à faire à l'oreille, comme celui de Cléopâtre à Laonice pour lui aller querir du poison, il faudroit un *à parte* pour l'exprimer en vers, si l'on se vouloit passer de ces avis en marge; et l'un me semble beaucoup plus insupportable que les autres, qui nous donnent le vrai et unique moyen de faire, suivant le sentiment d'Aristote, que la tragédie soit aussi belle à la lecture qu'à la représentation, en rendant facile à l'imagination du lecteur tout ce que le théâtre présente à la vue des spectateurs.

La règle de l'unité de jour a son fondement sur ce mot d'Aristote, « que la tragédie doit renfermer la « durée de son action dans un tour du soleil, ou tâcher « de ne le passer pas de beaucoup[1]. » Ces paroles donnent lieu à cette dispute fameuse, si elles doivent être entendues d'un jour naturel de vingt-quatre heures, ou d'un jour artificiel de douze ; ce sont deux opinions dont chacune a des partisans considérables : et pour moi, je trouve qu'il y a des sujets si malaisés à renfermer en si peu de temps, que non seulement je leur accorderois les vingt-quatre heures entières, mais je me servirois même de la licence que donne ce philosophe de les excéder un peu, et les pousserois sans scrupule jusqu'à trente. Nous avons une maxime en droit qu'il faut élargir la faveur, et restreindre les rigueurs, *odia restringenda, favores ampliandi ;* et je trouve qu'un auteur est assez gêné par cette contrainte, qui a forcé quelques uns de nos anciens d'aller jusqu'à l'impossible. Euripide, dans *les Suppliantes*, fait partir Thésée d'Athènes avec une armée, donner une bataille devant les murs de Thèbes, qui en étoient éloignés de

---

[1] L'unité de jour a son fondement non seulement dans les préceptes d'Aristote, mais dans ceux de la nature. Il serait même très convenable que l'action ne durât pas en effet plus longtemps que la représentation ; et Corneille a raison de dire que sa tragédie de *Cinna* jouit de cet avantage.

Il est clair qu'on peut sacrifier ce mérite à un plus grand, qui est celui d'intéresser. Si vous faites verser plus de larmes en étendant votre action à vingt-quatre heures, prenez le jour et la nuit ; mais n'allez pas plus loin : alors l'illusion serait trop détruite. (V.)

douze ou quinze lieues, et revenir victorieux en l'acte suivant; et depuis qu'il est parti jusqu'à l'arrivée du messager qui vient faire le récit de sa victoire, Æthra et le chœur n'ont que trente-six vers à dire. C'est assez bien employer un temps si court. Æschyle fait revenir Agamemnon de Troie avec une vitesse encore tout autre. Il étoit demeuré d'accord avec Clytemnestre sa femme que, sitôt que cette ville seroit prise, il le lui feroit savoir par des flambeaux disposés de montagne en montagne, dont le second s'allumeroit incontinent à la vue du premier, le troisième à la vue du second, et ainsi du reste; et par ce moyen elle devoit apprendre cette grande nouvelle dès la même nuit : cependant à peine l'a-t-elle apprise par ces flambeaux allumés, qu'Agamemnon arrive, dont il faut que le navire, quoique battu d'une tempête, si j'ai bonne mémoire, aye été aussi vite que l'œil à découvrir ces lumières. *Le Cid* et *Pompée*, où les actions sont un peu précipitées, sont bien éloignés de cette licence; et, s'ils forcent la vraisemblance commune en quelque chose, du moins ils ne vont point jusqu'à de telles impossibilités.

Beaucoup déclament contre cette règle, qu'ils nomment tyrannique, et auroient raison, si elle n'étoit fondée que sur l'autorité d'Aristote; mais ce qui la doit faire accepter, c'est la raison naturelle qui lui sert d'appui. Le poëme dramatique est une imitation, ou, pour en mieux parler, un portrait des actions des hommes; et il est hors de doute que les portraits sont d'autant plus excellents qu'ils ressemblent mieux à l'original. La représentation dure deux heures, et ressembleroit parfaitement, si l'action qu'elle représente n'en demandoit pas davantage pour sa réalité. Ainsi ne nous arrêtons point ni aux douze, ni aux vingt-quatre heures; mais resserrons l'action du poëme dans la moindre durée qu'il nous sera possible, afin que sa représentation ressemble mieux et soit plus parfaite. Ne donnons, s'il se peut, à l'une que les deux heures que l'autre remplit : je ne crois pas que *Rodogune* en demande guère davantage, et peut-être qu'elles suffiroient pour *Cinna*. Si nous ne pouvons la renfermer dans ces deux heures, prenons-en quatre, six, dix, mais ne passons pas de beaucoup les vingt-quatre heures, de peur de tomber dans le dérèglement, et de réduire tellement le portrait en petit, qu'il n'ait plus ses dimensions proportionnées, et ne soit qu'imperfection [1].

Sur-tout je voudrois laisser cette durée à l'imagination des auditeurs, et ne déterminer jamais le temps qu'elle emporte, si le sujet n'en avoit besoin, principalement quand la vraisemblance y est un peu forcée, comme au *Cid*, parcequ'alors cela ne sert qu'à les avertir de cette précipitation. Lors même que rien n'est violenté dans un poëme par la nécessité d'obéir à cette règle, qu'est-il besoin de marquer à l'ouverture du théâtre que le soleil se lève, qu'il est midi au troisième acte, et qu'il se couche à la fin du dernier? C'est une affectation qui ne fait qu'importuner; il suffit d'établir la possibilité de la chose dans le temps où on la renferme, et qu'on le puisse trouver aisément, si on y veut prendre garde, sans y appliquer l'esprit malgré soi. Dans les actions même qui n'ont point plus de durée que la représentation, cela seroit de mauvaise grâce si l'on marquoit d'acte en acte qu'il s'est passé une demi-heure de l'un à l'autre.

[1] Nous sommes entièrement de l'avis de Corneille dans tout ce qu'il dit de l'unité de jour. (V.)

Je répète ce que j'ai dit ailleurs, que, quand nous prenons un temps plus long, comme de dix heures, je voudrois que les huit qu'il faut perdre se consumassent dans les intervalles des actes, et que chacun d'eux n'eût en son particulier que ce que la représentation en consume, principalement lorsqu'il y a liaison de scènes perpétuelle; car cette liaison ne souffre point de vide entre deux scènes. J'estime toutefois que le cinquième, par un privilége particulier, a quelque droit de presser un peu le temps, en sorte que la part de l'action qu'il représente en tienne davantage qu'il n'en faut pour sa représentation. La raison en est que le spectateur est alors dans l'impatience de voir la fin, et que, quand elle dépend d'acteurs qui sont sortis du théâtre, tout l'entretien qu'on donne à ceux qui y demeurent en attendant de leurs nouvelles ne fait que languir, et semble demeurer sans action. Il est hors de doute que, depuis que Phocas est sorti au cinquième d'*Héraclius* jusqu'à ce qu'Amyntas vienne raconter sa mort, il faut plus de temps pour ce qui se fait derrière le théâtre que pour le récit des vers qu'Héraclius, Martian, et Pulchérie, emploient à plaindre leur malheur. Prusias et Flaminius, dans celui de *Nicomède*, n'ont pas tout le loisir dont ils auroient besoin pour se rejoindre sur la mer, consulter ensemble, et revenir à la défense de la reine; et le Cid n'en a pas assez pour se battre contre don Sanche durant l'entretien de l'infante avec Léonore et de Chimène avec Elvire. Je l'ai bien vu, et n'ai point fait de scrupule de cette précipitation, dont peut-être on trouveroit plusieurs exemples chez les anciens; mais ma paresse, dont j'ai déja parlé, me fera contenter de celui-ci, qui est de Térence dans *l'Andrienne*. Simon y fait entrer Pamphile son fils chez Glycère, pour en faire sortir le vieillard Criton, et s'éclaircir avec lui de la naissance de sa maîtresse, qui se trouve fille de Chrémès. Pamphile y entre, parle à Criton, le prie de le servir, revient avec lui : et durant cette entrée, cette prière, et cette sortie, Simon et Chrémès, qui demeurent sur le théâtre, ne disent que chacun un vers, qui ne sauroit donner tout au plus à Pamphile que le loisir de demander où est Criton, et non pas de parler à lui, et lui dire les raisons qui le doivent porter à découvrir en sa faveur ce qu'il sait de la naissance de cette inconnue.

Quand la fin de l'action dépend d'acteurs qui n'ont point quitté le théâtre, et ne font point attendre de leurs nouvelles, comme dans *Cinna* et dans *Rodogune*, le cinquième acte n'a pas besoin de ce privilége, parcequ'alors toute l'action est en vue; ce qui n'arrive pas quand il s'en passe une partie derrière le théâtre depuis qu'il est commencé. Les autres actes ne méritent point la même grâce. S'il ne s'y trouve pas assez de temps pour y faire rentrer un acteur qui en est sorti, ou pour faire savoir ce qu'il a fait depuis cette sortie, on peut attendre à en rendre compte en l'acte suivant; et le violon, qui les distingue l'un de l'autre, en peut consumer autant qu'il en est besoin; mais dans le cinquième, il n'y a point de remise : l'attention est épuisée, et il faut finir.

Je ne puis oublier que, bien qu'il nous faille réduire toute l'action tragique en un jour, cela n'empêche pas que la tragédie ne fasse connoître par narration, ou par quelque autre manière plus artificieuse, ce qu'a fait son héros en plusieurs années, puisqu'il y en a dont le nœud consiste en l'obscurité de sa naissance qu'il faut éclaircir, comme *OEdipe*. Je ne répéterai point que, moins on se charge d'actions passées, plus on a l'auditeur propice, par le peu de gêne qu'on lui donne en lui rendant toutes les choses présentes, sans demander aucune réflexion à sa mémoire que pour ce qu'il a vu : mais je ne puis oublier que c'est un grand ornement pour un poëme que le choix d'un jour illustre et attendu depuis quelque temps. Il ne s'en présente pas toujours des occasions; et, dans tout ce que j'ai fait jusqu'ici, vous n'en trouverez de cette nature que quatre : celui d'*Horace*, où deux peuples devoient décider de leur empire par une bataille; celui de *Rodogune*, d'*Andromède*, et de *Don Sanche*. Dans *Rodogune*, c'est un jour choisi par deux souverains pour l'effet d'un traité de paix entre leurs couronnes ennemies, pour une entière réconciliation de deux rivales par un mariage, et pour l'éclaircissement d'un secret de plus de vingt ans, touchant le droit d'aînesse entre deux princes gémeaux, dont dépend le royaume, et le succès de leur amour. Celui d'*Andromède* et celui de *Don Sanche* ne sont pas de moindre considération; mais, comme je le viens de dire, les occasions ne s'en offrent pas souvent; et, dans le reste de mes ouvrages, je n'ai pu choisir des jours remarquables que par ce que le hasard y fait arriver, et non pas par l'emploi où l'ordre public les aye destinés de longue main.

Quant à l'unité de lieu, je n'en trouve aucun précepte ni dans Aristote, ni dans Horace : c'est ce qui porte quelques uns à croire que la règle ne s'en est établie qu'en conséquence de l'unité du jour, et à se persuader ensuite qu'on le peut étendre jusques où un homme peut aller et revenir en vingt-quatre heures. Cette opinion est un peu licencieuse; et, si l'on faisoit aller un acteur en poste, les deux côtés du théâtre pourroient représenter Paris et Rouen. Je souhaiterois, pour ne point gêner du tout le spectateur, que ce qu'on fait représenter devant lui en deux heures se pût passer en effet en deux heures, et que ce qu'on lui fait voir sur un théâtre, qui ne change point, pût s'arrêter dans une chambre ou dans une salle, suivant le choix qu'on en auroit fait : mais souvent cela est si malaisé, pour ne pas dire impossible [1], qu'il faut de nécessité trouver quelque élargissement pour le lieu, comme pour le temps. Je l'ai fait voir exact dans *Horace*, dans *Polyeucte*, et dans *Pompée*; mais il faut, pour cela, ou n'introduire qu'une femme, comme dans *Polyeucte*, ou que les deux qu'on introduit ayent tant d'amitié l'une pour l'autre, et des intérêts si conjoints, qu'elles puissent être toujours ensemble, comme dans l'*Horace*, ou

[1] Nous avons dit ailleurs que la mauvaise construction de nos théâtres, perpétuée depuis nos temps de barbarie jusqu'à nos jours, rendait la loi de l'unité de lieu presque impraticable. Les conjurés ne peuvent pas conspirer contre César dans sa chambre ; on ne s'entretient pas de ses intérêts secrets dans une place publique ; la même décoration ne peut représenter à la fois la façade d'un palais et celle d'un temple. Il faudrait que le théâtre fit voir aux yeux tous les endroits particuliers où la scène se passe, sans nuire à l'unité de lieu : ici, une partie d'un temple ; là, le vestibule d'un palais, une place publique, des rues dans l'enfoncement ; enfin tout ce qui est nécessaire pour montrer à l'œil tout ce que l'oreille doit entendre. L'unité de lieu est tout le spectacle que l'œil peut embrasser sans peine.
Nous ne sommes point de l'avis de Corneille, qui veut que la scène du *Menteur* soit tantôt à un bout de la ville, tantôt à l'autre. Il était très aisé de remédier à ce défaut, en rapprochant les lieux. Nous ne supposons même pas que l'action de Cinna puisse se passer d'abord dans la maison d'Émilie, et ensuite dans celle d'Auguste. Rien n'était plus facile que de faire une décoration qui représentât la maison d'Émilie, celle d'Auguste, une place, des rues de Rome. (V.)

qu'il leur puisse arriver comme dans *Pompée,* où l'empressement de la curiosité naturelle fait sortir de leurs appartements Cléopâtre au second acte, et Cornélie au cinquième, pour aller jusque dans la grande salle du palais du roi au-devant des nouvelles qu'elles attendent.

Il n'en va pas de même dans *Rodogune;* Cléopâtre et elle ont des intérêts trop divers pour expliquer leurs plus secrètes pensées en même lieu. Je pourrois en dire ce que j'ai dit de *Cinna,* où en général tout se passe dans Rome, et en particulier moitié dans le cabinet d'Auguste, et moitié chez Æmilie. Suivant cet ordre, le premier acte de cette tragédie seroit dans l'antichambre de Rodogune, le second dans la chambre de Cléopâtre, le troisième dans celle de Rodogune : mais si le quatrième peut commencer chez cette princesse, il n'y peut achever, et ce que Cléopâtre y dit à ses deux fils l'un après l'autre y seroit mal placé. Le cinquième a besoin d'une salle d'audience où un grand peuple puisse être présent. La même chose se rencontre dans *Héraclius.* Le premier acte seroit fort bien dans le cabinet de Phocas, et le second chez Léontine; mais si le troisième commence chez Pulchérie, il n'y peut achever, et il est hors d'apparence que Phocas délibère dans l'appartement de cette princesse de la perte de son frère.

Nos anciens, qui faisoient parler leurs rois en place publique, donnoient assez aisément l'unité rigoureuse de lieu à leurs tragédies. Sophocle toutefois ne l'a pas observée dans son *Ajax,* qui sort du théâtre afin de chercher un lieu écarté pour se tuer, et s'y tue à la vue du peuple; ce qui fait juger aisément que celui où il se tue n'est pas le même que celui d'où on l'a vu sortir, puisqu'il n'en est sorti que pour en choisir un autre.

Nous ne prenons pas la même liberté de tirer les rois et les princesses de leurs appartements ; et, comme souvent la différence et l'opposition des intérêts de ceux qui sont logés dans le même palais ne souffrent pas qu'ils fassent leurs confidences et ouvrent leurs secrets en même chambre, il nous faut chercher quelque autre accommodement pour l'unité de lieu, si nous la voulons conserver dans tous nos poëmes : autrement il faudroit prononcer contre beaucoup de ceux que nous voyons réussir avec éclat.

Je tiens donc qu'il faut chercher cette unité exacte autant qu'il est possible ; mais, comme elle ne s'accommode pas avec toute sorte de sujets, j'accorderois très volontiers que ce qu'on feroit passer en une seule ville auroit l'unité de lieu. Ce n'est pas que je voulusse que le théâtre représentât cette ville tout entière, cela seroit un peu trop vaste, mais seulement deux ou trois lieux particuliers enfermés dans l'enclos de ses murailles. Ainsi la scène de *Cinna* ne sort point de Rome, et est tantôt l'appartement d'Auguste dans son palais, et tantôt la maison d'Æmilie. *Le Menteur* a les Tuileries et la Place-Royale dans Paris ; et *la Suite* fait voir la prison et le logis de Mélisse dans Lyon. *Le Cid* multiplie encore davantage les lieux particuliers sans quitter Séville ; et, comme la liaison de scènes n'y est pas gardée, le théâtre, dès le premier acte, est la maison de Chimène, l'appartement de l'infante dans le palais du roi, et la place publique ; le second y ajoute la chambre du roi : et sans doute il y a quelque excès dans cette licence. Pour rectifier en quelque façon cette duplicité de lieu quand elle est inévitable, je voudrois qu'on fît deux choses : l'une, que jamais on ne changeât dans le même acte, mais seulement de l'un à l'autre, comme il se fait dans les trois premiers de *Cinna;* l'autre, que ces deux lieux n'eussent point besoin de diverses décorations, et qu'aucun des deux ne fût jamais nommé, mais seulement le lieu général où tous les deux sont compris, comme Paris, Rome, Lyon, Constantinople, etc. Cela aideroit à tromper l'auditeur, qui, ne voyant rien qui lui marquât la diversité des lieux, ne s'en apercevroit pas, à moins d'une réflexion malicieuse et critique, dont il y en a peu qui soient capables, la plupart s'attachant avec chaleur à l'action qu'ils voient représenter. Le plaisir qu'ils y prennent est cause qu'ils n'en veulent pas chercher le peu de justesse pour s'en dégoûter; et ils ne le reconnoissent que par force, quand il est trop visible, comme dans *le Menteur* et *la Suite*, où les différentes décorations font reconnoître cette duplicité de lieu, malgré qu'on en ait.

Mais comme les personnes qui ont des intérêts opposés ne peuvent pas vraisemblablement expliquer leurs secrets en même place, et qu'ils sont quelquefois introduits dans le même acte avec liaison de scènes qui emporte nécessairement cette unité, il faut trouver un moyen qui la rende compatible avec cette contradiction qu'y forme la vraisemblance rigoureuse, et voir comment pourra subsister le quatrième acte de *Rodogune*, et le troisième d'*Héraclius*, où j'ai déja marqué cette répugnance du côté des deux personnes ennemies qui parlent en l'un et en l'autre. Les jurisconsultes admettent des fictions de droit; et je voudrois, à leur exemple, introduire des fictions de théâtre, pour établir un lieu théâtral qui ne seroit ni l'appartement de Cléopâtre, ni celui de Rodogune dans la pièce qui porte ce titre, ni celui de Phocas, de Léontine, ou de Pulchérie dans *Héraclius*, mais une salle sur laquelle ouvrent ces divers appartements, à qui j'attribuerois deux priviléges : l'un, que chacun de ceux qui y parleroient fût présumé y parler avec le même secret que s'il étoit dans sa chambre; l'autre, qu'au lieu que dans l'ordre commun il est quelquefois de la bienséance que ceux qui occupent le théâtre aillent trouver ceux qui sont dans leur cabinet pour parler à eux, ceux-ci pussent les venir trouver sur le théâtre, sans choquer cette bienséance, afin de conserver l'unité de lieu et la liaison des scènes. Ainsi Rodogune, dans le premier acte, vient trouver Laonice, qu'elle devroit mander pour parler à elle; et, dans le quatrième, Cléopâtre vient trouver Antiochus au même lieu où il vient de fléchir Rodogune, bien que, dans l'exacte vraisemblance, ce prince devroit aller chercher sa mère dans son cabinet, puisqu'elle hait trop cette princesse pour venir parler à lui dans son appartement, où la première scène fixeroit le reste de cet acte, si l'on n'apportoit ce tempérament, dont j'ai parlé, à la rigoureuse unité de lieu.

Beaucoup de mes pièces en manqueront si l'on ne veut point admettre cette modération, dont je me contenterai toujours à l'avenir, quand je ne pourrai satisfaire à la dernière rigueur de la règle. Je n'ai pu y en réduire que trois, *Horace, Polyeucte,* et *Pompée.* Si je me donne trop d'indulgence dans les autres, j'en aurai encore davantage pour ceux dont je verrai réussir les ouvrages sur la scène avec quelque apparence de régularité. Il est facile aux spéculatifs d'être sévères; mais s'ils vouloient donner dix ou douze poëmes de cette nature au public, ils élargiroient peut-être les règles encore plus que je ne fais, sitôt qu'ils auroient reconnu par l'expérience quelle contrainte apporte leur exactitude, et combien de belles choses elle bannit de notre théâtre. Quoi qu'il en soit, voilà mes opinions, ou, si vous voulez, mes hérésies touchant les principaux points de l'art; et je ne sais point mieux accorder les règles anciennes avec les agréments modernes. Je ne doute point qu'il ne soit aisé d'en trouver de meilleurs moyens, et je serai tout prêt de les suivre lorsqu'on les aura mis en pratique aussi heureusement qu'on y a vu les miens [1].

[1] Après les exemples que Corneille donna dans ses pièces, il ne pouvait guère donner de préceptes plus utiles que dans ces discours. (V.)

DISCOURS A L'ACADÉMIE [1].

Messieurs,

S'il est vrai que ce soit un avantage pour dépeindre les passions que de les ressentir, et que l'esprit trouve avec plus de facilité des couleurs pour ce qui le touche que pour les idées qu'il emprunte de son imagination, j'avoue qu'il faut que je condamne tous les applaudissements qu'ont reçus jusqu'ici mes ouvrages, et que c'est injustement qu'on m'attribue quelque adresse à décrire les mouvements de l'ame, puisque, dans la joie la plus sensible dont je sois capable, je ne trouve point de paroles qui vous en puissent faire concevoir la moindre partie. Ainsi je vois ma réputation prête à être détruite par la gloire même qui la devoit achever, puisqu'elle me jette dans la nécessité de vous montrer mon foible, prenant possession des graces qu'il vous a plu me faire : je ne me dois regarder que comme un de ces indignes mignons de la fortune que son caprice n'élève au plus haut de la roue, sans aucun mérite, que pour mettre plus en vue les taches de la fange dont elle les a tirés. Et certes, voyant cette honte inévitable dans l'honneur que je reçois, j'aurois de la peine à m'en consoler, si je ne considérois que vous rappellerez aisément en votre mémoire ce que vous savez mieux que

---

[1] Corneille fut reçu à l'Académie le 22 janvier 1647, à la place de Maynard, mort l'année précédente. (Pan.)

moi, que la joie n'est qu'un épanouissement du cœur; et, si j'ose me servir d'un terme dont la dévotion s'est saisie, une certaine liquéfaction intérieure, qui, s'épanchant dans l'homme tout entier, relâche toutes les puissances de son ame; de sorte qu'au lieu que les autres passions y excitent des orages et des tempêtes dont les éclats sortent au dehors avec impétuosité et violence, celle-ci n'y produit qu'une langueur qui tient quelque chose de l'extase, et qui, se contentant de se mêler et de se rendre visible dans tous les traits extérieurs, laisse l'esprit dans l'impuissance de l'exprimer. C'est ce qu'ont bien reconnu nos grands maîtres du théâtre, qui n'ont jamais amené leurs héros jusqu'à la félicité qu'ils leur ont fait espérer, qu'ils ne se soient arrêtés là tout aussitôt, sans faire des efforts inutiles à représenter leur satisfaction, dont ils savoient bien qu'ils ne pouvoient venir à bout.

Vous êtes trop équitables pour exiger de leur écolier une chose dont leurs exemples n'ont pu l'instruire; et vous aurez même assez de bonté pour suppléer à ce défaut, et juger de la grandeur de ma joie par celle de l'honneur que vous m'avez fait en me donnant une place dans votre illustre compagnie. Et véritablement, messieurs, quand je n'aurois pas une connoissance particulière du mérite de ceux qui la composent, quand je n'aurois pas tous les jours entre les mains les admirables chefs-d'œuvre qui partent des vôtres, quand je ne saurois enfin autre chose de vous, sinon que vous êtes le choix de ce grand génie qui n'a fait que des miracles, feu M. le cardinal de Richelieu, je serois l'homme du monde le plus dépourvu de sens commun, si je n'avois pas pour vous une estime et une vénération toujours extraordinaires, quand je vois que de la même main dont ce grand homme sapoit les fondements de la monarchie d'Espagne, il a daigné jeter ceux de votre établissement, et confier à vos soins la pureté d'une langue qu'il vouloit faire entendre et dominer par toute l'Europe. Vous m'avez fait part de cette gloire, et j'en tire encore cet avantage, qu'il est impossible que de vos savantes assemblées, où vous me faites l'honneur de me recevoir, je ne remporte les belles teintures et les parfaites connoissances, qui, donnant une meilleure forme à ces heureux talents dont la nature m'a favorisé, mettront en un plus haut degré ma réputation, et feront remarquer aux plus grossiers, même dans la continuation de mes petits travaux, combien il s'y sera coulé du vôtre, et quels nouveaux ornements le bonheur de votre communication y aura semés. Oserai-je vous dire toutefois, messieurs, parmi cet excès d'honneur et ces avantages infaillibles, que ce n'est pas de vous que j'attends ni les plus grands honneurs ni les plus grands avantages? Vous vous étonnerez sans doute d'une civilité si étrange ; mais, bien loin de vous en offenser, vous demeurerez d'accord avec moi de cette vérité, quand je vous aurai nommé monseigneur le chancelier, et que je vous aurai dit que c'est de lui que j'espère et ces honneurs et ces avantages dont je vous parle, puisqu'il a bien voulu être le protecteur d'un corps si fameux, et qu'on peut dire en quelque sorte n'être que d'esprit : en devenir un des membres, c'est devenir en même temps une de ses créatures ; et puisque, par l'entrée que vous m'y donnez, je trouve et plus d'occasions et plus de facilité de lui rendre mes devoirs plus souvent, j'ai quelque droit de me promettre qu'étant illuminé de plus près, je pourrai répandre à l'avenir dans tous mes ouvrages avec plus d'éclat et de vigueur les lumières que j'aurai reçues de sa présence. Comme c'est un bien que je devrai entièrement à la faveur de vos suffrages, je vous conjure de croire que je ne manquerai jamais de reconnoissance envers ceux qui me l'ont procuré, et qu'encore qu'il soit très vrai que vous ne pourriez donner cette place à personne qui se sentît plus incapable de la remplir, il n'est pas moins vrai que vous ne la pouviez donner à personne, ni qui l'eût plus ardemment souhaitée, ni qui s'en tînt votre redevable en un plus haut point, ni qui eût enfin plus de passion de contribuer de tous ses soins et de toutes ses forces au service d'une compagnie si célèbre, à qui j'aurai des obligations éternelles de m'avoir fait tant d'honneurs sans les mériter.

PRÉFACE

DE L'ÉDITION DES OEUVRES DE CORNEILLE.

PARIS, 1654.

AU LECTEUR.

C'est contre mon inclination que mes libraires vous font ce présent, et j'aurois été plus aise de la suppression entière de la plus grande partie de ces poëmes, que d'en voir renouveler la mémoire par ce recueil. Ce n'est pas qu'ils n'aient tous eu des succès assez heureux pour ne me repentir pas de les avoir faits; mais il y a une si notable différence d'eux à ceux qui les ont suivis, que je ne puis voir cette inégalité sans quelque sorte de confusion. Et certes j'aurois laissé périr entièrement ceux-ci, si je n'eusse reconnu que le bruit qu'ont fait les derniers obligeoit déja quelques curieux à la recherche des autres, et pourroit être cause qu'un imprimeur faisant sans mon aveu ce que je ne voulois pas consentir, ajouteroit mille fautes aux miennes. J'ai donc cru qu'il valoit mieux, et pour votre contentement et pour ma réputation, y jeter un coup d'œil, non pas pour les corriger entièrement (il eût été besoin de les refaire presque *en entiers*), mais du moins pour en ôter ce qu'il y a de plus insupportable. Je vous les donne dans l'ordre que je les ai composés, et vous avouerai franchement que pour les vers, outre la foiblesse d'un homme qui commençoit à en faire, il est malaisé qu'ils ne sentent la province où je suis né. Comme Dieu m'a fait naître *mauvais courtisan*, j'ai trouvé dans la cour plus de louanges que de bienfaits, et plus d'estime que d'établissement. Ainsi étant demeuré *provincial*, ce n'est pas merveille si mon élocution en conserve quelquefois le caractère.

Pour la conduite je me dédirois de peu de chose si j'avois à les refaire. Je ne m'étendrai point à vous spécifier quelles règles j'y ai observées : ceux qui s'y connoissent s'en apercevront aisément, et de pareils discours ne font qu'importuner les savants, embarrasser les foibles, et étourdir les ignorants.

AU LECTEUR[1].

Vous pourrez trouver quelque chose d'étrange aux innovations en l'orthographe que j'ai hasardées ici, et je veux bien vous en rendre raison. L'usage de notre

[1] Cet avertissement commence ainsi dans l'édition de 1663 :

« Ces deux volumes contiennent autant de pièces de théâtre que les trois que vous avez vus ci-devant imprimés *in*-8°; ils sont réglés à douze chacun, et les autres à huit. *Sertorius* et *Sophonisbe* ne s'y joindront point, qu'il n'y en aye assez pour faire un troisième de cette impression, ou un quatrième de l'autre. Cependant, comme il ne peut entrer en celle-ci que deux des trois discours qui ont servi de préfaces à la précédente, et que, dans ces trois discours, j'ai tâché d'expliquer ma pensée touchant les plus curieuses et les plus importantes questions de l'art poétique, cet ouvrage de mes réflexions demeureroit imparfait, si j'en retranchois le troisième ; et c'est ce qui me fait

langue est à présent si épandu par toute l'Europe, principalement vers le nord, qu'on y voit peu d'état où elle ne soit connue; c'est ce qui m'a fait croire qu'il ne seroit pas mal-à-propos d'en faciliter la prononciation aux étrangers, qui s'y trouvent souvent embarrassés, par les divers sons qu'elle donne quelquefois aux mêmes lettres. Les Hollandois m'ont frayé le chemin, et donné ouverture à y mettre distinction par de différents caractères, que jusqu'ici nos imprimeurs ont employés indifféremment. Ils ont séparé les *i* et les *u* consonnes d'avec les *i* et les *u* voyelles, en se servant toujours de l'*j* et de l'*v* pour les premières, et laissant l'*i* et l'*u* pour les autres, qui, jusqu'à ces derniers temps, avoient été confondus. Ainsi la prononciation de ces deux lettres ne peut être douteuse dans les impressions où l'on garde le même ordre qu'en celle-ci. Leur exemple m'a enhardi à passer plus avant. J'ai vu quatre prononciations différentes dans nos *f*, et trois dans nos *e*, et j'ai cherché les moyens d'en ôter toutes ambiguïtés, ou par des caractères différents, ou par des règles générales, avec quelques exceptions. Je ne sais si j'y aurai réussi; mais si cette ébauche ne déplaît pas, elle pourra donner jour à faire un travail plus achevé sur cette matière, et peut-être que ce ne sera pas rendre un petit service à notre langue et au public.

vous le donner ensuite du second volume, attendant qu'on le puisse reporter au-devant de celui qui le suivra, sitôt qu'il pourra être complet. Vous trouverez quelque chose, etc. »

Dans l'édition de 1682, il commence par ces mots : « Ces quatre volumes contiennent trente-deux pièces de théâtre; ils sont réglés à huit chacun. » Et au commencement de chacun des trois premiers volumes de cette édition se trouve un des discours sur le poëme dramatique, qui suivent le présent avertissement.

Nous prononçons l'*ſ* de quatre diverses manières : tantôt nous l'aspirons, comme en ces mots, *peſte*, *chaſte*; tantôt elle alonge la syllabe, comme en ceux-ci, *paſte*, *teſte*; tantôt elle ne fait aucun son, comme à *esblouir*, *esbranler*, *il estoit*; et tantôt elle se prononce comme un *z*, comme à *préſider*, *préſumer*. Nous n'avons que deux différents caractères, *ſ* et *s*, pour ces quatre différentes prononciations. Il faut donc établir quelques maximes générales pour faire les distinctions entières. Cette lettre se rencontre au commencement des mots, ou au milieu, ou à la fin. Au commencement elle aspire toujours ; *ſoi*, *ſien*, *ſauver*, *ſuborner*; à la fin, elle n'a presque point de son, et ne fait qu'alonger tant soit peu la syllabe, quand le mot qui suit se commence par une consonne; et quand il commence par une voyelle, elle se détache de celui qu'elle finit pour se joindre avec elle, et se prononce toujours comme un *z*, soit qu'elle soit précédée par une consonne, ou par une voyelle.

Dans le milieu du mot, elle est ou entre deux voyelles, ou après une consonne, ou avant une consonne. Entre deux voyelles, elle passe toujours pour *z*, et après une consonne elle aspire toujours; et cette différence se remarque entre les verbes composés qui viennent de la même racine. On prononce *prézumer*, *rézister;* mais on ne prononce pas *conzumer*, ni *perzister*. Ces règles n'ont aucune exception, et j'ai abandonné en ces rencontres le choix des caractères à l'imprimeur, pour se servir du grand ou du petit, selon qu'ils se sont le mieux accommodés avec les lettres qui les joignent. Mais je n'en ai pas fait de même quand l'*ſ* est avant une consonne dans le milieu du mot, et je n'ai pu souffrir que ces trois mots, *reſte*, *tempeſte*, *vous eſtes*, fussent écrits l'un comme l'autre, ayant des prononciations si différentes. J'ai réservé la petite s pour celle où la syllabe est aspirée, la grande pour celle où elle est simplement alongée, et l'ai supprimée entièrement au troisième mot, où elle ne fait point de son, la marquant seulement par un accent sur la lettre qui la précède. J'ai donc fait orthographier ainsi les mots suivants, et leurs semblables, *peste, funeste, chaste, résiste, espoir, tempeſte, haste, teſte, vous êtes, il étoit, ébloüir, écouter, épargner, arrêter.* Ce dernier verbe ne laisse pas d'avoir quelques temps dans sa conjugaison où il faut lui rendre l'ſ, parcequ'elle alonge la syllabe; comme à l'impératif *arreſte*, qui rime bien avec *teſte;* mais à l'infinitif, et en quelques autres temps où elle ne fait pas cet effet, il est bon de la supprimer, et d'écrire, *j'arrétois, j'ai arrêté; j'arrêterai, nous arrêtons,* etc.

Quant à l'*e*, nous en avons de trois sortes : l'*e* féminin, qui se rencontre toujours ou seul, ou en diphthongue, dans toutes les dernières syllabes de nos mots qui ont la terminaison féminine, et qui fait si peu de son, que cette syllabe n'est jamais comptée à rien à la fin de nos vers féminins, qui en ont toujours une plus que les autres; l'*e* masculin, qui se prononce comme dans la langue latine; et un troisième *e* qui ne va jamais sans l'*s*, qui lui donne un son élevé qui se prononce à bouche ouverte, en ces mots, *succes, acces, expres.* Or, comme ce seroit une grande confusion que ces trois *e* en ces trois mots, *aſpres, verite,* et *apres,* qui ont une prononciation si différente, eussent un caractère pareil, il est aisé d'y remédier par ces trois sortes d'*e* que nous donne l'imprimerie, *e, é, è,* qu'on peut nommer l'*e* simple, l'*é* aigu, et l'*è* grave. Le premier servira pour nos terminaisons féminines, le second pour les latines, et le troisième pour les élevées ; et nous écrirons ainsi ces trois mots et leurs pareils, *aſpres, verité, après,* ce que nous étendrons à *succès, excès, procès,* qu'on avoit jusqu'ici écrits avec l'*é* aigu, comme les terminaisons latines, quoique le son en soit fort différent. Il est vrai que les imprimeurs y avoient mis quelque différence, en ce que cette terminaison n'étant jamais sans *ſ*, quand il s'en rencontroit une après un *é* latin, ils la changeoient en *z*, et ne la faisoient précéder que par un *e* simple. Ils impriment *veritez, deïtez, dignitez,* et non pas *verités, deïtés, dignités;* et j'ai conservé cette orthographe : mais pour éviter toute sorte de confusion entre le son des mots qui ont l'*e* latin sans *ſ*, comme *verité*, et ceux qui ont la prononciation élevée, comme *succès*, j'ai cru à propos de me servir de différents caractères, puisque nous en avons, et donner l'*è* grave à ceux de cette dernière espèce. Nos deux articles pluriels, *les* et *des*, ont le même son, quoique écrits avec l'*e* simple : il est si malaisé de les prononcer autrement, que je n'ai pas cru qu'il fût besoin d'y rien changer. Je dis la même chose de l'*e* devant deux *ll*, qui prend le son aussi élevé en ces mots, *belle, fidelle, rebelle,* etc., qu'en ceux-ci, *ſuccès, excès;* mais comme cela arrive toujours quand il se rencontre avant ces deux *ll*, il suffit d'en faire cette remarque sans changement de caractère. Le même cas arrive devant la simple *l*, à la fin du mot *mortel, appel, criminel,* et non pas au milieu, comme en ces mots, *celer, chanceler,* où l'*e* avant cette *l* garde le son de l'*e* féminin.

Il est bon aussi de remarquer qu'on ne se sert d'ordinaire de l'*é* aigu qu'à la fin du mot, ou quand on supprime l'*ſ* qui le suit, comme à *établir, étonner.* Cependant il se rencontre souvent au milieu des mots avec le même son, bien qu'on ne l'écrive qu'avec un *e* simple ; comme en ce mot *feverité*, qu'il faudroit écrire *fêvérité*, pour le faire prononcer exactement ; et je l'ai fait observer dans cette impression [1], bien que je n'aye pas gardé le même ordre dans celle qui s'est faite *in-folio*.

La double *ll* dont je viens de parler à l'occasion de l'*e* a aussi deux prononciations en notre langue : l'une, sèche et simple, qui suit l'orthographe ; l'autre, molle, qui semble y joindre une *h*. Nous n'avons point de différents caractères à les distinguer ; mais on en peut donner cette règle infaillible : Toutes les fois qu'il n'y a point d'*i* avant les deux *ll*, la prononciation ne prend point cette mollesse. En voici des exemples dans les quatre autres voyelles, *baller, rebeller, coller, annuller.* Toutes les fois qu'il y a un *i* avant les deux *ll*, soit seul, soit en diphthongue, la prononciation y ajoute une *h*. On écrit *bailler, éveiller, briller, chatouiller, cueillir*, et on prononce *baillher, éveillher, brillher, chatouillher, cueillhir.* Il faut excepter de cette règle tous les mots qui viennent du latin, et qui ont deux *ll* dans cette langue ; comme *ville, mille, tranquille, imbécille, distille, illustre, illégitime, illicite*, etc. ; je dis qui ont deux *ll* en latin, parceque les mots de *fille* et *famille* en viennent, et se prononcent avec cette mollesse des autres, qui ont l'*i* devant les deux *ll*, et n'en viennent pas ; mais ce qui fait cette différence, c'est qu'ils ne tiennent pas les deux *ll* des mots latins *filia* et *familia*, qui n'en ont qu'une, mais purement de notre langue. Cette règle et cette exception sont générales et assurées. Quelques moder-

---

[1] VARIANTE. Et peut-être le ferai-je observer en la première impression qui se pourra faire de ces recueils. (*Édit. de 1663.*)

nes, pour ôter toute l'ambiguïté de cette prononciation, ont écrit les mots qui se prononcent sans la mollesse de l'*h* avec une *l* simple, en cette manière, *tranquile, imbécile, distile ;* et cette orthographe pourroit s'accommoder dans les trois voyelles *a, o, u,* pour écrire simplement *baler, affoler, annuler ;* mais elle ne s'accommoderoit point du tout avec l'*e,* et on auroit de la peine à prononcer *fidelle* et *belle,* si on écrivoit *fidele* et *bele ;* l'*i* même, sur lequel ils ont pris ce droit, ne le pourroit pas souffrir toujours, et particulièrement en ces mots *ville, mille,* dont le premier, si on le réduisoit à une *l* simple, se confondroit avec *vile,* qui a une signification tout autre.

Il y auroit encore quantité de remarques à faire sur les différentes manières que nous avons de prononcer quelques lettres en notre langue ; mais je n'entreprends pas de faire un traité entier de l'orthographe et de la prononciation, et me contente de vous avoir donné ce mot d'avis touchant ce que j'ai innové ici. Comme les imprimeurs ont eu de la peine à s'y accoutumer, ils n'auront pas suivi ce nouvel ordre si ponctuellement[1] qu'il ne s'y soit coulé bien des fautes ; vous me ferez la grace d'y suppléer.

[1] Du temps de Corneille, ce mot s'écrivait *punctuellement.* (A.-M.)

PRÉFACES
DE
L'IMITATION DE JÉSUS-CHRIST.

POUR

LES VINGT PREMIERS CHAPITRES
DU LIVRE PREMIER,

PUBLIÉS EN 1651.

AU LECTEUR.

[1]......... Les matières y ont si peu de disposition à la poésie, que mon entreprise n'est pas sans quelque apparence de témérité. Et c'est ce qui m'a empêché de m'engager plus avant, que je n'aye consulté le jugement du public par ces vingt chapitres que je lui donne pour coup d'essai, et pour arrhes du reste. J'apprendrai, par l'estime ou le mépris qu'il en fera, si j'ai bien ou mal pris mes mesures, et de quelle façon je dois continuer; s'il me faut étendre davantage les pensées de mon auteur pour leur faire recevoir par force les agréments qu'il a méprisés, ou si ce peu que j'y ajoute quelquefois, par la nécessité de fournir une strophe, n'est point une liberté qu'il soit à propos de retrancher. Je pensois être le premier à qui il fût tombé en l'esprit de sanctifier la poésie par un ouvrage si pré-

---

[1] Comme en la préface générale de l'IMITATION, tome X. (PAR.)

cieux; mais je viens d'être surpris de le voir rendu en vers latins par le R. P. Thomas Mesler, bénédictin de l'abbaye impériale de Zuifalten, et imprimé à Bruxelles dès l'année 1649. Il s'en est acquitté si dignement, que je ne prétends pas l'égaler en notre langue. Je me contenterai de le suivre de loin, et de faire mes efforts pour rendre mon travail utile à mes lecteurs, sans aspirer à la gloire que le sien a méritée. Je ne prétends non plus à celle de donner mon suffrage parmi tant de savants, et me rendre partie en cette fameuse querelle touchant le véritable auteur d'un livre si saint. Que ce soit Jean Gersen, que ce soit Thomas à Kempis, ou quelque autre qu'on n'aye pas encore mis sur les rangs, tâchons de suivre ces instructions, puisqu'elles sont bonnes, sans examiner de quelles mains elles viennent. C'est ce qu'il nous ordonne lui-même dans le cinquième chapitre de ce premier livre, et cela doit suffire à ceux qui ne cherchent qu'à devenir meilleurs par sa lecture; le reste n'est important qu'à la gloire des deux ordres qui le veulent chacun revêtir de leur habit. Je n'ai pas assez de suffisance pour pouvoir juger de leurs raisons, mais je trouve qu'ils ont raison l'un et l'autre de vouloir que l'Église leur soit obligée d'un si grand trésor; et, si j'ose en dire mon opinion, j'estime que ce grand personnage a pris autant de peine à n'être pas connu qu'ils en prennent à le faire connoître, et tiens fort vraisemblable qu'il n'eût pas osé nous donner ce beau précepte d'humilité dès le second chapitre, *ama nesciri*, s'il ne l'eût pratiqué lui-même. Aussi ne puis-je dissimuler que je penserois aller contre l'intention de l'auteur que je traduis, si je portois ma curiosité dans ce qu'il nous a voulu et su cacher avec tant de soin. Ce m'est assez d'être assuré, par la lecture de son livre, que c'étoit un homme de Dieu, et bien illuminé du Saint-Esprit. J'y trouve certitude qu'il étoit prêtre; j'y trouve grande apparence qu'il étoit moine; mais j'y trouve aussi quelque répugnance à le croire Italien. Les mots grossiers dont il se sert assez souvent sentent bien autant le latin de nos vieilles pancartes que la corruption de celui delà les monts; et si je voyois encore quelques autres conjectures qui le pussent faire passer pour François, j'y donnerois volontiers les mains en faveur du pays.

POUR

LES CINQ DERNIERS CHAPITRES DU PREMIER LIVRE ET LES SIX PREMIERS DU LIVRE SECOND,

PUBLIÉS EN 1652.

AU LECTEUR.

Je donne cette seconde partie à l'impatience de ceux qui ont fait quelque état de la première, et ce n'est pas sans un peu de confusion que je leur donne si peu de chose à-la-fois. Quelques uns même en pourront murmurer avec justice : mais après la grâce qu'ils m'ont faite de ne point dédaigner ce qu'ils en ont vu, je pense avoir quelque droit d'espérer qu'ils ne me refuseront pas celle de se contenter de ce que je puis, et de n'exiger rien de moi par-delà ma portée. Le bon accueil qu'en a reçu le premier échantillon de cet ouvrage m'a bien enhardi à le poursuivre; mais il ne m'a pas donné la force d'aller bien loin sans me rebuter.

Le peu de disposition que les matières y ont à la poésie, le peu de liaison non seulement d'un chapitre avec l'autre, mais d'une période même avec celle qui la suit, et la quantité des redites qui s'y rencontrent, sont des obstacles assez malaisés à surmonter. Et si, outre ces trois difficultés qui viennent de l'original, vous voulez bien en considérer trois autres de la part du traducteur, peu de connoissance de la théologie, peu de pratique des sentiments de dévotion, et peu d'habitude à faire des vers d'ode et de stances, j'ose m'assurer que vous me trouverez assez excusable, quand je vous avouerai qu'après seize ou dix-sept cents vers de cette nature, j'ai besoin de reprendre haleine, et me reposer plus d'une fois dans une carrière si longue et si pénible. C'est ce que je fais avec d'autant plus de liberté, que je n'y vois aucun chapitre dont l'intelligence dépende de celui qui le précède, ou de celui qui le suit; et que, n'ayant point d'ordre entre eux, je puis m'arrêter où je me trouve las, sans craindre d'en rompre la tissure. Si Dieu me donne assez de vie et d'esprit, je tâcherai d'aller jusqu'au bout, et lors, nous rejoindrons tous ces fragments. Cependant je conjure le lecteur d'agréer ce que je lui pourrai donner de temps en temps, et sur-tout de souffrir l'importunité de quelques mots que j'emploie un peu souvent. Les répétitions sont si fréquentes dans le texte de mon auteur, que quand notre langue seroit dix fois plus abondante qu'elle n'est, ma traduction l'auroit déja épuisée. Il s'y trouve même des mots si farouches pour la poésie, que je suis contraint d'en chercher d'autres qui n'y répondent pas si parfaitement que je souhaiterois, et n'en sauroient exprimer toute la force.

Je fais cette excuse particulièrement pour celui de *consolations* dont il se sert à tout propos, et qui a grande peine à trouver sa place dans nos vers avec quelque grace ; celui de *joie* et celui de *douceur* que je lui substitue ne disent pas tout ce qu'il veut dire ; et, à moins que l'indulgence du lecteur supplée ce qui leur manque, il ne concevra pas la pensée de l'auteur dans toute son étendue. Il en est ainsi de quelques autres que je ne puis pas toujours rendre comme je voudrois. Je n'en veux pas toutefois imputer si pleinement la faute à la foiblesse de notre langue, que je ne confesse que la mienne y a bonne part ; mais enfin je ne puis mieux, et de quelque importance que soit ce défaut, je n'ai pas cru qu'il me dût faire quitter un travail que d'ailleurs on me veut faire croire être assez utile au public, et pouvoir contribuer quelque chose à la gloire de Dieu et à l'édification du prochain.

POUR

LA SUITE DU LIVRE SECOND,

PUBLIÉE EN 1653.

AU LECTEUR.

J'ai bien des graces à vous demander, mais aussi les difficultés qui se rencontrent en cette sorte de traduction méritent bien que vous ne m'en soyez pas avare. Le peu de disposition que les matières y ont à la poésie, le peu de liaison non seulement d'un chapitre avec l'autre, mais d'une période même avec celle qui la suit, et la quantité des redites, sont des obstacles assez malaisés à surmonter. Et si, outre ces trois qui viennent de l'original, vous voulez bien en considérer trois autres de la part du traducteur, peu de connoissance de la théologie, peu de pratique des sentiments de dévotion, et peu d'habitude à faire des vers d'ode et de stances, j'ose m'assurer que vous me pardonnerez aisément les défauts que je vois moi-même dans cet ouvrage, sans pouvoir l'en purger au point qu'on peut raisonnablement attendre d'un homme à qui les vers ont acquis quelque réputation. Sur-tout les répétitions sont si fréquentes dans le texte de mon auteur, que quand notre langue seroit dix fois plus abondante qu'elle n'est, je l'aurois déja épuisée. Elles ont bien lieu de vous importuner, puisqu'elles m'accablent; et j'avoue ingénument que je n'ai pu encore trouver le secret de diversifier mes expressions, toutes les fois qu'il me présente la même chose à exprimer. Le premier et le dernier chapitre de ce second livre en sont tout remplis; et comme je n'ai pu me résoudre à faire une infidélité à mon guide, que je suis pas à pas, de peur de m'égarer dans un chemin qui m'est presque inconnu, aussi n'ai-je pu forcer mon génie à n'y laisser aucune marque du dégoût que ces redites m'ont donné. Il se rencontre même dans son texte des mots si farouches pour la poésie, que je suis contraint d'avoir recours à d'autres qui n'y répondent pas si bien que je souhaiterois, et n'en sauroient faire passer toute la force en notre françois. Je fais cette excuse particulièrement pour celui de *consolations*, dont il se sert à tout propos, et qui a grande peine à trouver sa place dans les vers avec quelque grace. Ceux de *tribulation, contem-*

plation, *humiliation*, ne sont pas de meilleure trempe. La nécessité me les fait employer plus souvent que ne peut souffrir la douceur de la belle poésie ; et quand je m'enhardis à en substituer quelques autres en leur place, je sens bien qu'ils ne disent pas tout ce que mon auteur veut dire, et qu'à moins que l'indulgence du lecteur supplée ce qui leur manque, il ne concevra pas sa pensée dans toute son étendue. Il en est ainsi de quelques autres encore que je ne puis pas rendre toujours comme je voudrois, et sont cause que les personnes bien illuminées, qui entendent et goûtent parfaitement l'original, ne trouvent pas leur compte dans ma traduction. Je n'en veux pas imputer si pleinement la faute à la foiblesse de notre langue, que je ne confesse que la mienne y a bonne part ; mais enfin je ne puis mieux faire, et de quelque importance que soit ce défaut, je n'ai pas cru qu'il dût me faire quitter un travail que d'ailleurs on veut me faire croire être assez utile au public, et pouvoir contribuer quelque chose à la gloire de Dieu et à l'édification du prochain. Comme tout le monde n'a pas d'égales lumières, beaucoup de bonnes ames sont assez simples pour ne s'apercevoir pas des imperfections de cette version, que d'autres mieux éclairées y remarquent du premier coup d'œil, et qui ne s'y couleroient pas en si grand nombre, si Dieu m'avoit donné plus d'esprit.

POUR

LES TRENTE PREMIERS CHAPITRES
DU LIVRE TROISIÈME,

PUBLIÉS EN 1654.

AU LECTEUR.

Ce n'est ici que la moitié du troisième livre ; je l'ai trouvé assez long pour en faire à deux fois. Ainsi ma traduction sera divisée en quatre parties, pour être plus portative. Les deux livres que vous avez déjà vus en composeront la première ; celui-ci fournira aux deux suivantes, et le quatrième demeurera pour la dernière. Je vous demande encore un peu de patience pour les deux qui restent ; elles ne me coûteront que chacune une année, pourvu qu'il plaise à Dieu de me donner assez de santé et d'esprit. Cependant j'espère que vous ferez aussi bon accueil à celle-ci que vous avez fait à celle qui l'a précédée. Les vers n'en sont pas moindres, et, si j'en puis croire mes amis, j'ai mieux pénétré l'esprit de l'auteur dans ces trente chapitres que par le passé. Il n'a fait de tout ce troisième livre qu'un dialogue entre Jésus-Christ et l'ame chrétienne, et souvent il les introduit l'un et l'autre dans un même chapitre, sans y marquer aucune distinction. La fidélité avec laquelle je le suis pas à pas m'a persuadé que je n'y en devois pas mettre, puisqu'il n'y en avoit pas mis ; mais j'ai pris la liberté de changer de vers toutes les fois qu'il change de personnage, tant pour aider le lecteur à reconnoître ce changement que parceque je n'ai pas estimé à propos que l'homme parlât le même langage que Dieu.

POUR

LA FIN DU LIVRE TROISIÈME ET LE LIVRE QUATRIÈME TOUT ENTIER,

PUBLIÉS EN 1656.

AU LECTEUR.

Enfin me voici au bout d'un long ouvrage; et comme j'ai donné ces deux dernières parties aux libraires tout à-la-fois, ils ont cru qu'il vous seroit plus commode de les avoir en un seul volume, et n'ont point voulu les séparer. J'ai bien lieu de craindre que vous ne vous aperceviez un peu trop de l'impatience que j'ai eue de l'achever, et du chagrin qu'a jeté dans mon esprit un travail si long et si pénible. ....
....

J'avois promis à quelques personnes dévotes de joindre à cette traduction celle du *Combat spirituel;* mais je les supplie de trouver bon que je retire ma parole. Puisque j'ai été prévenu dans ce dessein par une des plus belles plumes de la cour, il est juste de lui en laisser toute la gloire. Je n'ignore pas que les livres sont des trésors publics où chacun peut mettre la main; mais le premier qui s'en saisit pour les traduire semble se les approprier en quelque façon, et on ne peut plus s'y engager sans lui faire un secret reproche de n'y avoir pas bien réussi, et promettre de s'en acquitter plus dignement. En attendant que Dieu m'inspire quelque autre dessein, je me contenterai de m'appliquer à une revue de mes pièces de théâtre, pour les réduire en un corps, et vous les faire voir en un état un peu plus supportable. J'y ajouterai quelques réflexions sur chaque poëme, tirées de l'art poétique, plus courtes ou plus étendues, selon que les matières s'en offriront, et j'espère que ce présent renouvelé ne vous sera point désagréable, ni tout-à-fait inutile à ceux qui voudront s'exercer en cette sorte de poésie.

LETTRES DE CORNEILLE.

I.

A ROTROU.

Rouen, ce 14 juillet 1637.

La raison, mon cher ami, n'a point d'empire ni sur les fous ni sur les sots ; et voilà tout juste pourquoi elle est d'usage quelque peu parmi les gens sensés. Leur suffrage et le vôtre, qui est ce que je souhaite le plus, ne me permet pas d'éprouver aucune peine des extravagances que débitent les premiers. L'envie peut aller, si elle veut, se joindre à eux, sans que j'en aie aucun souci.

Le Cid doit être jugé par l'Académie ; et si ce jugement, tel qu'il soit, se fait sans partialité, je n'aurai pas à me plaindre d'une entreprise dont l'intention m'honore. Mais je vous avoue, mon ami, que je dois peu compter sur la justice de l'aréopage placé sous l'influence de celui qui les a faits ce qu'ils sont. Ne croyez pas que messieurs Chapelain et Sirmond se dédisent ; ils sont trop près du maître. Au surplus, je m'inquiète peu de toutes ces choses.

M. Jourdy m'a raconté les plus belles choses de ce qu'il a vu à Dreux. J'aurois l'intention d'aller voir votre belle famille ; mais je ne l'espère pas de si tôt.

Je suis occupé d'une nouvelle pièce que je veux vous montrer, et qui est bien loin d'être terminée.........

. . . .

P. CORNEILLE.

II.

A M. D'ARGENSON[1].

A Rouen, ce 18 de mai 1646.

Monsieur,

Votre lettre m'a surpris de deux façons : l'une, par les témoignages de votre souvenir, que je n'avois garde d'attendre, sachant bien que je ne les méritois pas; l'autre, par l'honneur que vous faites à nos muses, je ne dirai pas de leur donner vos loisirs, car je sais que vous n'en avez point, mais de dérober quelques heures aux grandes affaires qui vous accablent, pour vous délasser en leur conversation. Trouvez donc bon que je vous remercie très humblement du premier, et me réjouisse infiniment de l'autre. Ce n'est pas vous que j'en dois congratuler; c'est le Parnasse entier, que vous élevez au dernier point de sa gloire, par la dignité des choses dont vous faites voir qu'il est capable. Il est trop vrai que communément la poésie ne trouve pas bien ses graces dans les matières de dévotion; mais j'avois toujours cru que ce défaut provenoit plutôt du peu d'application de notre esprit que de sa propre in-

---

[1] Cette lettre se trouve tome X, page 439, des *Mémoires de littérature et d'histoire*; Paris, 1730. (A.-M.)

suffisance, et m'étois persuadé que d'autant plus que les passions pour Dieu sont plus élevées et plus justes que celles qu'on prend pour les créatures, d'autant plus un esprit qui en seroit bien touché pourroit faire des pensées plus hardies et plus enflammées en ce genre d'écrire. Je m'étois fortifié dans ce sentiment par la nature de la poésie même, qui a les passions pour son principal objet, n'étant pas vraisemblable que l'excellence de leur principe les doive faire languir. Mais qu'on puisse apprivoiser avec elle la partie la plus sublime et la plus farouche de la théologie, mettre saint Thomas en rimes, et trouver des termes éloquents et mesurés pour exprimer des idées que l'esprit a peine à concevoir que par abstraction, et en captivant ses sens qui ne le peuvent souffrir sans répugnance et sans rébellion, c'est ce que je ne me serois jamais imaginé faisable, et dont toutefois vous venez de me détromper.

Pour vous en dire mon sentiment en particulier, je vous confesse que cet échantillon m'a jeté dans une admiration si haute, que je ne rencontre point de paroles pour m'expliquer là-dessus qui me satisfassent. Tout ce que je vous puis dire sincèrement, c'est que vous me laissez dans une impatience d'en voir d'autres fragments, puisque votre peu de loisir nous défend d'en espérer autre chose. Je m'y promets des ornements d'autant plus grands, que, vous étant débarrassé dans celui-ci de tout ce qu'il y a de plus épineux dans ce grand dessein, vous allez tomber dans de vastes campagnes, où la poésie, étant en pleine liberté, trouve lieu de se parer de tous ses ornements, et de nous étaler toutes ses graces. Cependant, pour ce premier chapitre que vous m'avez envoyé, je ne puis que souscrire à tout ce que vous en aura dit M. de Balzac.

Comme il a des connoissances très achevées, et une franchise incorruptible, je sais qu'il vous en aura dit la vérité, et tout ensemble d'excellentes choses. Il n'appartient qu'à lui de trouver des termes dignes des vertus et des perfections qui sont hors du commun. Vous vous pouvez reposer sur son témoignage, qui a été autrefois le plus ferme appui du *Cid* au milieu de sa persécution, et dont, avec une générosité qui lui est toute particulière, il a fait une illustre apologie, en faisant des compliments à son persécuteur.

Je n'ajouterai donc rien à ce que je sais qu'il vous en a dit, et me défendrai seulement, pour achever cette lettre, des civilités par où vous commencez la vôtre. Je veux bien croire que *Cinna* et *Polyeucte* ont été assez heureux pour vous divertir; mais je ne m'abuserai jamais jusqu'à m'imaginer qu'ils ayent pu servir de quelque modèle ou à la force de vos vers, ou à la piété de vos sentiments. J'en rappelle derechef à M. de Balzac; je ne doute aucunement qu'il ne soutienne avec moi que le plan de ce merveilleux ouvrage est dressé par un génie tout à vous, et qui, n'empruntant rien de personne, se doit nommer à très juste titre αὐτοδίδακτος. J'espérerai que vous m'honorerez non seulement de ce que vous ajouterez à ce grand coup d'essai, mais aussi de cette paraphrase de Jérémie, dont vous vous défiez injustement, puisque M. de Balzac est pour elle. Je vous la demande avec passion, et demeure de tout mon cœur,

MONSIEUR,

Votre très humble et très obéissant serviteur,
CORNEILLE.

III.

POUR M. DUBUISSON[1].

Monsieur,

Vous recepurez le livre de M. Dubé, mon parent et allié, qu'il vous envoye avec les protestations d'employer ses soins pour madame de Hanelay, ainsy qu'il m'a escrit. Pour moy, ie n'ay rien à vous envoyer que la continuation de mes affections à votre service, qui ne sont pas sy bien escrites icy que dans mon cueur, car ie suys plus de cueur que de bouche,

Monsieur,

Votre très humble serviteur,
CORNEILLE.

De Nemours, le 25 aoust 1649.

[1] Cette lettre se trouve écrite, de la main de Corneille, sur le premier feuillet blanc d'un volume de la bibliothèque Sainte-Geneviève, petit in-8° vélin, marqué $\frac{s}{110}$, et ayant pour titre : *De mineralium natura in vniuersum, ubi præsertim de aqua minerali fontis Escarleiarum vulgo des Escharlis prope Montargium, cujus vires in vsum medicum expenduntur. Opera et studio M. Pauli Dubé, doctoris medici Montisargi. Parisiis, apud Franciscum Piot, prope fontem Sancti Benedicti*, 1649, *cum approbatione*.

Nous devons la communication de ce petit volume à M. Taunay, l'un des bibliothécaires de Sainte-Geneviève, chargé spécialement des manuscrits. (Lef....)

IV.

A M. L'ABBÉ DE PURE.

A Rouen, ce 12 de mars 1659.

Monsieur,

Quelque pleine satisfaction que vous ayez reçue de la nouvelle représentation d'*OEdipe*, je puis vous assurer qu'elle n'égale point celle que j'ai eue à lire votre lettre, soit que je la regarde comme un gage de votre amitié, soit que je la considère comme une pièce d'éloquence remplie des plus belles et des plus nobles expressions que la langue puisse souffrir. En vérité, monsieur, quelque approbation qu'aye emportée notre nouvelle Jocaste, elle n'a point fait faire tant de ha! ha! dans l'hôtel de Bourgogne que votre lettre dans mon cabinet : mon frère et moi les avons redoublés à toutes les lignes, et y avons trouvé de continuels sujets d'admiration. Je suis ravi que mademoiselle de Beauchâteau aye si bien réussi; votre lettre n'est pas la seule que j'en ai vue : on a mandé du Marais à mon frère qu'elle avoit étouffé les applaudissements qu'on donnoit à ses compagnes, pour attirer tout à elle; et M. Floridor me confirme tout ce que vous m'en avez mandé. Je n'en suis point surpris, et il n'est rien arrivé que je ne lui aye prédit à elle-même, en lui disant adieu, quand je sus l'étude qu'elle faisoit de ce rôle. Je souhaite seulement pouvoir trouver un sujet assez beau pour la faire paroître dans toute sa force; je crois qu'elle prendroit bien autant de soin pour faire réussir un original qu'elle en a fait à remplir la place de la malade. Je suis marri de la difficulté que rencontre M. Bois..... A ne vous rien celer, je ne suis point fâché de n'être point à Paris en ce rencontre où je me verrois dans la nécessité de désobliger un des deux. Le poste où est son opposant est si considérable, que je crains pour lui qu'il ne fasse revenir bien des voix. Je souhaite d'apprendre bientôt qu'il se soit relâché, et que notre ami aye eu ce qu'il demande, avec l'agrément de tout le monde. Je suis de tout mon cœur,

Monsieur,

Votre très humble et très affectionné serviteur,
CORNEILLE.

V.

AU MÊME.

A Rouen, ce 25 d'août 1660.

Monsieur,

Un petit séjour aux champs, et un peu d'indisposition en la ville, m'ont empêché de vous remercier plus tôt du dernier présent que vous m'avez fait. Je ne suis pas assez récent de mon latin pour me vanter d'entendre tous les mots choisis dont vous avez semé cet ouvrage; mais je me connois assez en ce genre de poésie pour assurer qu'il y a des strophes dignes d'Horace. Il y en a quelques unes où vous avez un peu trop négligé le tour du vers, qui n'a pas assez de facilité; mais, à tout prendre, c'est un très beau travail, et un dessein tout-à-fait beau de vous écarter de la route des autres. Si vous l'eussiez exécuté en françois, il auroit eu une vogue merveilleuse. Le latin lui ôtera sans doute quelque chose; il est si recherché qu'il n'est pas intelligible à ceux qui n'y savent que le plain-chant; il m'échappe en quelques lieux, et je m'assure que quelques uns des lecteurs en sauront encore moins que moi. Cependant trouvez bon que je vous rende de très humbles graces, et de l'exemplaire que vous m'en avez envoyé, et de la manière dont vous y avez parlé de moi.

Je suis à la fin d'un travail fort pénible sur une matière fort délicate. J'ai traité en trois préfaces les principales questions de l'art poétique sur mes trois volumes de comédies. J'y ai fait quelques explications nouvelles d'Aristote, et avancé quelques propositions et quelques maximes inconnues à nos anciens. J'y réfute celles sur lesquelles l'Académie a fondé la condamnation du *Cid*, et ne suis pas d'accord avec M. d'Aubignac de tout le bien même qu'il a dit de moi. Quand cela paroîtra, je ne doute point qu'il ne donne matière aux critiques : prenez un peu ma protection. Ma première préface examine si l'utilité ou le plaisir est le but de la poésie dramatique; de quelle utilité elle est capable, et quelles en sont les parties, tant intégrales, comme le sujet et les mœurs, que de quantité, comme le prologue, l'épisode, et l'exode. Dans la seconde, je traite des conditions du sujet de la belle tragédie; de quelle qualité doivent être les incidents qui la composent, et les personnes qu'on y introduit, afin d'exciter la pitié et la crainte ; comment se fait la purgation des passions par cette pitié et cette crainte, et des moyens de traiter les choses selon le vraisemblable ou le nécessaire. Je parle, en la troisième, des trois unités : d'action, de jour, et de lieu. Je crois qu'après cela il n'y a plus guère de question d'importance à remuer, et que ce qui reste n'est que la broderie qu'y peuvent ajouter la rhétorique, la morale, et la politique.

En ne pensant vous faire qu'un remercîment, je vous rends insensiblement compte de mon dessein. L'exécution en demandoit une plus longue étude que mon loisir n'a pu permettre. Vous n'y trouverez pas grande élocution, ni grande doctrine; mais, avec tout cela, j'avoue que ces trois préfaces m'ont plus coûté que n'auroient fait trois pièces de théâtre. J'oubliois à vous dire que je ne prends d'exemples modernes que chez moi; et bien que je contredisé quelquefois M. d'Aubignac et messieurs de l'Académie, je ne les nomme jamais, et ne parle non plus d'eux que s'ils n'avoient point parlé de moi. J'y fais aussi une censure de chacun de mes poëmes en particulier, et je ne m'épargne pas. Derechef, préparez-vous à être de mes protecteurs, et croyez que je suis toujours,

Monsieur,

Votre très humble et très
obéissant serviteur,
CORNEILLE.

VI.

AU MÊME.

A Rouen, ce 3 de novembre 1661.

Monsieur,

A quoi pensez-vous de me donner une joie imparfaite, et de me rendre compte de la moitié d'une pièce si rare, pour m'en faire attendre en vain l'achèvement? Pensez-vous que ce que vous me mandez de trois actes ne me rende pas curieux, voire impatient de savoir des nouvelles de ceux qui restent? C'est ce qui a différé ma réponse, et la prière que j'ai à vous faire de ne vous contenter pas du bruit que les comédiens font de mes deux actes, mais d'en juger vous-même et m'en mander votre sentiment, tandis qu'il y a encore lieu à la correction. J'ai prié mademoiselle Desœillets, qui en est saisie, de vous les montrer quand vous voudrez ; et cependant je veux bien vous prévenir un peu en ma faveur, et vous dire que, si le reste suit du même art, je ne crois pas avoir rien écrit de mieux. Mes deux héroïnes ont le même caractère de vouloir épouser par ambition un homme pour qui elles n'ont aucun amour, et le dire à lui-même; et toutefois je crois que cette ressemblance se trouvera si diversifiée par la manière de l'exprimer, que beaucoup ne l'y apercevront pas. Elles s'offrent toutes deux à lui sans blesser la pudeur du sexe, ni démentir la fierté de leur rang. Les vers en sont assez forts et assez nettoyés, et la nouveauté de ce caractère pourra ne déplaire pas, si elle est bien soutenue par le reste de l'action. Je vous ai déja parlé de l'une qui étoit femme de Pompée. Sylla le força de la répudier pour épouser Æmilia, fille de sa femme et d'Æmilius Scaurus, son premier mari. Plutarque et Appius la nomment Antistie, fille du préteur Antistius. Un évêque espagnol, nommé Joannes Gerundensis, la nomme Aristie, et son père Aristius. Je ne doute point qu'il ne se méprenne; mais à cause que le mot est plus doux, je m'en suis servi, et vous en demande votre avis et celui de nos savants amis. Aristie a plus de douceur, mais il sent plus le roman. Antistie est plus dur aux oreilles, mais il sent plus l'histoire et a plus de majesté. *Quid juris?* J'espère dans trois ou quatre jours avoir achevé le troisième acte. J'y fais un entretien de Pompée avec Sertorius que les deux premiers actes préparent assez, mais je ne sais si on en pourra souffrir la longueur. Il est de deux cent cinquante-deux vers. Il me semble que deux hommes belliqueux, généraux de deux armées ennemies, ne peuvent achever en deux mots une conférence si longtemps attendue. On a souffert Cinna et Maxime, qui en ont consumé davantage à consulter avec Auguste. Les vers de ceux-ci me semblent bien aussi forts et plus pointilleux, ce qui aide souvent au théâtre, où les picoteries soutiennent et réveillent l'attention de l'auditeur. Mon autre héroïne n'est pas si historique qu'Aristie, mais elle ne laisse pas d'avoir son fondement en l'histoire. Je la fais fille de ce Viriatus qui défit tant de fois les Romains en Espagne, et fut enfin défait douze ou quinze ans avant la venue de Sertorius, qui fut particulièrement assisté par les Lusitaniens, qui étoient les compatriotes de ce grand capitaine, que j'en fais roi, bien que l'histoire n'en fasse qu'un chef de brigands, qui enfin combattit en corps d'armée. J'ai plus besoin de grace pour Sylla, qui mourut et se démit de sa puissance avant la mort de Sertorius; mais sa vie est d'un tel ornement à mon ouvrage pour justifier les armes de Sertorius, que je ne puis m'empêcher de le ressusciter. Mon auteur moderne, Joannes Gerundensis, le fait vivre après Sertorius; mais il se trompe aussi bien qu'au nom d'Aristie. Je ne demande point votre avis sur ce dernier point; car quand ce seroit une faute, je me la pardonne, *ignosco egomet mi*. Adieu, notre ami; aimez-moi toujours, s'il vous plaît, et me tenez pour

Votre très humble et très
obéissant serviteur,
CORNEILLE.

VII.

AU MÊME.

A Rouen, ce 25 d'avril (1662).

Monsieur,

L'estime et l'amitié que j'ai depuis quelque temps pour mademoiselle Marotte, me fait vous avoir une obligation très singulière de la joie que vous m'avez donnée en m'apprenant son succès et les merveilles de son début. Je l'avois vue ici représenter Amalasonte, et en avois conçu une assez haute opinion pour en dire beaucoup de bien à M. de Guise quand il fut question, vers la mi-carême, de la faire entrer au Marais; mais ce que vous m'en mandez passe mes plus douces espérances, et va si loin, que mes amis, à qui j'ai fait part de votre lettre, veulent la lui communiquer, malgré que vous en aviez[1] un peu le cœur navré quand vous m'avez écrit. Puisque MM. Boyer et Quinault sont convaincus de son mérite, je vous conjure de les obliger à me montrer bon exemple; car, outre que je serai bien aise d'avoir quelquefois mon tour à l'hôtel, ainsi qu'eux, et que je ne puis manquer d'amitié à la reine Viriate, à qui j'ai tant d'obligation, le déménagement que je prépare pour me transporter à Paris me donne tant d'affaires, que je ne sais si j'aurai assez de liberté d'esprit pour mettre quelque chose cette année sur le théâtre. Ainsi, si ces messieurs ne les secourent, ainsi que moi, il n'y a pas d'apparence que le Marais se rétablisse; et quand la machine, qui est aux abois, sera tout-à-fait défunte, je trouve que ce théâtre ne sera pas en bonne posture. Je ne renonce pas aux acteurs qui le soutiennent; mais aussi je ne veux point tourner le dos tout-à-fait à messieurs de l'hôtel, dont je n'ai aucun lieu de me plaindre, et où il n'y a rien à craindre quand une pièce est bonne. Ils aspirent tous à y entrer, et ils ne sont pas assez injustes pour exiger de moi un attachement qu'ils ne me voudroient pas promettre. Quelques uns, à ce qu'on m'a dit, ont pensé

---

[1] Cette locution ne serait pas reçue aujourd'hui. (Pan.)

passer au Palais-Royal. Je ne sais pas ce qui les a retenus au Marais; mais je sais bien que ce n'a pas été pour l'amour de moi qu'ils y sont demeurés. J'appris hier que le pauvre Magnon [1] est mort de ses blessures. Je le plains, et suis de tout mon cœur,

MONSIEUR,

>Votre très humble et très
obéissant serviteur,
CORNEILLE.

VIII.

A M. DE SAINT-ÉVREMOND [2].

(1666.)

MONSIEUR,

L'obligation que je vous ai est d'une nature à ne pouvoir jamais vous en remercier dignement; et, dans la confusion où je suis, je m'obstinerois encore dans le silence, si je n'avois peur qu'il ne passât auprès de vous pour ingratitude. Bien que les suffrages de l'im-

---

[1] Jean Magnon, né à Tournus, dans le Mâconnais, et assassiné à Paris au mois d'avril 1662, a laissé plusieurs tragédies. Il était lié avec Corneille et Molière, et avait ébauché une Encyclopédie en dix volumes, qui devaient contenir vingt mille vers chacun. (PAL.)

[2] Pour le remercier des louanges qu'il lui avait données dans la dissertation sur l'*Alexandre* de Racine. (A.-M.)

portance du vôtre vous doivent toujours être très précieux, il y a des conjonctures qui en augmentent infiniment le prix. Vous m'honorez de votre estime en un temps où il semble qu'il y ait un parti fait pour ne m'en laisser aucune. Vous me soutenez, quand on se persuade qu'on m'a battu; et vous me consolez glorieusement de la délicatesse de notre siècle, quand vous daignez m'attribuer le bon goût de l'antiquité. C'est un merveilleux avantage pour un homme qui ne peut douter que la postérité ne veuille bien s'en rapporter à vous. Aussi je vous avoue, après cela, que je pense avoir quelque droit de traiter de ridicules ces vains trophées qu'on établit sur les débris imaginaires des miens, et de regarder avec pitié ces opiniâtres entêtements qu'on avoit pour les anciens héros refondus à notre mode.

Me voulez-vous bien permettre d'ajouter ici que vous m'avez pris par mon foible, et que ma *Sophonisbe*, pour qui vous montrez tant de tendresse [1], a la meilleure part de la mienne? Que vous flattez agréablement mes sentiments, quand vous confirmez ce que j'ai avancé touchant la part que l'amour doit avoir dans les belles tragédies, et la fidélité avec laquelle nous devons conserver à ces vieux illustres ces caractères de leur temps, de leur nation et de leur humeur! J'ai cru jusqu'ici que l'amour étoit une passion trop chargée de foiblesse pour être la dominante dans une pièce héroïque; j'aime qu'elle y serve d'ornement, et non pas de corps, et que les grandes ames ne la laissent agir qu'autant qu'elle est compatible avec de plus nobles impressions. Nos doucereux et nos enjoués

---

[1] Voyez la note de la page 136, tome VIII.

sont de contraire avis ; mais vous vous déclarez du mien : n'est-ce pas assez pour vous en être redevable au dernier point, et me dire toute ma vie,

Monsieur,

>Votre très humble et très
>obéissant serviteur,
>CORNEILLE.

IX.

A COLBERT.

Monseigneur [1],

Dans le malheur qui m'accable, depuis quatre ans, de n'avoir plus de part aux gratifications dont Sa Majesté honore les gens de lettres, je ne puis avoir un plus juste et plus favorable recours qu'à vous, Monseigneur, à qui je suis entièrement redevable de celle que j'y avois. Je ne l'ai jamais méritée, mais, du moins, j'ai tâché à ne m'en rendre pas tout à fait indigne par l'emploi que j'en ai fait. Je ne l'ai point appliquée à mes besoins particuliers, mais à entretenir deux fils dans les armées de Sa Majesté, dont l'un a été tué pour

[1] Cette lettre, sans date, dont l'autographe est au dépôt des manuscrits de la Bibliothèque impériale, a été publiée pour la première fois par M. Floquet dans les *Mémoires de l'Académie de Rouen*, en 1835. On la croit antérieure de peu de temps au mois de septembre 1683, époque de la mort de Colbert. (Lef....)

son service au siége de Grave, l'autre sert depuis quatorze ans, et est maintenant capitaine de chevau-légers. Ainsi, Monseigneur, le retranchement de cette faveur, à laquelle vous m'aviez accoutumé, ne peut qu'il ne me soit sensible au dernier point, non pour mon intérêt domestique, bien que ce soit le seul avantage que j'aye reçu de cinquante années de travail, mais parceque c'étoit une glorieuse marque de l'estime qu'il a plu au roi faire du talent que Dieu m'a donné, et que cette disgrace me met hors d'état de faire encore longtemps subsister ce fils dans le service où il a consumé la plupart de mon peu de bien pour remplir avec honneur le poste qu'il y occupe. J'ose espérer, Monseigneur, que vous aurez la bonté de me rendre votre protection, et de ne pas laisser détruire votre ouvrage. Que si je suis assez malheureux pour me tromper dans cette espérance, et demeurer exclu de ces graces qui me sont si précieuses et si nécessaires, je vous demande cette justice de croire que la continuation de cette mauvaise influence n'affoiblira en aucune manière ni mon zèle pour le service du roi, ni les sentiments de reconnoissance que je vous dois par le passé, et que, jusqu'au dernier soupir, je ferai gloire d'être, avec toute la passion et le respect possible,

MONSEIGNEUR,

Votre très humble, très obéissant
et très obligé serviteur.
CORNEILLE.

PIÈCES

CONCERNANT LE CID.

I.

LETTRE

CONTENANT LA RÉPONSE DE CORNEILLE AUX OBSERVATIONS FAITES PAR LE SIEUR SCUDÉRY SUR LE CID (1637).

Monsieur,

Il ne vous suffit pas que votre libelle[1] me déchire en public; vos lettres me viennent quereller jusque dans mon cabinet, et vous m'envoyez d'injustes accusations, lorsque vous me devez pour le moins des excuses. Je n'ai point fait la pièce[2] qui vous pique; je l'ai reçue de Paris avec une lettre qui m'a appris le nom de son auteur; il l'adresse à un de nos amis, qui vous en pourra donner plus de lumière. Pour moi, bien que je n'aye guère de jugement, si l'on s'en rapporte à vous, je n'en ai pas si peu que d'offenser une personne de si haute condition[3], dont je n'ai pas l'honneur d'être

---

[1] Les *Observations sur le Cid*. (V.)

[2] La *Défense du Cid*, publiée, la même année, en réponse aux Observations de Scudéry. (Par.)

[3] Le cardinal de Richelieu. (V.)

connu, et de craindre moins ses ressentiments que les vôtres. Tout ce que je vous puis dire, c'est que je ne doute ni de votre noblesse, ni de votre vaillance[1], et qu'aux choses de cette nature, où je n'ai point d'intérêt, je crois le monde sur sa parole : ne mêlons point de pareilles difficultés parmi nos différends. Il n'est pas question de savoir de combien vous êtes noble ou plus vaillant que moi, pour juger de combien *le Cid* est meilleur que *l'Amant libéral*[2]. Les bons esprits trouvent que vous avez fait un haut chef-d'œuvre de doctrine et de raisonnement en vos observations. La modestie et la générosité que vous y témoignez leur semblent des pièces rares, et sur-tout votre procédé merveilleusement sincère et cordial vers un ami. Vous protestez de ne point dire d'injures, et lorsque incontinent après vous m'accusez d'ignorance en mon entier, et de manque de jugement en la conduite de mon chef-d'œuvre, vous appelez cela des civilités d'auteur? Je n'aurois besoin que du texte de votre libelle, et des contradictions qui s'y rencontrent, pour vous convaincre de l'un et de l'autre de ces défauts, et imprimer sur votre casaque le quatrain outrageux que vous avez voulu attacher à la mienne, si le même texte ne

---

[1] Scudéry, dans une de ses lettres adressées à Corneille, s'éleva beaucoup au-dessus de lui par sa naissance et sa noblesse, et fit une espèce de défi ou d'appel à Corneille ; ce qui apprêta beaucoup à rire, et donna lieu à plusieurs pièces qui parurent dans ce temps. Ces pièces ne sont ni assez belles ni assez intéressantes pour être rapportées ici, outre qu'elles ne regardent en rien la critique ou l'apologie du *Cid*.

Scudéry le prenait d'un ton fort haut lorsqu'il s'agissait de noblesse ; il était gouverneur de Notre-Dame de la Garde. Voyez ce qu'en dit le *Voyage de Bachaumont et Chapelle*. (V.)

[2] *L'Amant libéral*, tragi-comédie composée par Scudéry. (V.)

me faisoit voir que l'éloge d'*auteur d'heureuse mémoire*, ne peut être propre, en m'apprenant que vous manquez aussi de cette partie, quand vous vous êtes écrié : *O raison de l'auditeur ! que faisiez-vous ?* En faisant cette magnifique saillie, ne vous êtes-vous pas souvenu que *le Cid* a été représenté trois fois au Louvre, et deux fois à l'hôtel de Richelieu? Quand vous avez traité la pauvre Chimène d'impudique, de prostituée, de parricide, de monstre, ne vous êtes-vous pas souvenu que la reine, les princesses et les plus vertueuses dames de la cour et de Paris l'ont reçue et caressée en fille d'honneur? Quand vous m'avez reproché mes vanités, et nommé le comte de Gormas[1] un capitan de comédie, vous ne vous êtes pas souvenu que vous avez mis un *A qui lit*, au-devant de *Ligdamon*[2], ni des autres chaleurs poétiques et militaires qui font rire le lecteur presque dans tous vos livres. Pour me faire croire ignorant, vous avez tâché d'imposer aux simples, et avez avancé des maximes de théâtre de votre seule autorité, dont toutefois, quand elles seroient vraies, vous ne pourriez tirer les conséquences cornues que vous en tirez : vous vous êtes fait tout blanc d'Aristote, et d'autres auteurs que vous ne lûtes et n'entendîtes peut-être jamais, et qui vous manquent tous de garantie; vous avez fait le censeur moral, pour m'imputer de mauvais exemples; vous avez épluché les vers de ma pièce, jus-

---

[1] Un des acteurs de la tragédie du *Cid*, dont le caractère est extrêmement fier et haut. (V.)

[2] *Ligdamon*, comédie faite par Scudéry, au-devant de laquelle il avait mis une espèce de préface, qu'il avait intitulée *A qui lit*, dans laquelle il y a une infinité de bravades ridicules et impertinentes.

Cet *A qui lit* répond à la formule italienne *A chi lege*, et n'est point une bravade. (V.)

qu'à en accuser un de manque de césure : si vous eussiez su les termes du métier, vous eussiez dit qu'il manquoit de repos en l'hémistiche. Vous m'avez voulu faire passer pour simple traducteur, sous ombre de soixante et douze vers que vous marquez sur un ouvrage de deux mille, et que ceux qui s'y connoissent n'appelleront jamais de simples traductions; vous avez déclamé contre moi, pour avoir tu le nom de l'auteur espagnol, bien que vous ne l'ayez appris que de moi, et que vous sachiez fort bien que je ne l'ai celé à personne, et que même j'en ai porté l'original en sa langue à monseigneur le cardinal, votre maître et le mien ; enfin, vous m'avez voulu arracher en un jour ce que près de trente ans d'étude m'ont acquis ; il n'a pas tenu à vous que, du premier lieu où beaucoup d'honnêtes gens me placent, je ne sois descendu au-dessous de Claveret[1] : et, pour réparer des offenses si sensibles,

---

[1] Claveret, auteur contemporain de Corneille et de Scudéry, qui a composé plusieurs pièces tant en vers qu'en prose, lesquelles n'ont point eu d'approbation.
Ces deux ou trois lignes que Corneille avait mises dans cette *Lettre apologétique* lui attirèrent, de la part de Claveret, une lettre pleine d'impertinences et de ridiculités[*]. Elle fut imprimée et vendue publiquement; elle est si mauvaise, qu'elle ne mérite pas la peine d'être rapportée. Plusieurs mauvais auteurs affectionnés à Claveret firent, dans ce même temps, de méchantes pièces, tant en vers qu'en prose, qui ne servirent qu'à faire éclater davantage le mérite du *Cid* et de son auteur. Corneille en voulait à Claveret, parcequ'il avait distribué une pièce intitulée *l'Auteur du vrai Cid espagnol à son traducteur françois*, dans laquelle on prétendait montrer que le dessein et le meilleur de la tragédie du *Cid* avait été pillés de l'espagnol ; et cette pièce,

[*] Sous le titre de *Lettre au sieur Corneille, soi-disant auteur du Cid.* Voyez l'historique de cette querelle dans les *Mémoires pour servir à l'Histoire des Hommes illustres*, t. xv, p. 368 ; et t. xx, p. 88.

vous croyez faire assez de m'exhorter à vous répondre sans outrages, pour nous repentir après tous deux de nos folies, et de me mander impérieusement que, malgré nos gaillardises passées, je sois encore votre ami, afin que vous soyez encore le mien; comme si votre amitié me devoit être fort précieuse après cette incartade, et que je dusse prendre garde seulement au peu de mal que vous m'avez fait, et non pas à celui que vous m'avez voulu faire. Vous vous plaignez d'une *Lettre à Ariste*[1], où je ne vous ai point fait de tort de vous traiter d'égal, puisqu'en vous montrant moins envieux, vous vous confessez moindre, quoique vous nommiez folies les travers d'auteur où vous vous êtes laissé emporter, et que le repentir que vous en faites paroître marque la honte que vous en avez. Ce n'est pas assez de dire, Soyez encore mon ami, pour recevoir une amitié si indignement violée : je ne suis point homme d'éclaircissement[2]; vous êtes en sûreté de ce côté-là. Traitez-moi dorénavant en inconnu, comme je vous veux laisser pour tel que vous êtes, maintenant que je vous connois : mais vous n'aurez pas sujet de vous plaindre, quand je prendrai le même droit sur vos ouvrages que vous avez pris sur les miens. Si un volume d'observations ne vous suffit, faites-en encore cinquante; tant que vous ne m'attaquerez pas avec des raisons plus solides, vous ne me mettrez point en nécessité de me défendre, et de ma part je verrai, avec mes amis, si ce que votre libelle vous a laissé de répu-

---

quoique mauvaise, avait beaucoup causé de chagrin à Corneille, parceque Claveret, avec qui il était ami, avait été celui qui avait fait courir cette pièce. (V.)

[1] C'est l'*Excuse à Ariste*. (Par.)

[2] Ceci se doit entendre du défi que lui avait fait Scudéry. (V.)

tation vaut la peine que j'achève de la ruiner. Quand vous me demanderez mon amitié avec des termes plus civils, j'ai assez de bonté pour ne vous la refuser pas, et me taire des défauts de votre esprit que vous étalez dans vos livres. Jusque-là je suis assez glorieux pour vous dire de porte à porte que je ne vous crains ni ne vous aime. Après tout, pour vous parler sérieusement, et vous montrer que je ne suis pas si piqué que vous pourriez vous imaginer, il ne tiendra pas à moi que nous ne reprenions la bonne intelligence du passé que vous souhaitez. Mais après une offense si publique, il y faut un peu plus de cérémonie : je ne vous la rendrai pas malaisée, et donnerai tous mes intérêts à qui vous voudrez de vos amis ; et je m'assure que si un homme se pouvoit faire satisfaction à lui-même du tort qu'il s'est fait, il vous condamneroit à vous la faire à vous-même, plutôt qu'à moi qui ne vous en demande point, et à qui la lecture de vos observations n'a donné aucun mouvement que de compassion ; et certes, on me blâmeroit avec justice si je vous voulois mal pour une chose qui a été l'accomplissement de ma gloire, et dont *le Cid* a reçu cet avantage, que, de tant de beaux poëmes qui ont paru jusqu'à présent, il a été le seul dont l'éclat ait pu obliger l'envie à prendre la plume. Je me contente, pour toute apologie, de ce que vous avouez *qu'il a eu l'approbation des savants et de la cour*. Cet éloge véritable par où vous commencez vos censures détruit tout ce que vous pouvez dire après. Il suffit qu'ayez fait une folie amatrique[1], sans que j'en fasse une à vous répondre comme vous m'y conviez ; et, puisque les plus courtes sont les meilleures, je ne

---

[1] Ce mot paraît emprunté du grec ἀμετρή, démesurée. (Pan.)

ferai point revivre la vôtre par la mienne. Résistez aux tentations de ces gaillardises qui font rire le public à vos dépens, et continuez à vouloir être mon ami, afin que je me puisse dire le vôtre.

CORNEILLE.

II.

RÉCIT

DE LA CONDUITE TENUE PAR L'ACADÉMIE

DANS LA DISCUSSION QUI S'ÉLEVA ENTRE CORNEILLE ET SCUDÉRY, A L'OCCASION DU CID [1].

Il est difficile de s'imaginer avec quelle approbation le *Cid* fut reçu de la cour et du public. On ne se pouvoit lasser de le voir ; on n'entendoit autre chose dans les compagnies : chacun en savoit quelque partie par cœur ; on le faisoit apprendre aux enfants, et, en plusieurs endroits de la France, il étoit passé en proverbe de dire : *Cela est beau comme le Cid.* Il ne faut pas demander si la gloire de M. Corneille donna de la jalousie à ses concurrents. Plusieurs ont voulu croire que le cardinal lui-même n'en avoit pas été exempt, et qu'encore qu'il estimât fort M. Corneille, et qu'il lui donnât pension, il vit avec déplaisir le reste des travaux de cette nature, et sur-tout ceux où il avoit quelque part,

---

[1] Extrait de l'*Histoire de l'Académie*, par Pellisson ; Paris, 1701, in-12, p. 118. — Les fragments de lettres de P. Corneille que ce *Récit* contient nous ont déterminé à l'insérer dans notre édition. (LEF....)

entièrement effacés par celui-là. Pour moi, sans examiner si cette ame, toute grande qu'elle étoit, n'a point été capable de cette foiblesse, je rapporterai fidèlement ce qui s'est passé sur ce sujet, laissant à chacun la liberté d'en croire ce qu'il voudra, et de suivre ses propres conjectures.

Entre ceux qui ne purent souffrir l'approbation qu'on donnoit au *Cid*, et qui crurent qu'il ne l'avoit pas méritée, M. de Scudéry parut le premier, en publiant ses observations contre cet ouvrage, pour se satisfaire lui-même, ou, comme quelques uns disent, pour plaire au cardinal, ou pour tous les deux ensemble. Quoi qu'il en soit, il est bien certain qu'en ce différend, qui partagea toute la cour, le cardinal sembla pencher du côté de M. de Scudéry, et fut bien aise qu'il écrivît, comme il fit, à l'Académie françoise, pour s'en remettre à son jugement. On voyoit assez le desir du cardinal, qui étoit qu'elle prononçât sur cette matière ; mais les plus judicieux de ce corps témoignoient beaucoup de répugnance pour ce dessein. Ils disoient : « Que l'Aca-
« démie, qui ne faisoit que de naître, ne devoit point
« se rendre odieuse par un jugement qui peut-être dé-
« plairoit aux deux partis, et qui ne pouvoit manquer
« d'en désobliger pour le moins un, c'est-à-dire une
« grande partie de la France ; qu'à peine la pouvoit-on
« souffrir sur la simple imagination qu'on avoit, qu'elle
« prétendoit quelque empire en notre langue : que se-
« roit-ce, si elle témoignoit de l'affecter, et si elle entre-
« prenoit de l'exercer sur un ouvrage qui avoit contenté
« le grand nombre, et gagné l'approbation du peuple ?
« que ce seroit d'ailleurs un retardement à son prin-
« cipal dessein, dont l'exécution ne devoit être que
« trop longue d'elle-même ; qu'enfin M. Corneille ne

« demandoit point ce jugement, et que par les statuts
« de l'Académie, et par les lettres de son érection, elle
« ne pouvoit juger d'un ouvrage que du consentement
« et à la prière de l'auteur. » Mais le cardinal avoit ce
dessein en tête, et ces raisons lui paroissoient peu importantes, si vous en exceptez la dernière, qu'on pouvoit
détruire en obtenant le consentement de M. Corneille.
Pour cet effet, M. de Boisrobert, qui étoit de ses meilleurs amis, lui écrivit diverses lettres, lui faisant savoir
la proposition de M. de Scudéry à l'Académie. Lui, qui
voyoit qu'après la gloire qu'il s'étoit acquise, il y avoit
vraisemblablement en cette dispute beaucoup plus à
perdre qu'à gagner pour lui, se tenoit toujours sur le
compliment, et répondoit : « que cette occupation n'é-
« toit pas digne de l'Académie; qu'un libelle, qui ne
« méritoit point de réponse, ne méritoit point son ju-
« gement ; que la conséquence en seroit dangereuse,
« parcequ'elle autoriseroit l'envie à importuner ces
« messieurs; et que, aussitôt qu'il auroit paru quelque
« chose de beau sur le théâtre, les moindres poëtes se
« croiroient bien fondés à faire un procès à son auteur
« par-devant leur compagnie. » Mais enfin, comme il
étoit pressé par M. de Boisrobert, qui lui donnoit assez
à entendre le desir de son maître; après avoir dit,
dans une lettre du 13 juin 1637, les mêmes paroles
que je viens de rapporter, il lui échappa d'ajouter celles-ci : « Messieurs de l'Académie peuvent faire ce qu'il
« leur plaira ; puisque vous m'écrivez que Monseigneur
« seroit bien aise d'en voir leur jugement, et que cela
« doit divertir Son Éminence, je n'ai rien à dire. » Il
n'en falloit pas davantage, au moins suivant l'opinion
du cardinal, pour fonder la juridiction de l'Académie,
qui pourtant se défendoit toujours d'entreprendre ce

travail. Mais enfin il s'en expliqua ouvertement, disant à un de ses domestiques : « Faites savoir à ces mes-« sieurs que je le desire, et que je les aimerai comme « ils m'aimeront. » Alors on crut qu'il n'y avoit plus moyen de reculer; et l'Académie s'étant assemblée le 16 juin 1637, après qu'on eut lu la lettre de M. de Scudéry pour la compagnie, celles qu'il avoit écrites sur le même sujet à M. Chapelain, et celles que M. de Boisrobert avoit reçues de M. Corneille; après aussi que le même M. de Boisrobert eut assuré l'assemblée que M. le cardinal avoit agréable ce dessein, il fut ordonné que trois commissaires seroient nommés pour examiner *le Cid* et les observations contre *le Cid*; que cette nomination se feroit à la pluralité des voix, par billets, qui ne seroient vus que du secrétaire. Cela se fit ainsi, et les trois commissaires furent M. de Bourzey, M. Chapelain, et M. des Marets. La tâche de ces trois messieurs n'étoit que pour l'examen du corps de l'ouvrage en gros; car pour celui des vers, il fut résolu qu'on le feroit dans la compagnie. MM. de Cérisy, de Gombauld, Baro, et l'Étoile, furent seulement chargés de les voir en particulier et de rapporter leurs observations, sur lesquelles l'Académie ayant délibéré en diverses conférences, ordinaires et extraordinaires, M. des Marets eut ordre d'y mettre la dernière main. Mais pour l'examen de l'ouvrage en gros, la chose fut un peu plus difficile. M. Chapelain présenta premièrement ses mémoires; il fut ordonné que MM. de Bourzey et des Marets y joindroient les leurs; et soit que cela fût exécuté, ou non, de quoi je ne vois rien dans les registres, tant y a que M. Chapelain fit un corps, qui fut présenté au cardinal, écrit à la main. J'ai vu avec beaucoup de plaisir ce manuscrit apostillé par le cardinal, en sept endroits, de la main de M. Citois, son premier médecin. Il y a même une de ces apostilles, dont le premier mot est de sa main propre ; il y en a une aussi qui marque assez quelle opinion il avoit du *Cid.* C'est en un endroit où il est dit que la poésie seroit aujourd'hui bien moins parfaite qu'elle n'est, sans les contestations qui se sont formées sur les ouvrages des plus célèbres auteurs du dernier temps, *la Jérusalem, le Pastor fido.* En cet endroit il mit à la marge : « L'applaudissement et le blâme du *Cid* n'est qu'entre les doctes et les ignorants, au lieu que les contestations sur les autres deux pièces ont été entre les gens d'esprit ; » ce qui témoigne qu'il étoit persuadé de ce qu'on reprochoit à M. Corneille, que son ouvrage péchoit contre les règles. Le reste de ces apostilles n'est pas considérable ; car ce ne sont que des petites notes, comme celle-ci, où le premier mot est de sa main : *Bon, mais se pourroit mieux exprimer ;* et cette autre : *Faut adoucir cet exemple ;* d'où on recueille pourtant qu'il examina cet écrit avec beaucoup de soin et d'attention. Son jugement fut enfin, que la substance en étoit bonne : *Mais qu'il falloit* (car il s'exprima en ces termes) *y jeter quelques poignées de fleurs.* Aussi n'étoit-ce que comme un premier crayon qu'on avoit voulu lui présenter, pour savoir en gros s'il en approuveroit les sentiments. L'ouvrage fut donc donné à polir, suivant son intention, et par délibération de l'Académie, à MM. de Sérizay, de Cérizy, de Gombauld, et Sirmond. M. de Cérizy, comme j'ai appris, le coucha par écrit, et M. de Gombauld fut nommé par les trois autres, et confirmé par l'Académie, pour la dernière révision du style. Tout fut lu et examiné par la compagnie, en diverses assemblées ordinaires et extraordinaires, et donné enfin à l'imprimeur. Le cardinal étoit alors à Charonne, où on lui envoya les premières feuilles ; mais elles ne le contentèrent nullement ; et soit qu'il en jugeât bien, soit qu'on le prît en mauvaise humeur, soit qu'il fût préoccupé contre M. de Cérizy, il trouva qu'on avoit passé d'une extrémité à l'autre ; qu'on y avoit apporté trop d'ornements et de fleurs, et renvoya à l'heure même, en diligence, dire qu'on arrêtât l'impression. Il voulut enfin que MM. de Sérizay, Chapelain et Sirmond, le vinssent trouver, afin qu'il pût leur expliquer mieux son intention. M. de Sérizay s'en excusa sur ce qu'il étoit prêt à monter à cheval, pour s'en aller en Poitou. Les deux autres y furent. Pour les écouter, il voulut être seul dans sa chambre, excepté MM. de Bautru et de Boisrobert, qu'il appela, comme étant de l'Académie. Il leur parla fort long-temps très civilement, debout, et sans chapeau. M. Chapelain voulut, à ce qu'il m'a dit, excuser M. de Cérizy le plus doucement qu'il put ; mais il reconnut d'abord que cet homme ne vouloit pas être contredit ; car il le vit s'échauffer et se mettre en action, jusque-là que, s'adressant à lui, il le prit et le retint tout un temps par ses glands, comme on fait sans y penser quand on veut parler fortement à quelqu'un, et le convaincre de quelque chose. La conclusion fut qu'après leur avoir expliqué de quelle façon il croyoit qu'il falloit écrire cet ouvrage, il en donna la charge à M. Sirmond, qui avoit en effet le style fort bon et fort éloigné de toute affectation. Mais M. Sirmond ne le satisfit point encore ; il fallut enfin que M. Chapelain reprît tout ce qui avoit été fait, tant par lui que par les autres ; de quoi il composa l'ouvrage tel qu'il est aujourd'hui, qui, ayant plu à la compagnie et au cardinal, fut publié bientôt après, fort peu différent de ce qu'il étoit dès la première fois qu'il lui avoit été présenté écrit à la main, sinon que la matière y est un peu plus étendue, et qu'il y a quelques ornements ajoutés.

Ainsi furent mis au jour, après environ cinq mois de travail, les *Sentiments de l'Académie françoise sur le Cid,* sans que durant ce temps-là ce ministre, qui avoit toutes les affaires du royaume sur les bras, et toutes celles de l'Europe dans la tête, se lassât de ce dessein, et relâchât rien de ses soins pour cet ouvrage. Il fut reçu diversement de M. de Scudéry, de M. Corneille, et du public. Pour M. de Scudéry, quoique son adversaire n'eût pas été condamné en toutes choses, et eût reçu de très grands éloges en plusieurs, il crut avoir gagné sa cause, et écrivit une lettre de remerciement à la compagnie, avec ce titre, *A Messieurs de l'illustre Académie,* où il leur rendoit graces avec beaucoup de soumission, *et des choses qu'ils avoient* approuvées dans ses écrits, et de celles qu'ils lui avoient enseignées en le corrigeant, et témoignoit enfin d'être entièrement satisfait de la justice qu'on lui avoit rendue. Le secrétaire fut chargé de lui faire une réponse. Le sens en étoit qu'il l'assuroit que l'Académie avoit eu pour principale intention de tenir la balance droite, et de ne pas faire d'une chose sérieuse un compliment, ni une civilité : mais qu'après cette intention, elle n'avoit point eu de plus grand soin que de s'exprimer avec modération, et de dire ses raisons sans blesser personne ; qu'elle se réjouissoit de la justice qu'il lui faisoit en la reconnoissant juste ; qu'elle se revancheroit à l'avenir de son équité, et qu'aux occasions où il lui seroit permis d'être obligeante, il n'auroit rien à desirer d'elle. Quant à M. Corneille, bien qu'en effet il ne se fût point soumis à ce jugement, s'étant pourtant résolu de les

laisser faire pour complaire au cardinal, il témoigna au commencement d'en attendre le succès avec beaucoup de déférence. En ce sens il écrivit à M. de Boisrobert, dans une lettre du 15 novembre 1637 : « J'at-
« tends avec beaucoup d'impatience les *Sentiments de*
« *l'Académie,* afin d'apprendre ce que dorénavant je
« dois suivre; jusque-là je ne puis travailler qu'avec
« défiance, et n'ose employer un mot en sûreté. » Et en une autre du 3 décembre : « Je me prépare à n'avoir
« rien à répondre à l'Académie, que par des remercie-
« ments, etc. » Mais lorsque les *Sentiments sur le Cid* étoient presque achevés d'imprimer, ayant su par quelque moyen que ce jugement ne lui seroit pas aussi favorable qu'il eût espéré, il ne put s'empêcher d'en témoigner quelque ressentiment, écrivant par une autre lettre, dont je n'ai vu qu'une copie sans date et sans suscription : « Je me résous, puisque vous le vou-
« lez, à me laisser condamner par votre illustre Acadé-
« mie. Si elle ne touche qu'à une moitié du *Cid*, l'autre
« me demeurera tout entière. Mais je vous supplie de
« considérer qu'elle procède contre moi avec tant de
« violence, et qu'elle emploie une autorité si souve-
« raine pour me fermer la bouche, que ceux qui sau-
« ront son procédé auront sujet d'estimer que je ne
« serois point coupable si l'on m'avoit permis de me
« montrer innocent. » Il se plaignoit ensuite, comme si on eût refusé d'écouter la justification qu'il vouloit faire de sa pièce de vive voix, et en présence de ses juges, de quoi pourtant je n'ai trouvé aucune trace, ni dans les registres, ni dans les mémoires des académiciens que j'ai consultés. Il ajoutoit à cela : « Après
« tout, voici quelle est ma satisfaction : je me promets
« que ce fameux ouvrage, auquel tant de beaux esprits

« travaillent depuis six mois, pourra bien être estimé
« le sentiment de l'Académie françoise ; mais peut-être
« que ce ne sera point le sentiment du reste de Paris ;
« au moins, j'ai mon compte devant elle, et je ne sais
« si elle peut attendre le sien. J'ai fait *le Cid* pour me
« divertir, et pour le divertissement des honnêtes gens,
« qui se plaisent à la comédie. J'ai remporté le témoi-
« gnage de l'excellence de ma pièce, par le grand
« nombre de ses représentations, par la foule extraor-
« dinaire des personnes qui y sont venues, et par les
« acclamations générales qu'on lui a faites. Toute la
« faveur que peut espérer le sentiment de l'Académie,
« est d'aller aussi loin ; je ne crains pas qu'il me sur-
« passe, etc. » Et un peu après : « *Le Cid* sera toujours
« beau, et gardera sa réputation d'être la plus belle
« pièce qui ait paru sur le théâtre, jusques à ce qu'il en
« vienne une autre qui ne lasse point les spectateurs à
« la trentième fois, etc. » Cette lettre a été désavouée par
M. Corneille, qui a toujours protesté qu'il ne l'avoit
jamais écrite : ainsi il faut que quelque autre se soit
diverti à lui prêter sa plume, et l'écrire en son nom.
Mais enfin lorsqu'il eut vu les sentiments de l'Académie, je trouve qu'il écrivit une lettre à M. de Boisrobert, du 23 décembre 1637, dans laquelle, après l'avoir
remercié du soin qu'il avoit pris de lui faire toucher
les libéralités de Monseigneur, c'est-à-dire de le faire
payer de sa pension, et après lui avoir donné quelques
ordres pour lui faire tenir cet argent à Rouen, il disoit : « Au reste, je vous prie de croire que je ne me
« scandalise point du tout de ce que vous avez montré
« et même donné ma lettre à Messieurs de l'Académie.
« Si je vous en avois prié, je ne puis m'en prendre qu'à
« moi ; néanmoins, si j'ai bonne mémoire, je pense vous

« avoir prié par cette lettre de les assurer de mon très
« humble service, comme je vous en prie encore, no-
« nobstant leurs sentiments. Tout ce qui m'a fâché,
« c'est que Messieurs de l'Académie s'étant résolus de
« juger de ce différend avant qu'ils sussent si j'y con-
« sentois ou non, et leurs sentiments étant déja sous la
« presse, à ce que vous m'avez écrit, avant que vous
« eussiez reçu ce témoignage de moi, ils ont voulu fon-
« der là-dessus leur jugement, et donner à croire que
« ce qu'ils en ont fait n'a été que pour m'obliger, et
« même à ma prière, etc. » Et un peu après : « Je m'étois
« résolu d'y répondre, parceque d'ordinaire le silence
« d'un auteur qu'on attaque est pris pour une marque
« du mépris qu'il fait de ses censeurs : j'en avois ainsi
« usé envers M. de Scudéry; mais je ne croyois pas qu'il
« me fût bien séant d'en faire de même envers Messieurs
« de l'Académie, et je m'étois persuadé qu'un si illustre
« corps méritoit bien que je lui rendisse compte des
« raisons sur lesquelles j'avois fondé la conduite et le
« choix de mon dessein ; et pour cela je forçois extrê-
« mement mon humeur, qui n'est pas d'écrire en ce
« genre, et d'éventer les secrets de plaire, que je puis
« avoir trouvés dans mon art. Je m'étois confirmé en
« cette résolution, par l'assurance que vous m'aviez
« donnée que Monseigneur en seroit bien aise, et me
« proposois d'adresser l'épître dédicatoire à Son Émi-
« nence, après lui en avoir demandé la permission ;
« mais maintenant que vous me conseillez de n'y répon-
« dre point, vu les personnes qui s'en sont mêlées, il
« ne me faut point d'interprète pour entendre cela ; je
« suis un peu plus de ce monde qu'Héliodore, qui aima
« mieux perdre son évêché que son livre, et j'aime
« mieux les bonnes graces de mon maître que toutes les

« réputations de la terre : je me tairai donc, non point
« par mépris, mais par respect, etc. » Cette lettre contenoit encore beaucoup d'autres choses sur la même
matière, et au bas il avoit ajouté par apostille : « Je
« vous conjure de ne montrer point ma lettre à Monsei-
« gneur, si vous jugez qu'il me soit échappé quelque
« mot qui puisse être mal reçu de Son Éminence. »

Or, quant à ce qui est porté par cette lettre, que
l'Académie avoit commencé de travailler à ses Sentiments, et même à les faire imprimer avant le consentement de M. Corneille, comme M. de Boisrobert lui
avoit écrit; je ne sais pas ce qui s'étoit passé entre
eux, ni ce que M. de Boisrobert pouvoit lui avoir mandé, pour l'obliger peut-être avec moins de peine de
consentir à ce jugement, comme à une chose déja résolue et commencée, que sa résistance ne pouvoit plus
empêcher. Mais je sais bien par les registres de l'Académie, qui sont fort fidèles, et fort exacts en ce temps-
là, qu'on ne commença d'y parler du *Cid* que le 16 juin
1637; que ce fut après qu'on y eut lu une lettre de
M. Corneille; que cette première, dont je vous ai parlé,
et où il disoit, « Messieurs de l'Académie peuvent faire ce
« qu'il leur plaira, etc., » est datée de Rouen du 13 du
même mois; qu'ainsi elle pouvoit être arrivée à Paris,
et montrée à l'Académie le 16; et qu'enfin on ne donna
cet ouvrage à l'imprimeur qu'environ cinq mois après.
M. Corneille, qui depuis a été reçu dans l'Académie, aussi bien que M. de Scudéry, avec lequel il est tout-à-fait
réconcilié, a toujours cru que le cardinal, et une autre
personne de grande qualité, avoient suscité cette persécution contre *le Cid*; témoin ces paroles qu'il écrivit
à un de ses amis et des miens, lorsque ayant publié
l'*Horace*, il courut un bruit qu'on feroit encore des

observations et un nouveau jugement sur cette pièce : « Horace, dit-il, fut condamné par les duumvirs ; mais « il fut absous par le peuple. » Témoin encore ces quatre vers qu'il fit après la mort du cardinal, qu'il considéroit d'un côté comme son bienfaiteur, et de l'autre comme son ennemi :

> Qu'on parle bien ou mal du fameux cardinal,
> Ma prose ni mes vers n'en diront jamais rien :
> Il m'a fait trop de bien pour en dire du mal,
> Et m'a fait trop de mal pour en dire du bien.

FIN DES OEUVRES DIVERSES.

TABLE DES PIÈCES

CONTENUES

DANS CE VOLUME[1].

POÉSIES DIVERSES.

I. A Monsieur D. L. T. Page	3
II. Ode sur un prompt amour.	6
III. Sonnet à monseigneur le cardinal de Richelieu.	8
IV. Sonnet pour M. D. V., envoyant un galand à madame L. C. D. L.	9
V. Madrigal pour un masque donnant une boîte de cerises, etc.	10
VI. Épitaphe de Didon, traduite d'Ausone.	11
VII. Mascarade des Enfants gâtés.	12
VIII. Récit pour le ballet du Château de Bissêtre.	16
IX. Épigramme pour M. L. C. D. F.	19
X. Stances sur une absence en temps de pluie.	ibid.
XI. Sonnet.	18
XII. Madrigal.	19
XIII. Épigrammes traduites d'Owen.	20
XIV. Dialogue.	23
XV. Chanson.	25
XVI. Chanson.	26
XVII. Excuse à Ariste.	28
XVIII. Rondeau.	32
XIX. Sonnet à monseigneur de Guise.	35
XX. *Le Presbytère d'Hénouville.	35
XXI. *A M. de Scudéry sur la comédie du *Trompeur trompé*.	43
XXII. *Sonnet sur la mort de Louis XIII.	44

[1] Les pièces précédées d'une * sont, pour la première fois, insérées dans la collection des œuvres de P. Corneille. (Lef....)

XXIII. Vers sur le cardinal de Richelieu.	Page 45
XXIV. Remerciement à M. le cardinal Mazarin.	Ibid.
XXV. Sonnet à maître Adam Billaut.	50
XXVI. Inscriptions.	51
XXVII. *Sonnet à M. de Campion.	59
XXVIII. A. M. de Boisrobert, sur ses Épîtres.	60
XXIX. La Tulipe.	61
XXX. La Fleur d'orange.	Ibid.
XXXI. L'Immortelle blanche. Madrigal.	63
XXXII. Épitaphe d'Élisabeth Ranquet.	64
XXXIII. La Poésie à la Peinture.	65
XXXIV. Sonnet.	69
XXXV. Sonnet.	70
XXXVI. Épigramme.	Ibid.
XXXVII. Jalousie.	71
XXXVIII. Bagatelle.	73
XXXIX. Stances.	75
XL. Sonnet.	76
XLI. Sur le Départ de madame la marquise de B. A. T.	77
XLII. Madrigal pour une dame qui représentoit la Nuit, etc.	80
XLIII. Élégie.	81
XLIV. Sonnet.	85
XLV. Sonnet.	86
XLVI. Stances.	87
XLVII. Stance à la Reine.	88
XLVIII. Sonnet.	89
XLIX. Sonnet perdu au jeu.	90
L. Chanson.	Ibid.
LI. Stances.	91
LII. Madrigal à mademoiselle Serment.	93
LIII. Madrigal.	94
LIV. Stances.	Ibid.
LV. Épigramme.	96
LVI. Rondeau.	Ibid.
LVII. *Remerciement au Roi.	97
LVIII. Plainte de la France à Rome.	101
LIX. *Quatrain pour le Christ de Saint-Roch.	106
LX. Ode au R. P. Delidel.	Ibid.
LXI. Imitation d'une Ode latine adressée à M. Pellisson.	109
LXII. Défense des Fables dans la poésie.	112

LXIII. Billet à M. Pellisson.	Page 117
LXIV. Vers sur la pompe du pont Notre-Dame.	118
LXV. Pour la fontaine des Quatre-Nations.	119
LXVI. Sur le Canal du Languedoc.	Ibid.
LXVII. Au Roi, sur sa libéralité envers les marchands de la ville de Paris.	121
LXVIII. Au Roi, sur *Cinna, Pompée, Horace,* etc.	128
LXIX. *Au Roi sur le retard du paiement de sa pension.	130
LXX. Au Roi.	131
LXXI. A Monseigneur, sur son mariage.	Ibid.

POEMES SUR LES VICTOIRES DU ROI.

I. Poëme sur les victoires du Roi.	139
II. Au Roi, sur son retour de Flandre.	152
III. Traduction et Imitations de l'Épigramme latine de M. de Montmor.	162
IV. Au Roi, sur sa conquête de la Franche-Comté.	163
V. Au Roi, sur le rétablissement de la foi catholique en Hollande.	164
VI. Traduction d'une Inscription latine pour l'arsenal de Brest.	165
VII. Les Victoires du Roi sur les États de Hollande.	166
VIII. Sonnet sur la prise de Mastricht.	189
IX. Au Roi, sur son départ pour l'armée en 1676.	190
X. Vers présentés au Roi, sur sa campagne de 1676.	194
XI. Sur les Victoires du Roi en l'année 1677.	196
XII. Au Roi, sur la paix de 1678.	199

LOUANGES DE LA SAINTE VIERGE.

Au Lecteur.	205
Louanges.	207
Hymnes pour la Fête de saint Victor.	235
* Hymnes pour la Fête de sainte Geneviève.	238

POÉSIES LATINES.

I. Petri Cornelii, Rothomagensis, Excusatio.	248
II. Regi, pro domitis Sequanis.	251
III. Regi, pro restituta apud Batavos catholica fide.	252

TABLE.

DISCOURS, LETTRES, etc.

Premier Discours. De l'utilité et des parties de l'art dramatique.	255
Second Discours. De la tragédie.	298
Troisième Discours. Des trois unités.	348
Discours à l'Académie.	375
*Préface de l'édition de 1654.	379
Avertissement de l'édition de 1663.	363
Préfaces de l'*Imitation de J.-C.*	387
I. *Lettre à Rotrou.	397
II. — à M. d'Argenson.	398
III. — *à M. Dubuisson.	401
IV. — à M. l'abbé de Pure.	402
V. — au même.	403
VI. — au même.	406
VII. — au même.	408
VIII.— à M. de Saint Évremond.	410
IX. — *à Colbert.	412

PIÈCES CONCERNANT LE CID.

Réponse de Corneille aux observations de Scudéry sur le *Cid*.	414
Récit de la conduite tenue par l'Académie à l'occasion du *Cid*.	420

FIN DE LA TABLE DU DERNIER VOLUME.